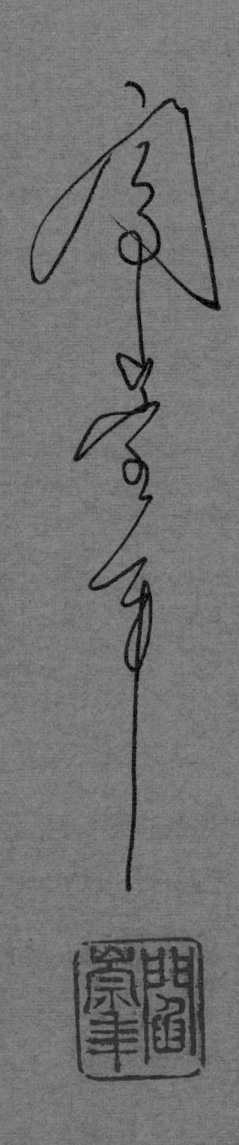

鸣谢：故宫博物院

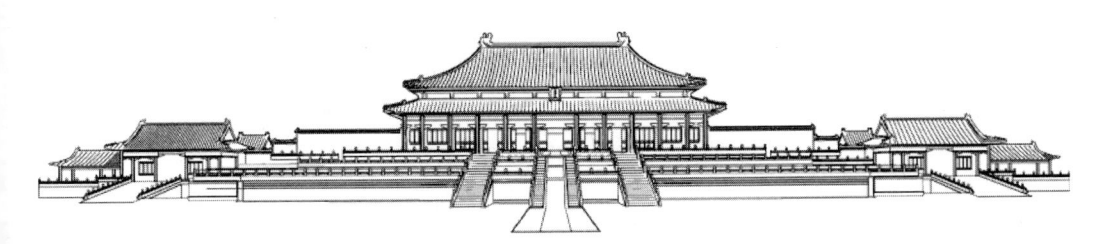

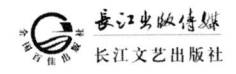

大故宫

阎崇年 ◎ 著

③

长江文艺出版社

本书得到学术支持

故宫博物院暨单霁翔院长
中国紫禁城学会暨郑欣淼会长
台北故宫博物院暨冯明珠院长
北京市社会科学院暨谭维克院长
北京满学会暨陈丽华荣誉会长

目 录

第43讲
太上皇宫
一、宁寿布局 / 003
二、宁寿花园 / 009
三、宁寿故事 / 011

第44讲
明宫太后
一、宣德母后 / 017
二、成化母后 / 021
三、万历母后 / 023

第45讲
清宫太后
一、皇太后宫 / 029
二、孝庄太后 / 033
三、崇庆太后 / 038

第46讲
皇家外戚
一、明清外戚 / 043
二、明宫外戚 / 045
三、清宫外戚 / 048

第47讲
天潢贵胄
一、明朝皇子 / 055
二、清朝皇子 / 059
三、后人思考 / 062

第49讲
诚亲王府
一、诚王允祉 / 081
二、新旧两府 / 085
三、熙春花园 / 087

第48讲
理亲王府
一、康熙始建 / 067
二、雍正分府 / 073
三、乾隆毁迹 / 077

第50讲
恭亲王府
一、王府变迁 / 093
二、和孝公主 / 098
三、恭王奕䜣 / 101

第51讲
金枝玉叶
一、公主人生 / 107
二、明朝公主 / 110
三、恪靖公主 / 113

第52讲
宫廷太监
一、太监群像 / 121
二、太监之奸 / 125
三、太监之贤 / 128

第53讲
宫女闺怨
一、宫女制度 / 133
二、苏麻喇姑 / 136
三、五妞自杀 / 139

第54讲
宫廷御膳
一、宫廷膳食 / 145
二、宫廷进膳 / 148
三、宫廷节令 / 152

第 55 讲
宫廷造办
一、内府造办 / 157
二、小臣赵昌 / 159
三、唐英烧瓷 / 162

第 57 讲
皇家敬畏
一、敬天敬祖 / 181
二、奉佛奉道 / 184
三、斋宫斋戒 / 190

第 56 讲
御医御药
一、皇家医院 / 169
二、明宫御医 / 172
三、清宫御医 / 174

第 58 讲
庙学联珠
一、三大殿堂 / 197
二、三大国师 / 201
三、三大石刻 / 206

第 59 讲
宫外三宫
一、正统南宫 / 213
二、正德豹房 / 217
三、嘉靖西宫 / 221

第 61 讲
宫外三堂
一、万历南堂 / 241
二、康熙北堂 / 245
三、乾隆东堂 / 249

第 60 讲
西苑三海
一、南海之悲 / 227
二、中海之雄 / 230
三、北海之秀 / 234

第 62 讲
京畿苑囿
一、京南围猎 / 255
二、三山五园 / 257
三、清漪颐和 / 263

第 63 讲
避暑山庄
一、木兰围场 / 271
二、避暑山庄 / 275
三、庄外八庙 / 278

第 65 讲
国宝南迁
一、从宫到院 / 297
二、从北到南 / 300
三、从分到合 / 306

第 64 讲
沈阳故宫
一、清初三宫 / 285
二、清宫三案 / 289
三、清宫三宝 / 290

第 66 讲
大哉故宫
一、一脉相承 / 313
二、百川归海 / 316
三、兆民共享 / 319

附

参考书目 / 325

第四十三讲 太上皇宫

宁寿宫区有三个特色：一是殿堂、寝宫、花园融合一体，二是实用、艺术、华丽融合一体，三是敬祖、敬佛、敬天融合一体。从而成为紫禁城的一个缩影。

第四十三讲 太上皇宫

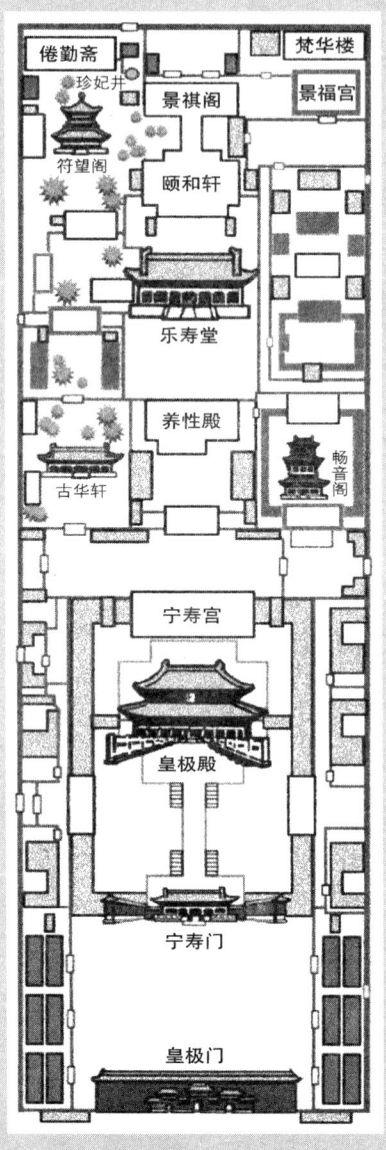

宁寿宫平面示意图

宁寿宫区位于紫禁城东北部，是一处高墙围禁的独立区域。明代这里是哕（huì）鸾宫、喈（jiē）凤宫等旧址，曾为成化周太后、崇祯懿安皇后等养老处所。清康熙二十八年（1689年）改建宁寿宫，孝惠章太后在此颐养天年。① 乾隆帝为归政后养老休憩而增建为太上皇宫，但太上皇并未入住这里。光绪年间又加修缮，慈禧晚年居住在这里。明清帝后认为这块福地是宫中养老的理想宫殿。

一　宁　寿　布　局

宁寿宫区平面呈长方形，南北406米，东西115米，面积约46000平方米，有房屋千余间，好似紫禁城全景的缩微版。宁寿宫总体布局，分为前部和后部。

宫区前部　最南端有一座九龙壁，为乾隆三十七年（1772年）改建宁寿宫时建造。中国现存最著名的九龙壁有三处：一处在山西大同，是明朱元璋第十三子朱桂代王府端礼门前的照壁，宽45.5米，高8米，厚2.02米，为中国最大的九龙壁。另一处在北京北海公园罗汉堂前，建于清乾隆二十一年（1756年），宽25.52米，高5.96米，厚1.6米，除了壁前壁后各有九条戏珠蟠龙外，壁的正脊、垂脊及瓦当、琉璃砖等建筑构件都有龙的图案。有人统计，北海九龙壁上共有635条龙，为中国龙

---

① 雍正年间，宁寿宫中生活着一些康熙帝遗孀。有贵人白氏，苏州人，生育了康熙帝第二十四子允祕。雍正五年白氏去世，雍正帝封允祕为诚亲王。乾隆年间，还有康熙帝数位遗孀居住在宁寿宫，有：顺懿密太妃王氏，康熙时被封为密妃，生育三个皇子，其中有庄亲王允禄；纯裕勤太妃陈氏，康熙时被封为勤妃，生育果亲王允礼；寿祺皇贵太妃佟佳氏，是康熙帝母亲的侄女，她的姐姐也是康熙帝的贵妃，康熙时也被封为贵妃，未育子女。乾隆帝弘历幼年时，蒙康熙皇帝之恩，居住在宫中，得到过寿祺太妃的眷顾。还有温惠皇贵太妃瓜尔佳氏，生一女而夭折。康熙帝后妃中，最高寿的是定妃万琉哈氏，寿九十七；最晚去世的是太妃瓜尔佳氏，乾隆三十三年（1768年）死，寿八十六。

据说九龙壁的一个构件曾被烧坏，木匠以木料雕补，最终以假乱真

最多的九龙壁。再一处是皇极门前的九龙壁，宽29.4米，高3.5米，厚2.06米，由247块预制七色琉璃砖拼砌而成。下部为白石须弥座，上部为黄琉璃瓦顶，中间为9条巨龙浮雕，体态矫健，活灵活现。全幅壁面以海水为衬景，有9条戏珠巨龙在奔腾。从皇极殿南望九龙壁，正中黄色蟠龙驯顺蜷伏，姿如朝觐，势如拱卫，以其气势磅礴、雕制精细、色彩华美、形象逼真，而成为中国最美的九龙壁。

这座九龙壁从东数第三条白龙下腹是用木料雕凿成形后补装上去的。这里有一个传说，当年在烧制这座九龙壁构件时，工匠不小心把这条白龙的龙腹构件烧坏了，但工期紧迫，来不及再烧。有位木匠连夜用木料雕刻成那块龙腹，刷上白漆，安装上去，从外观看去，可以乱真，竟然瞒过了官员督检，工匠也免了一场灾难。

壁之北、宫之前有两重门——皇极门和宁寿门。门内是独立庭院，主要建筑前为皇极殿，后为宁寿宫，即前殿后宫。殿与宫距离仅11.5米。皇极殿为重檐庑殿顶，故宫不在中轴线上的重檐庑殿顶宫殿，只有奉先殿和皇极殿。皇极殿的殿名和殿顶，显示出皇极殿为最高皇权的象征。宁寿宫形制略同于坤宁宫，清用于祭神，今为珍宝馆。

皇极殿虽不在中轴线上，却是级别很高的重檐庑殿顶建筑

宫区后部 分为中、东、西三路，中路为主，两翼为辅。

中路 养性门内，有四个既分又合的庭院，主要建筑依次为养性殿、乐寿堂、颐和轩、景祺阁。这里主要是生活区。

养性殿，形制与养心殿相同，正面也有抱厦。乾隆帝诗云："允宜归大政，余日享清福。是用构养性，一仿养心屋。"原为乾隆帝做太上皇时的日常起居之所。殿的西暖阁，颇具特色：有佛堂，设二层仙楼，内置佛像和佛塔；有墨云室，仿三希堂，因乾隆帝得古墨而命名。古代文房四宝笔墨纸砚中的墨，极难保存，以古为贵。

乐寿堂，在养性殿后面，拟为乾隆帝归政后的寝宫。堂面阔七间，进深三间，黄琉璃瓦歇山顶，形制尊贵，体量高大。前临广庭，左右游廊，各设屏门，局势开朗。廊壁镶嵌"敬胜斋法帖"石刻。堂内楠扇、仙楼装修，多用花梨和紫檀等珍贵名木，雕刻奇绝，金玉镶嵌，工艺精美，极尽华丽。

乐寿堂后门内，有一座《大禹治水图》玉山，用新疆和阗（和田）密勒塔山青白玉，于乾隆五十二年（1787年）雕刻完成，高224厘米，宽96厘米，重约5330公斤。据记载，先是开山采玉，后是长途运输。从和田到北京一万一千一百里，需制作特大专车，前用一百多匹马拉车，

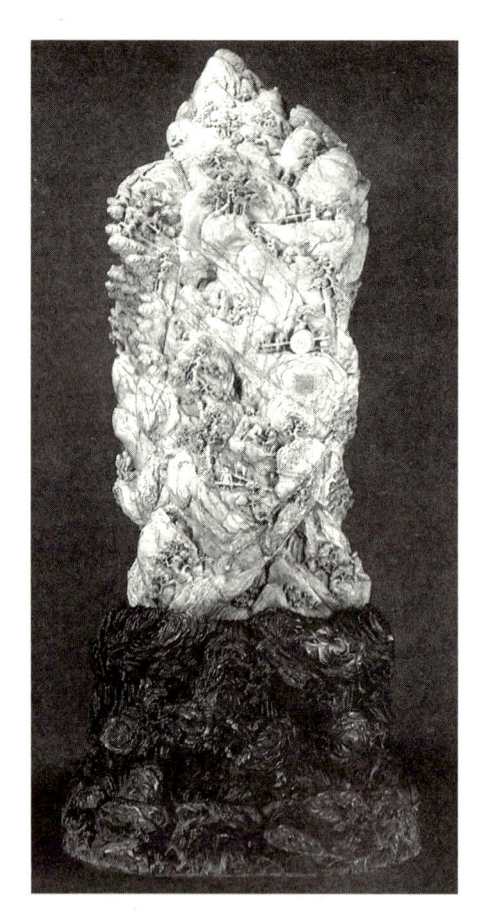

《大禹治水图》玉山从采玉到制成，长达十年，仅雕刻就用了十五万个工

后用若干夫役扶推，逢山开路，遇水架桥，冬则泼水成冰路，日行五六里，需三年才能运到。玉石到京后，乾隆帝选用宫中珍藏宋人名画《大禹治水图》为蓝本，派画师照图摹画在玉山上。先做玉山蜡样，怕蜡样融化，又刻做木样。再经运河，载往扬州，能工巧匠，照样雕造。自乾隆四十六年（1781年）九月开工，到乾隆五十二年（1787年）六月完成，历时六年零八个月。玉山从采玉到制成，长达十年，仅雕刻就用了十五万个工。同年玉山运到北京，安设在乐寿堂。玉山雕刻大禹治水的壮观情景，崇山峻岭，古木丛立，洞壑溪涧，地势险恶，大禹在山腰劳作，民众凿石开山，使水下流。这幅生动图景，按玉材天然色彩，做艺术加工而成。背面刻有乾隆帝御制诗，歌颂大禹治水，功德万古不朽。像这样大的玉材，用来制造一般器物，似大材小用，但制成玉山，会久存不朽。诗中告诫子孙，如为追求珍玩，今后不要再做。这座由一块整玉四面雕琢成的《大禹治水图》玉山，构思巧妙，雕工精绝，充满动感，鬼斧神工，堪称中华艺术奇珍，显示中国各族人民的智慧和才艺。（《故官经典·故宫珍宝卷》）

颐和轩，在乐寿堂后，轩两廊嵌有石刻，甬道两侧布置山石花池点景。颐和轩的西院有一座如亭，亭中对联是："境是天然赢绘画，趣含理要入精微。"亭中曾有小戏台，轩后有穿廊与景祺阁相连。

景祺阁，在轩之北。阁外是珍妃井。阁北出贞顺门左转前行，就是皇宫后门——神武门。

本区宫殿，虽是乾隆帝为自己当太上皇而修建，但他当太上皇之后并没有搬进去住，因养心殿有皇帝情结而不愿离开，也因乾隆帝对生命颇有信心而认为来日方长，又因近四十年居住习惯而不愿改换环境。后来乐寿堂成了慈禧太后晚年的寝宫。慈禧在乐寿堂庆祝自己六十大寿，据说竟耗白银一千余万两。

东路　前部为畅音阁大戏楼，坐南面北，建筑宏丽。楼南为扮戏楼，二层，就是后台。畅音阁通高20.71米（相当于七层楼高），面阔三间，进深三间，总面积685.94平方米，三重檐，卷棚歇山顶，上层悬挂"畅音阁"匾，中层悬挂"导和怡泰"匾，下层悬挂"壶天宣豫"①匾。内有上中下三层戏台：上层称"福台"，中层称"禄台"，下层称"寿台"。三层台设天井上下贯通，寿台还设地井，根据剧情需要，利用辘轳或绞盘升降演员、道具等。在演出仙女下凡时，用辘轳把幕景和演员从上面

畅音阁是当时最先进的戏楼，可表演从天而降、从地下或水中升腾等"特效"

---

① "壶天"一典出自《后汉书·费长房传》。据载：市中有位卖药老翁，悬一壶于市边，及市罢，便跳入壶中。费长房从楼上观看，很惊异。拜见老翁。明日，同老翁都入于壶中，见壶里"玉堂严丽，旨酒甘肴，盈衍其中"，共饮完而出。（《后汉书》卷八十二下）后以"壶天"比喻别有洞天的仙境。

送下来，有从天而降的戏剧效果。在演出"地涌金莲"时，用绞盘让演员和莲花从地井钻出来，有从地下或水中升腾的戏剧效果。台下还有隐蔽水井，为戏中表演喷水提供水源。畅音阁为宫中最大的一座戏台，与颐和园内德和园大戏楼、承德避暑山庄清音阁大戏楼（已毁）并称为清代三大皇家戏楼。

阁后的阅是楼，为帝后们看戏的地方，也是帝后饮宴的场所。楼北为寻沿书屋，五间小室，前后带廊，屋名高雅。慈禧住乐寿堂时，光绪帝请安侍膳前在此小憩。屋北为庆寿堂。这是仿江南民居式庭院，青水砖墙，苏式彩画，琉璃瓦顶，四周游廊，在巍峨的宫殿群中，小巧宁静，别有洞天。醇亲王福晋、恭亲王格格，来宫时居住此处。堂后为景福宫，宫前庭院中矗立一块奇石，名为"文峰"。文峰石立在高约1米，平面八角形汉白玉石须弥座上，四周环以铜栏杆。文峰石高4.5米，秀俊挺拔，突兀峥嵘，纹理清晰，孔穴四布。石山上有一座小亭，名"翠鬟"；山下有一石窟，名"云窦"。乾隆帝在《文峰诗》中说："巨孔小穴难计数，诡棱奇砢自萦纠。"文峰奇石，玲珑剔透，石中称珍，令人赞叹。庭院四面有门，石立院中，四面有景，妙趣横生。景福宫又名五福宫。这是因为乾隆四十九年（1784年），74岁的乾隆帝喜得玄孙，为五世同堂。他书写"五福五代堂"匾，悬挂在景福宫内。景福宫因此又称五福五代堂。乾隆帝还治了一方"五福五代堂古稀天子之宝"印。这成为皇帝五世同堂的历史佳话。

景福宫北有乾隆三十七年（1772年）建的两座礼佛楼阁：一座是佛日楼，上下两层，各为3间，供奉喇嘛教佛像；另一座是梵华楼，与佛日楼东西相邻，有楼梯连通。琉璃瓦顶，上下两层，面阔7间，各自分割，内设佛堂，供奉佛像，一排排，一尊尊，数以千计，目不暇接，欢喜佛像，姿态各异。楼内有乾隆三十九年（1774年）制造的珐琅塔六座，精丽华彩，美轮美奂。八国联军侵入皇宫时，因两楼偏僻，未遭破坏，保存完好。

西路 宁寿宫后面西路，为宁寿宫花园。

二 宁寿花园

皇宫内的花园，主要有坤宁宫后御花园、慈宁宫花园、建福宫花园和宁寿宫花园。宁寿宫花园俗称"乾隆花园"，在国家一统、政局稳定、财力雄厚、文化繁盛时修建。其园林布局、艺术特色、文化蕴含，移天缩地，在皇宫现存花园中，不仅是独树一帜的，而且是集大成之作。乾隆花园是中华园景中的一朵奇葩。

乾隆花园布置在南北160米、东西37米的纵长地带，占地5920平方米[①]，空间狭窄，格局紧凑，灵活多变，时畅时闭，曲径通幽，景致各异。花园从南到北，庭院布局，分作四进。

第一进，衍祺门里，主体建筑为古华轩。这是一座敞轩，轩前有一棵古楸树，以树借景，修建敞轩。轩对联曰："明月清风无尽藏，长楸古柏是佳朋。"轩前院中布置山石亭台，华而不丽，别具风采。东面为承露台，西面为禊（xì）赏亭，亭中设流杯渠，是乾隆帝与近臣举行曲水流觞宴乐的地方。流杯渠的水源，是南边假山石后的一眼水井，汲入缸里，导入渠中，蜿蜒回流，仍到井中。曲水流觞是引水渠中，浮杯赋诗，杯停饮酒，赋诗唱和，诗酒为乐。亭内石碑上刻着乾隆帝临摹董其昌的"兰亭记"。这里有一个故事：古时每年三月上巳日，人们去水边洗涤不祥，这叫祓（fú）禊。王羲之就是在这一天与友人祓禊，写下著名的《兰亭序》："永和九年，岁在癸丑，暮春之初，会于会稽山阴之兰亭，修禊事也。"宁寿花园的禊赏亭是为传习这个雅俗而建的。

东南角为曲尺廊，隔出一个小院，布局巧妙，步移景随。西北角在假山上建旭辉庭，经爬山廊与山下禊赏亭连通。曲尺廊与爬山廊，曲直相间，斜平各异，构思新颖，两相呼应。

[①] 古建面积有不同算法，如从内墙、外墙、柱中、台明（台基）算起，所以同一建筑往往有不同的建筑面积。本书主要根据故宫提供的数字，也有自测的数字。

乾隆帝与近臣在此举行曲水流觞宴乐，既有趣也不失礼节

　　第二进，以遂初堂为主体建筑，院内湖石点景，环境雅致幽静。"遂初"之名，嘉庆帝解释说："盖自乾隆初元，上苍若得仰同圣祖仁皇帝纪元周甲，即当禅位。"后来上天果真遂了乾隆帝的初衷。遂初堂中的匾额是"养素陶情"，乾隆帝已经富有天下，他追求的是一个"素"字。遂初堂的西北是延趣楼。

　　第三进，以山景为主，庭院中峰峦叠翠，奇石突兀，崖谷峻峭，洞壑邃幽。环山布置建筑，北为萃赏楼，楼西为养和精舍，是两层精美楼阁。楼下南室联曰："四壁图书鉴今古，一庭花木验农桑。"耸秀亭建在山上，上下游廊，回曲相联。山麓之阳，有三友轩，取岁寒松、竹、梅三友之意。轩内有暖炕，为冬季游园憩息之所。三友轩内月亮门，用竹编为地，紫檀雕梅、玉雕梅花、竹叶，构图清新，色彩谐和。

　　第四进，符望阁，是全园主景建筑，间隔纵横，曲折迂回，装饰精美，变幻无穷。观赏阁内景色，至少需转二十个方位。置身其中，穿门槛之时，往往迷失路径，所以俗称"迷楼"。阁四周以游廊和短墙分成几个似通又隔的庭院，一眼一景，一步一趣。阁前叠石堆山的主峰上有碧螺亭，图案全用梅花，形状新颖别致。亭下为五瓣须弥座，圆形板内外雕刻着梅枝，亭檐额枋彩绘梅花，亭顶用五条垂脊分为五个坡面，也象征梅花五瓣。这座五柱五脊梅花形小亭，好像是无数梅花簇拥成的大梅花篮，所以俗称"梅花亭"。

倦勤斋在花园最北部，以一座精美的两层楼为全园景观收束。楼中对联是："信可超绘事，于焉悦性灵。"斋内嵌竹挂簷，镶玉透绣槅扇，一派江南景色，风格清新，精致绝伦。倦勤斋内小戏台，装点着竹篱藤萝。乾隆帝多次在这里观赏习艺太监演唱的岔曲。岔曲是当时流行于八旗的小曲，演唱者用八角鼓和三弦伴奏。乾隆帝命词臣借用其调，另编新词，咏唱太平雅事，曲目有百余种。清初至咸丰以前，宫中演戏角色，都由太监充当，不许民间戏班入内，清宫为此建立了太监习艺的南府，后为升平署。在倦勤斋听曲，是乾隆帝、慈禧太后晚年的一件乐事。

宁寿宫区有三个特色：一是殿堂、寝宫、花园融合一体，二是实用、艺术、华丽融合一体，三是敬祖、敬佛、敬天融合一体。从而成为紫禁城的一个缩影。

三 宁寿故事

宁寿宫虽为太上皇而建，但实际上主要是太后或皇后的住所。天启帝懿安皇后、顺治帝孝惠章皇后，以及慈禧太后等，晚年都曾在这里居住过。懿安皇后和慈禧太后上文介绍过，这里重点介绍孝惠章太后。

孝惠章皇后，博尔济吉特氏，科尔沁贝勒绰尔济之女，是顺治帝第二任皇后，也与孝庄太后同族。顺治十一年（1654年），顺治帝废第一任皇后，孝庄太后为顺治帝指定博尔济吉特氏为继任皇后。顺治帝在世时，她虽身为皇后，却因贵妃董鄂氏受宠而被冷落。顺治帝几次想立董鄂氏为后，因孝庄太后干预未能如愿。顺治帝死，康熙帝立，她被尊为皇太后，后谥孝惠章太后，居慈仁宫，后为宁寿宫。她一生最惬意的时光，就是入主宁寿宫后的岁月。

孝惠太后与康熙皇帝，母慈子孝，特别是孝，感动当世，传颂至今。《孝经》开宗明义说："夫孝，德之本也。"怎样以孝事亲呢？康熙帝对皇太后之孝——"居则致其敬，养则致其乐，病则致其忧，丧则致其哀。"（《孝经》第十）下面将"敬"、"乐"、"忧"、"哀"分开来说。

一说敬。敬为双向，母慈子敬。康熙帝幼年丧母，祖母孝庄太皇太后，

康熙帝对庶母孝惠章太后至亲至孝，堪称楷模

庶母孝惠太后，对他的抚育、教诲之恩，使他终生难忘，也终生难报。康熙帝虽只比孝惠太后小13岁，但对太后至亲至孝至尊至敬堪称典范。逢年过节，康熙帝总要去请安问候。孝惠太后对康熙帝也极尽慈爱之心。

康熙二十八年（1689年），在宁寿宫旧地营建新宫告成，孝惠太后迁居。此后直到康熙五十六年（1717年）病故，孝惠太后享受着康熙帝至诚至孝的奉养。

每当出外狩猎，康熙帝都要将中途获取的猎物和珍果派人送到宁寿宫。康熙三十五年（1696年）十月，康熙帝北巡，太后万寿，奉书恭祝。太后遣官送衣裘，康熙帝奉书："时方燠，河未冰，帐房不须置火，俟严寒，即欢忻而服之。"康熙三十六年（1697年）二月，康熙帝亲征噶尔丹，驻他喇布拉克。太后以康熙帝生日，遣使赐金银茶壶，康熙帝奉书拜受。噶尔丹既定，诸臣请康熙帝加太后徽号"寿康显宁"，太后

以康熙帝不受尊号，也坚谕不受。康熙帝四出巡幸，常奉太后同行。康熙三十七年（1698年）七月，奉太后幸盛京谒陵，道经喀喇沁。以太后父母葬发库山，距跸路二百里，谕内大臣索额图择地，太后遥设拜祭。十月，值太后万寿，康熙帝到行宫行礼，敕封太后所驻山曰寿山。康熙三十八年（1699年），康熙帝奉太后南巡，游览观赏江南风光。

二说乐。以皇太后五十、六十、七十大寿为例，看康熙帝是怎样尽孝道的。

康熙二十九年（1690年）十月初三，皇太后五十大寿，住进新修的宁寿宫。时康熙帝因患重病而暂停乾清门御门听政，仍率诸王贝勒、文武大臣等，到皇太后宫行礼。遵懿旨，停筵宴。（《清圣祖实录》卷一百四十九）

康熙三十九年（1700年）十月，皇太后六十大寿。康熙帝恭进佛像三尊，《御制万寿无疆赋》围屏一架，御制万寿如意太平花一枝，御制龟鹤遐龄花一对，珊瑚进贡一千四百四十分，自鸣钟一架，寿山石群仙拱寿一堂，千秋洋镜一架，百花洋镜一架，东珠、珊瑚、金珀等念珠一九，皮裘一九，雨缎一九，哆罗呢一九，璧机缎一九，沉香一九，白檀一九，绛香一九，云香一九，通天犀、珍珠、汉玉、玛瑙、雕漆等古玩九九，宋元明画册卷九九，攒香九九，大号手帕九九，小号手帕九九，金九九，银九九，缎九九，连鞍马六匹，并令在寿宴时，御膳房数米一万粒，做"万国玉粒饭"，及肴馔、果品等物进献。（《清圣祖实录》卷二百一）但是康熙帝五十大寿，大臣进"万寿无疆屏"，被谢却之。

康熙四十九年（1710年）皇太后七十大寿，康熙帝为太后举行了隆重庆典。满洲传统舞蹈"蟒式舞"，是在隆重欢庆盛大宴会时礼仪最高的舞蹈，一向是大臣向皇帝表演的。为庆祝皇太后七十大寿，康熙帝谕旨："蟒式舞者，乃满洲筵宴大礼，至隆重欢庆之盛典。向来皆诸王大臣行之。今岁皇太后七旬大庆，朕亦五十有七，欲亲舞称觞。"到皇太后七十岁生日这天，在皇太后宫进宴，皇太后升座，乐作，康熙帝到皇太后近前跳起蟒式舞，并举爵进酒。（《清圣祖实录》卷二百四十一）祝她万寿无疆。孝惠章太后，优游生活，享尽孝养，五十余年，可谓足矣！

三说忧。康熙二十六年（1687年），太皇太后患病，孝惠太后作为儿媳，每天从早到晚侍奉在太皇太后榻前。孝庄太皇太后崩，孝惠太后哀哭悲痛，几乎仆地。康熙五十六年（1717年）十二月初三，77岁的太后病重。这年，康熙帝64岁，也患重病，七十余日，头晕目眩，脚面浮肿，不能走动。他闻知太后病重，便用布缠足，乘坐软轿，每日到宁寿宫，扶掖行进，探视太后。太后处于昏迷状态，康熙帝跪下，捧着太后的手说："母后，臣在此！"太后极力睁眼，迷糊相视，执康熙帝手，已不能说话。为了照看太后，康熙帝虽然重病，仍在宁寿宫西边的苍震门内，搭设帷幄，暂时居住。

四说哀。康熙二十七年（1688年）正月十一日，太皇太后梓宫由慈宁宫移到朝阳门外殡宫，康熙帝及诸王大臣请太后不必前去行礼致哀，但太后执意不可。她悲泣前往，恸哭致哀。（《清圣祖实录》卷一百三十三）这给子孙树立了孝亲的榜样。康熙五十六年（1717年）十二月初六日，皇太后崩，康熙帝号恸尽礼，割辫服孝，奠酒恸哭。康熙帝服丧期间，正值隆冬，天气严寒，康熙帝身着丧服，仍住在苍震门内的帐篷里，直到十二月三十日除夕，才回到乾清宫居住。（《清史稿·后妃传》卷二百十四）初二日，又回到苍震门内居住，直到初四，满二十七天，才回乾清宫。一位六十四岁的老人，位居皇帝，身患重病，时值寒冬，露天地上，搭建帐篷，为母守孝，二十七天，悲恸哭奠，自始至终，尽礼尽哀，大孝至极，无以复加！（《清圣祖实录》卷二百七十六）古今中外，能有几人？

康熙帝既要孝奉太皇太后，又要孝侍皇太后，长达五十六年。可以说，康熙帝的一生几乎都是在给太皇太后和皇太后尽孝中度过的。

伦理之中，孝道为大。《孝经》说："天地之性，人为贵；人之行，莫大于孝。"孝子事亲，"居则致其敬，养则致其乐，病则致其忧，丧则致其哀"。孝子必忠国家，孝子必爱百姓。连父母都不爱，能热爱人民吗！以仁孝为荣，以不孝为耻："五刑之属三千，而罪莫大于不孝！"（《孝经》第十一）传承中华文明，弘扬仁孝风尚。

第四十四讲 明宫太后

一身为皇后、皇太后、太皇太后者，这在明清五百多年的历史上，仅有两位，即明仁宗洪熙帝张皇后和明宪宗成化帝王皇后。她们既外在机遇好，也内在修养好。她们自身的共同特点是：积德行善，心净身静，胸怀宽广，品节高洁。因此，她们成为古代女性的典范。

第四十四讲　明宫太后

皇帝的母亲（不一定是生母）称太后，祖母称太皇太后。这是秦汉以来的传统："汉兴，因秦之称号，帝母称太后，祖母称太皇太后。"（《汉书·外戚传》卷九十七上）太后，尤其是太皇太后，在皇宫里，地位最尊，荣誉最高。[1] 皇后要受皇帝和太后两层制约，皇太后则在皇帝和皇后之上。明宫太后，情形如何？

一　宣　德　母　后

皇太后上尊号、徽号，要经四道礼仪：一是告祭，告祭天、地、宗社；二是册宝，金册（证书）、金印；三是谒谢，到奉先殿拜谒和敬谢祖先；四是受贺，接受皇子皇孙、后妃公主、文武百官庆贺，礼仪庄严，热烈隆重。

明朝南京皇宫，称太后的只有一人，就是建文帝的生身母亲吕氏，为懿文太子朱标的继妃。建文元年（1399年）二月，朱允炆登极后，尊生身母亲为皇太后，这是明朝第一位皇太后。但是，永乐元年（1403年），燕王朱棣登极后，改称她为皇嫂懿文太子妃。明朝南北两京的皇宫，《明史·后妃传》记载共有17位太后。她们虽位于女性地位与尊严的最高端，但其命运各不相同。大体有以下几种不同命运：

第一，做了太后而被撤销的2位：

---

[1] 太皇太后卤簿共48种191件：红杖一对，清道旗一对，黄麾一对，绛引幡三对，传教幡二对，告止幡二对，信幡二对，龙头竿五对，仪锽氅五对，戈氅五对，戟氅五对，吾杖三对，立瓜三对，卧瓜三对，仪刀三对，斑剑三对，镫杖三对，金钺三对，骨朵三对，响节六对，羽葆幢二对，紫方伞二把，红方伞二把，黄销金伞一把，黄绣曲柄伞二把，红绣伞一把，红绣圆伞二把，绣雉方扇六把，红绣花圆扇六把，青绣方扇六把，红罗素圆扇六把，黄罗素圆扇六把，拂子二把，红纱灯笼二对，红油纸灯笼一对，鱿灯一对，金交椅一把，金脚踏一个，金水盆一个，金水罐一个，金香炉一个，金香合一个，金唾盂一个，金唾壶一个，行障二叶，坐幛一叶，辂一乘，安车一乘。

（1）建文帝的母亲吕氏。朱棣起兵打到南京金川门，派人迎接吕太后到军中，"述不得已起兵之故"，就是解释自己被逼无奈而起兵的原因。而后，送后回宫，尚未到宫，宫中起火。吕太后便跟随她的儿子朱允熙，居住在夫君懿文太子的陵旁。永乐元年（1403年），命将"吕太后"改称为"皇嫂懿文太子妃"。（《明史》卷一百十五）可以想象由"皇太后"到"懿文太子妃"落差之大，由皇宫殿堂到夫君陵旁，这是天壤之别，其晚境既悲苦又凄凉。

（2）景泰帝的母亲吴氏，是明宣德帝妃，生郕王朱祁钰。明英宗被俘，君位空虚，他的弟弟郕王朱祁钰继位，是为景泰帝。朱祁钰登极后，尊他的生母吴氏为太后。明英宗朱祁镇复辟，重登皇位，将吴太后降为妃。

以上吕氏和吴氏由太后降为妃，是明清宫廷史上仅有的两例。

第二，生前是皇后死后被尊为皇太后的2位：

（1）明英宗正统帝皇后钱氏，生前是皇后，死后被尊为皇太后。

（2）明神宗万历帝皇后王氏，生前是皇后，死后被尊为皇太后。

第三，生前是妃嫔死后被尊为皇太后的4位：

（1）明宪宗成化帝淑女纪氏，生孝宗弘治帝朱祐樘，死后被尊为皇太后。

（2）明世宗嘉靖帝妃杜氏，生穆宗隆庆帝，死后被尊为皇太后。

（3）明光宗泰昌帝妃王氏，生明熹宗天启帝，死后被尊为皇太后。

（4）明光宗泰昌帝妃刘氏，生明思宗崇祯帝，死后被尊为皇太后。

第四，由妃嫔而被尊为太后的2位：

（1）明兴献王妃蒋氏，生明世宗嘉靖帝朱厚熜，被尊为皇太后。

（2）明穆宗隆庆帝妃李氏，生明神宗万历帝朱翊钧，被尊为皇太后。[1]

---

[1] 《日下旧闻》记载："英华殿前菩提树两株，六月开黄花，秋深子落。子不从花结，与花并发，而附于叶之背，莹润圆整，可作佛珠。此树为李太后所植。太后上宾，神庙上尊号曰九莲菩萨，祀慈容于树北之别殿。"（《天启宫词注》）《日下旧闻考》补："大内西北隅英华殿前有菩提二树，慈圣皇祖母手植也，高二丈，枝干婆娑，下垂着地，盛夏开花，作黄金色，子不于花蒂生而缀于叶背。秋深叶下，飘扬永巷，却叶受子而念珠出焉。其颗较南产差小而色黄，且间分瓣之线界作白丝，名曰多宝珠。"（《菩提子诗序》）（《钦定日下旧闻考》卷三十四）"慈圣皇祖母"就是明万历帝母亲李太后。

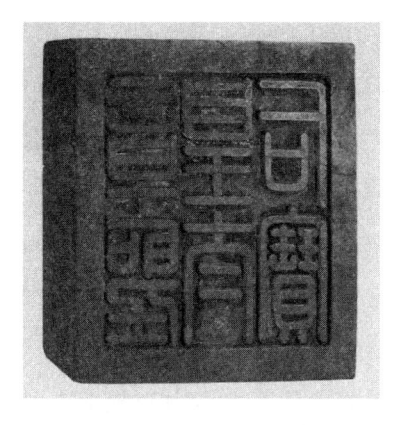

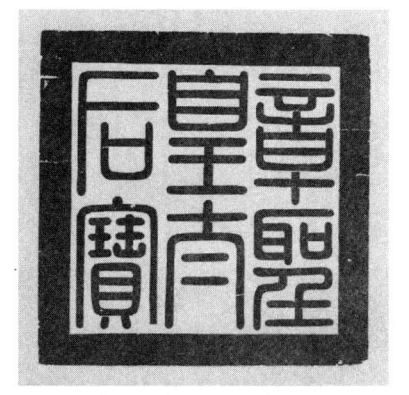

嘉靖帝母亲生前只是嫔妃，死后母以子贵，被尊为"章圣皇太后"

第五，由皇后被尊为太后的3位：

（1）明宣宗宣德帝皇后孙氏，英宗正统帝继位后尊为皇太后。

（2）明孝宗弘治帝皇后张氏，武宗正德帝尊为皇太后，世宗嘉靖帝也尊为皇太后。

（3）明穆宗隆庆帝皇后陈氏，原为裕王妃，裕王继位，册为皇后，无子多病，居住别宫，并未被废，明神宗万历帝尊为皇太后。

第六，由妃而被尊为太后、太皇太后的2位：

（1）明英宗正统帝妃周氏，宪宗成化帝生母，孝宗弘治帝尊为皇太后，武宗正德帝尊为太皇太后。

（2）明宪宗成化帝妃邵氏，生兴献王朱祐杬，孙朱厚熜继位，被尊为太皇太后。

第七，生前是皇后、太后、太皇太后"三后合一"的2位：

（1）明仁宗洪熙帝张皇后，儿子宣宗宣德帝尊为皇太后，孙子英宗正统帝尊为太皇太后。

（2）明宪宗成化帝王皇后，儿子孝宗弘治帝尊为皇太后，孙子武宗正德帝尊为太皇太后。

生前做皇后、皇太后、太皇太后的，在明朝宫廷史上仅有两位，清朝则没有。明朝这两位皇后、皇太后、太皇太后"三后合一"的女性，有什么高洁品行呢？明宪宗成化帝的王皇后，前文已经介绍，以下介绍明仁宗的张皇后。

明仁宗诚孝皇后张氏，永城（今河南永城市）人。洪武二十八年（1395年）封燕王朱棣世子朱高炽妃。永乐二年（1404年）封皇太子妃。洪熙帝继位，册张氏为皇后。明宣宗宣德帝即位，尊为皇太后。明英宗正统帝即位，尊为太皇太后。张皇后的特点是：

一、**会处公婆关系**。作为王妃，首先要会处同公婆的关系。《明史》说她"后始为太子妃，操妇道至谨，雅得成祖及仁孝皇后欢"。就是说她能严谨遵循妇人操守，颇得公婆永乐帝与徐皇后的喜欢。

二、**会处叔嫂关系**。她的两个小叔子是汉王朱高煦和赵王朱高燧，都"谋夺嫡"，想取代太子的地位，太子多次被汉王和赵王所离间，她从中保护、劝慰、解释，帮助丈夫保住了太子的位置，没有被易储。

三、**会处夫妻关系**。太子"体肥硕不能骑射"，永乐帝很不高兴。她就"减太子宫膳"，就是让太子减少饮食，加强运动，减轻体重，颇有成效。

四、**会处母子关系**。儿子宣德帝初继位，凡军国大政，多禀听裁决。时海内太平，皇帝侍奉起居，陪伴游宴，四方贡献，先奉太后。皇帝与太后，慈孝闻天下。太后游西苑，皇后皇妃伴随，皇帝亲自扶舆登万岁山，奉觞上寿，献诗颂德。去永乐长陵和洪熙献陵，经过河桥时，皇帝下马扶辇。

五、**会处祖孙关系**。子宣德帝死，孙正统帝九岁继位，宫中流言四起。太后急召诸大臣到乾清宫，指着太孙哭泣说："此新天子也。"群臣

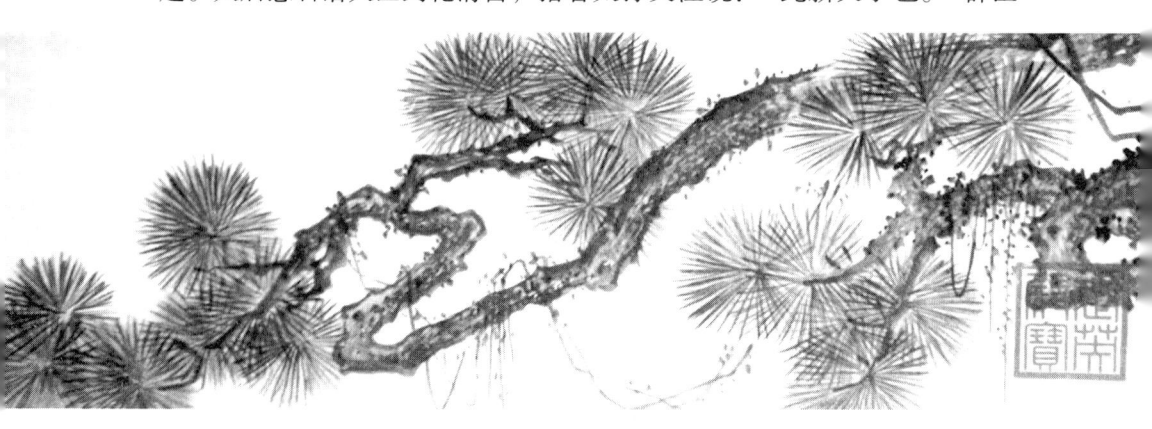

张太后与明宣德帝也是母慈子孝的典范，此为宣德帝为母亲所绘《万年松图》（局部）

呼万岁,流言乃止。有大臣请太后垂帘听政,太后说:"毋坏祖宗法。第悉罢一切不急务。"时时勖勉正统帝,勤奋学习,委任股肱。大太监王振于太皇太后在世时,不敢专权,违法胡为。

六、会处君臣关系。从英国公张辅,尚书蹇义,大学士杨士奇、杨荣、金幼孜、杨溥所请,见于行殿,太后慰问诸臣,并说:"尔等先朝旧人,勉辅嗣君。"正统七年(1442年)十月,病危,召大学士杨士奇等入,命太监问国家还有什么大事未办,杨士奇列举三件事:一是"建庶人虽亡,当修实录",即建文帝虽然死了,但应当纂修《建文实录》;二是永乐帝曾诏谕"收方孝孺诸臣遗书者死,宜弛其禁";其三还没有来得及奏上,太后就咽气——死了。遗诏劝勉大臣,辅佐皇帝,惇行仁政,惠及百姓。(《明史·后妃传》卷一百十三)她的善政,受到赞誉。

七、会处娘家关系。对娘家兄弟,按规矩办事,"太后遇外家严",不轻易升官赏赐,不许他们搞特权,也不许他们理国事。

八、会处百姓关系。到十三陵谒陵,"畿民夹道拜观,陵旁老稚皆山呼拜迎"。太后回头对皇帝说:"百姓戴君,以能安之耳,皇帝宜重念。"老百姓爱戴国君,因百姓能得到安居乐业,皇帝应当牢记。回程时路过农家,"召老妇问生业,赐钞币"。有献蔬食酒浆者,取以赐帝,说:"此田家味也。"谕诫皇帝,不忘农家。

史书所说的"洪宣之治",张太皇太后也有一份历史功绩。

二 成化母后

周太后是明宪宗成化帝的生母,明英宗正统帝的妃子。明英宗皇后钱氏,知书达理,聪明贤惠,特别是在英宗被俘和幽居期间,昼夜啼哭,极尽妇道。但是,皇后钱氏没有生育,妃子周氏生子朱见深,立为皇太子,就是后来的成化帝。

周氏是北京昌平人。因生儿子,子为太子,母以子贵,被封贵妃。明英宗正统帝38岁死,朱见深18岁继承皇位。按照《大明会典》规定:

明朝皇帝对母亲、祖母都极孝顺，图为成化帝母亲周太后

"天子登极，奉母后或母妃为皇太后，则上尊号。"（《大明会典》卷五十）于是，成化帝即位，就尊母妃周氏为皇太后。《大明会典》还规定："其后或以庆典推崇皇太后，则加称二字或四字为徽号。"在成化二十三年（1487年）四月，为周太后上徽号"圣慈仁寿皇太后"。成化帝死后，她的孙子明孝宗弘治帝朱祐樘继位，弘治帝尊他的祖母为太皇太后。

明朝十六位皇帝，文化素养，个人品德，差异很大，各不相同，甚至有的皇帝做出许多荒唐之事。但是，明朝所有的皇帝，对待母亲，对待祖母，都极孝顺，无一例外。《明史》记载："宪宗在位，事太后至孝，五日一朝，燕享必亲。太后意所欲，惟恐不欢。"（《明史·后妃传》卷一百十三）这是可信的。

周太后为人厚道。及孝宗即位，事太后也至孝。太后（时为太皇太后）病疡，久之愈，诰谕群臣说："自英皇厌代，予正位长乐，宪宗皇帝以天下养，二十四年犹一日。兹予偶患疡，皇帝夜吁天，为予请命，春郊罢宴，问视惟勤，俾老年疾体，获底（dǐ，"得"的意思，不是"底"）康宁。以昔视今，父子两世，孝同一揆，予甚嘉焉。"（《明史·后妃传》卷一百十三）

周太后也有故事。明英宗因钱皇后在自己患难之时真诚相待，答应她死后合葬。但是，明孝宗弘治帝遇到两难：一方面亲祖母周皇后不愿意同钱皇后合葬，而周皇后对皇孙孝宗弘治帝有大恩——孝宗生于西宫，母妃纪氏薨，太后育之宫中，省视万方。弘治十一年（1498年）冬，清宁宫火灾，太皇太后移居仁寿宫。明年，清宁宫修缮完工，太皇太后仍回清宁宫。太后的弟弟长宁伯周彧,家有赐田,官员请求加以核查,皇帝说算了。太皇太后说:"奈何以我故斁(wěi,"不正"的意思)皇帝法!"怎么能因为我而不遵守国法呢!于是,使超出土地,归于官府。弘治十七年(1504年)三月,周太皇太后崩,合葬裕陵。嘉靖十五年(1536年),与纪、邵二太后并移祀陵殿。而后,穆宗母孝恪太后、神宗母孝定太后、光宗母孝靖太后、熹宗母孝和太后、思宗母孝纯太后,都遵循了这项礼制。(《明史·后妃传》卷一百十三)

三 万历母后

孝定李太后是明神宗万历帝的生身母亲,漷县(今北京通州)人。她侍穆宗隆庆帝于裕王府邸,生明万历帝朱翊钧。隆庆元年(1567年)三月,封李氏为贵妃。万历帝继位,尊生母李氏为慈圣皇太后。旧制:皇帝登极,尊皇后为皇太后,若有生母称太后者,则加徽号,以示区别。这时,太监冯保想谄媚李贵妃,提出"两宫太后,同时并尊"。于是,由大学士张居正下廷臣商议,尊皇后陈氏为"仁圣皇太后",尊贵妃李氏为"慈圣皇太后"。从此开始,两宫地位,平起平坐,没有区别。仁圣皇太后居慈庆宫,慈圣皇太后居慈宁宫。张居正请李太后照顾十岁的万历帝的起居,迁居乾清宫。

李太后教幼年万历帝读书,重管教,严督促。

先讲李太后教子读书的故事。早上小皇帝贪睡,李太后就到万历帝寝榻前,呼曰:"帝起!"叫醒熟睡的万历小皇帝。又命太监左右扶掖皇帝,取水洗脸,穿戴衣冠,出门登辇,前去上朝。万历帝如懒惰不读书,就要召到太后面前,加以训斥,长跪惩罚。每次经筵后,回到乾清宫,常令万历帝仿效讲官,在皇太后面前复讲。

再讲李太后教子为君的故事。万历帝有一次在小宴会上,喝酒助兴,令太监唱歌。太监说不会,命取下宝剑击之。左右人劝解,就戏割其发。翌日,李太后闻知,传语张居正,严词具疏,进行切谏;还令张居正

张居正专门为万历帝编写的《帝鉴图说》，堪称皇帝教科书

"为帝草罪己御札"，代皇帝起草"检讨书"；并召万历帝面前长跪，严词训示，数其过错。万历帝痛哭流涕，进行自责，请求改过。万历六年（1578年），万历帝大婚，太后将回慈宁宫居住，敕张居正说："吾不能视皇帝朝夕，先生亲受先帝付托，其朝夕纳诲，终先帝凭几之谊。"

后性严明。万历初政，委任张居正，综核名实，几于富强，皇太后之力，贡献很多。万历后期，皇子朱常洛未册立，给事中姜应麟等疏请立储，遭到贬谪。皇太后知道后，趁皇帝入侍，太后问为什么。万历帝说："彼都人子也。"因为他是都人之子！太后大怒道："尔亦都人子！"万历帝惶恐，跪地不敢起。这是为什么呢？当时内廷呼宫女为"都人"，太后也是由宫人被幸，才生下万历皇帝朱翊钧。

朝臣请福王离开皇宫，到藩王府去，行期已定，拖了又拖。郑贵妃说推迟到明年，庆祝太后生日后再去。太后说：我的孙子潞王不是也可以来京上寿啊！郑贵妃没法，不敢留福王，命福王赴藩。

太后父亲李伟，封武清伯。太后娘家人犯法，命太监到武清伯府，数其过错，依法办事。

李太后好佛，京师内外多兴建佛寺，这里特别介绍慈寿寺塔。**慈寿寺塔**位于今北京海淀区八里庄，原名永安万寿寺，塔名万寿寺塔，今称慈寿寺塔。寺是明万历帝母亲李太后懿旨，于万历四年（1576年）始建，两年后告成。寺院内，万寿寺塔为八角十三层密檐式砖塔，高56.5米，高塔耸立，刚健挺拔，风铃鸣动，气势非凡。后寺因火废弃，慈寿寺塔孤存。

寺的兴建，有个故事。万历帝父亲隆庆帝死得早，皇后没有儿子，由李贵妃所生10岁的朱翊钧继位，这就是万历帝。万历帝登极后，册母亲为慈圣太后，但她是宫女出身，地位卑微。一次宫里吃饭，仁圣太后和万历帝坐着，慈圣太后却站着，不能入正席。李太后处境艰难，内廷有仁圣皇太后，外朝有大学

万历帝母亲慈圣太后托言自己为九莲菩萨化身，并因此建造了慈寿寺，图为慈寿寺塔

士张居正,万历帝才10岁,她如何提高自己的政治地位和崇高权威呢?这个女人太有心计了!

一天,她公开说,夜里做了一个梦,梦见九莲菩萨,托言自己是九莲菩萨化身。史载:"九莲菩萨者,神宗母,孝定李太后也。太后好佛,宫中像作九莲座。"(《明史·诸王传》卷一百二十)于是,在宫里供奉九莲菩萨,又传旨捐资在北京阜成门外八里庄修建永安万寿寺,供奉九莲菩萨。寺中还修建一座高塔,名"永安万寿塔",又叫"慈寿寺塔"。

此后,仁圣太后、张居正以及宫内外所有的人,都高看李太后,再没有人敢欺负这位现世的"九莲菩萨"。塔后东西分列画像石刻碑:东首一块正面刻紫竹观音和赞词,背面刻瑞莲赋;西首一块正面刻鱼篮观音和赞词。二碑刻工精美,线条疏朗流畅。九莲菩萨的影响,一直到崇祯末。慈寿寺是李太后韬略与睿智的展现。

还有万寿寺。明万历五年(1577年),明万历帝为其生母慈圣太后建。此寺串联四位皇太后的故事。除慈圣李太后外,还有康熙帝庶母孝惠太后、乾隆帝生母崇庆太后和同治帝生母慈禧太后。乾隆帝修清漪园(颐和园),并开通长河后,太后乘船到园,在此休憩,并在此举行庆寿之典。

万历四十二年(1614年)二月,李太后崩,合葬昭陵。

一身为皇后、皇太后、太皇太后,这在明清五百多年的历史上,仅有两位,即明仁宗洪熙帝张皇后和明宪宗成化帝王皇后。她们既外在机遇好,也内在修养好。她们自身的共同特点是:积德行善,心净身静,胸怀宽广,品节高洁。因此,她们成为古代女性的典范。

第四十五讲 清宫太后

清慈宁、寿康、寿安三宫，就文化来说，突显一个"孝"字。《说文繫传》诠释："孝，善事父母者，从老省，从子，子承老，老省亦声。"古人重视孝，《汉书·艺文志》说："夫孝，天之经，地之义，人之行也。"孝的内涵，具体说来，就是"六孝"：孝敬、孝顺、孝养、孝心、孝言、孝行。

第四十五讲　清宫太后

清宫太后，从顺治算起，共有九位。太后居住的宫殿，主要有慈宁宫、寿康宫、寿安宫、宁寿宫等，分其宫殿，择其太后，简略介绍。

一 皇太后宫

清太祖努尔哈赤时期，制度草创，没有名号，后宫统称福晋。皇太极崇德开始，仿照明朝，设立五宫（中宫、关雎宫、衍庆宫、麟趾宫、永福宫）的一后四妃制度。顺治入关，初定典仪，议定未行。康熙以后，典制完备。

《清史稿·后妃传》记载："帝祖母曰太皇太后，母曰皇太后。居慈宁、寿康、宁寿诸宫。先朝妃、嫔，称太妃、太嫔，随皇太后同居，与嗣皇帝年皆逾五十，乃始得相见。"嗣皇帝要是同太妃、太嫔见面，双方都要年过50岁才可以。

慈宁宫在顺治、康熙时，是清朝唯一的太皇太后孝庄太后的正宫

清皇太后,顺治朝有两位:一位是博尔济吉特氏,顺治四年(1647年)死,年五十;另一位是孝庄太后。康熙朝有一位太后,就是住在宁寿宫的孝惠章太后。雍正朝有一位太后,是雍正帝的生母乌雅氏,但未上册,突然崩驾。严格说来,雍正朝没有皇太后。乾隆朝,只有一位太后,就是孝圣宪太后(崇庆太后)。嘉庆朝和道光朝没有太后。咸丰朝尊道光帝妃博尔济吉特氏为太后,只九天就死了。同治朝和光绪朝有两位太后,慈安太后和慈禧太后。宣统朝只有一位隆裕太后。清朝名义上有九位太后,实际享受太后生活的只有七位太后,重要的是前三太后——孝庄太后、孝惠太后、孝圣太后和后三太后——孝贞太后(慈安太后)、孝钦太后(慈禧太后)、孝定太后(隆裕太后)。

清朝太皇太后只有一位,就是孝庄太皇太后。清朝268年,一身是皇后、皇太后、太皇太后的,一位也没有。

清朝太后住的宫殿,除前文介绍的如慈安太后住过体顺堂和钟粹宫,慈禧太后住过燕喜堂、储秀宫和宁寿宫,还有慈宁宫、寿康宫和寿安宫等。先介绍慈宁宫区,包括慈宁宫和慈宁花园两个板块:

慈宁宫,在皇宫西部偏北,是一座独立的宫院,始建于明嘉靖十五年(1536年)五月,耗银六十万两,称仁寿宫,主要为皇太后居所。清顺治十年(1653年)重修,清乾隆三十四年(1769年)改建,成今见格局。慈宁宫的主要建筑为:(1)慈宁门,为正宫门,面阔五间,进深三间,门旁列鎏金铜祥兽。(2)慈宁宫,重檐歇山琉璃瓦顶,面阔七间,进深三间,前殿后寝。宫前狭长宫院,宽敞舒展,清顺治、康熙时为孝庄太后(太皇太后)的正宫。太皇太后和皇太后上徽号、进册宝、圣寿节等在此庆贺。(3)大佛堂,在宫的后面,面阔七间,进深三间,黄琉璃瓦歇山顶,是太后、太妃礼佛的殿堂。堂内的佛像、龛座等文物,今暂安于河南洛阳白马寺。

慈宁花园,在慈宁宫南侧,是太后与太妃休息、游乐和礼佛的地方。花园的特点:一是平路多,没有曲径、高低、拱桥、山坡,照顾老年人的体力与安全;二是佛堂多,主体建筑为咸若馆,馆后为慈荫楼,左为宝相楼、右为吉云楼,其南左为含清斋、右为延寿堂,都为太后、太妃

慈宁花园佛堂多，便于太后、太妃们礼佛

礼佛提供方便；三是亭台多，如南部以临溪亭为主，有翠芳亭（亭内流杯渠今无存）、绿云亭（今无存）等。亭者，停也。亭台多是为老太后、老太妃、老太嫔们散步时，走走停停，便于歇息。

寿康宫，在慈宁宫西侧，是一座独立的三进宫院，前为寿康门，主体建筑为寿康宫，后为寝宫。

寿安宫，在寿康宫的北面，明初为咸熙宫，嘉靖十四年（1535年）改名为咸安宫，隆庆帝陈皇后、天启朝客氏都曾住在这里。清康熙帝曾在此两次幽禁废太子胤礽，直到胤礽死。雍正六年（1728年）在此设咸安宫官学，诏收内务府三旗和八旗的官员子弟90名入学，是为八旗贵族子弟学校。乾隆十六年（1751年），为皇太后60岁生日，将咸安宫官学迁到西华门内（今宝蕴楼），改建咸安宫后，更名为寿安宫。乾隆二十六年（1761年），为皇太后七十大寿，寿安宫重修。

寿安宫是一座长方形的宫院，南北长107米，东西宽78米，占地8346平方米。宫为三进院，并有东西跨院。正门为寿安门，门内第一进院正殿

寿安宫曾是废太子胤礽两度被幽禁之地，此为《唐土名胜图绘》之"寿安宫之图"

名为春禧殿（今殿为后来重建），石基三层，殿宇雄美。东西配殿各5间。殿左右有穿堂门，进穿堂门为第二进院。院正中为寿安宫，面阔5间，进深3间，黄琉璃瓦歇山顶。殿内乾隆帝御书匾额"长乐春晖"、"瑶枢纯嘏"。殿前东西有转角楼，南与春禧殿后倒座房相连。倒座原为寿安宫扮戏楼。院内曾有乾隆二十五年（1760年）添建的三层大戏台一座。日人所著《唐土名胜图绘》称作演剧台，并绘有图。上层匾"庆霄韶濩"，中层匾"曾城广乐"，下层匾"崑阆恒春"。嘉庆四年（1799年）七月拆除，改建为后卷殿五间。殿后为第三进院，院中叠石为山，院里栽培竹子（《内务府奏销档》）。院内有小殿，东北为福宜斋，西北为萱寿堂。道光、咸丰两朝太妃和太嫔等曾住此宫。建筑保护完好。今为故宫博物院图书馆。

慈宁宫以孝庄太后居住而名闻天下。

二 孝庄太后

孝庄太后博尔济吉特氏，是努尔哈赤的儿媳，皇太极永福宫庄妃，顺治皇帝的生母，康熙皇帝的祖母。她机智过人，善于谋略，身历天命、天聪、崇德、顺治、康熙五朝，两辅幼主，权位并隆，是清朝唯一的一位太皇太后。她对清朝贡献大，故事也多。孝庄太后和多尔衮的关系，有种种传闻和故事。传闻最广的，当今家喻户晓的是所谓"太后下嫁"。

民国初年出版的《清朝野史大观》卷一，有三条专记太后下嫁一事。民国八年（1919年），署名"古稀老人"编写的《多尔衮轶事》则更记得如同亲闻目睹，说"当时朝廷情势，危于累卵"，"太后时尚年少，美冠后宫，性尤机警……故宁牺牲一身，以成大业"。而多尔衮本来就好色成

图为身历五朝，两辅幼主，清朝故事最多、最为传奇的孝庄太后

性，此时更以陈奏机密为由，出入宫禁。也有人借顺治帝的话而认为孝庄搬到睿王府住居："睿王摄政时，皇太后与朕分宫而居，每经累月，方得一见，以致皇太后萦怀弥切。"（《清世祖实录》卷一百四十三）。至今仍有人认为"太后下嫁"确有其事，并提出以下九条理由。下面我逐一分析。

其一，庄妃下嫁为保全儿子皇位。顺治帝继位是多种政治势力复杂斗争和相互妥协的结果，不是庄妃委身于多尔衮所取得的。

其二，兄死弟娶其嫂是满洲习俗。满洲确有这样的旧俗，但有这样的习俗并不能证明多尔衮就一定娶了他的嫂子。

其三，称多尔衮为"皇父摄政王"。这是尊称，如同光绪帝称慈禧太后为"皇阿玛"（皇父）一样。

其四，蒋良骐《东华录》有记载。书里说多尔衮"亲到皇宫内院"，就是慈宁宫。高阳认为，极有可能是指孝庄与多尔衮相恋的事实。相恋的事可能有，也可能无，但这不能证明太后下嫁了多尔衮。

其五，孝庄太后死后葬在昭西陵①。清东陵的昭西陵，因在皇太极盛京昭陵西向，故称昭西陵。孝庄太后和康熙皇帝都做了解释："太宗文皇帝梓宫，安奉已久，不可为我轻动。况我心恋汝皇父及汝，不忍远去。务于孝陵近地，择吉安厝（cuò），则我心无憾矣。"（《清圣祖实录》卷一百三十二）太皇太后不愿意惊动太宗亡灵，而愿意同儿孙在一起。

其六，有人说见过《太后下嫁诏》。此诏如果真有，必经辨认、登录，多人过目，不会只一人看见。历史不能凭某一人的一说做定断。

其七，明末张煌言记载了这件事。张煌言（苍水）《建夷宫词》："上寿觞为合卺樽，慈宁宫里烂盛门。春官昨进新仪注，大礼躬逢太后婚。"（《张苍水全集》）"建"是建州，"夷"是夷狄，明显带有民族偏见。这时张苍水在江南，南明和清朝是敌对的政体。孟森先生早就指出："远道之传闻，邻敌之口语，未敢据此孤证为论定也！"而且诗词也不能直接

---

① 清孝庄太后病死于康熙二十六年（1687年）十二月二十五日，年七十五；孝惠太后病死于康熙五十六年（1717年）十二月初六日，年七十七；孝圣太后病死于乾隆四十二年（1777年）正月二十三日，年八十六；去世时间都在腊正月。这是值得老年体弱病人注意的季节。

作为历史证据，因为诗可以夸张、比附，也可以想象、虚构。

其八，朝鲜史书里记载了这件事。当时作为清朝属国，朝鲜的《李朝实录》里，没有"太后下嫁"诏谕的记载，而像这样的大事，如有照例是应当诏谕属国的，也会有记载的。

其九，顺治帝报复多尔衮为反证。如顺治帝母后已下嫁多尔衮，多尔衮即为其父，且母亲健在，怎能对多尔衮掘坟墓、撤庙享呢？这将置母亲于何地！

总之，至今还没有见到一条关于"太后下嫁"的史证。我认为：孝庄太后同多尔衮的情愫可能有，"太后下嫁"之事确实无。当然，孝庄太后考量母子命运和江山社稷，尽量笼络多尔衮，则是不用怀疑的。

这一对相依为命的母子，按理说应当是母慈子孝、关系融洽，但事实并非如此。顺治帝和母后的关系，《清史稿·后妃传》仅有四句话记载：第一句是"世祖即位，尊为皇太后"，这是例行公事；第二句是"赠太后父寨桑和硕忠亲王，母贤妃"，这也是例行公事。加上第三和第四两句，共50个字。而同书记载康熙帝同他祖母关系的则有715个字。后顺治帝废掉母后为他选定的皇后，为董鄂妃死而要剃度出家、寻死觅活，都让母后失望、生气和无奈。顺治帝的早死，更让她深受打击。幸亏皇孙玄烨争气懂事。孝庄晚年身处太皇太后尊位，祖慈孙孝，尽享天伦之乐。

康熙帝回忆说："朕自幼龄学步能言时，即奉圣祖母慈训，凡饮食、动履、言语，皆有矩度。虽平居独处，亦教以罔敢越轶，少不然即加督过，赖是以克有成。"祖孙感情融洽。

孝庄关心民间疾苦。顺治十一年（1654年）闹灾荒，孝庄太后"昼夜焦思，不遑寝食"，主动拿出宫中节省银共四万两赈灾。（《清世祖实录》卷八十二）康熙平定三藩，遇到灾年，也常捐私房钱赈灾。

孝庄太皇太后发愿要写造《龙藏经》，为文化做出贡献。当时国家经费拮据，写经费用从哪里来？她先用私房钱、变卖陪嫁品，她娘家兄弟等捐助牛羊换钱，孙子康熙帝也出私房钱赞助。于康熙六年（1667年）开始，三年完成，康熙帝御制藏文序，供奉于慈宁宫大佛堂。

被誉为"藏传佛教三宝"之一的《龙藏经》

这部清康熙朝《内府泥金写本藏文龙藏经》，简称《龙藏经》，是藏传佛教三宝之一，在信众中有崇高的地位。它每叶横87.5厘米，纵33厘米，每函300—500叶，共108函，五万叶，十万面，重约50公斤。经的全书：一是磁青笺经叶，二是内护经板，三是外护经板，四是五色经帘——黄、红、绿、蓝、白五层，六是哈达，七是黄绢经衣，八是七彩捆经带，九是五彩捆经绳，十是保护全函的黄棉袱包。每函镶嵌宝石133颗，共14364颗，有彩绘佛像756尊。保存清宫典藏签条。这部《龙藏经》充分体现出：皇家气派，富丽辉煌，精美极致，书籍之最。（《精彩一百 国宝总动员》）文物南迁，转到台湾，现藏台北故宫博物院。我曾有幸看到原物。

孝庄太后住在慈宁宫，在顺治、康熙儿孙奉养下，度过了四十四年的时光。康熙帝数十年奉养孝庄太皇太后的事迹，成为帝王孝行的典范。"晨昏敬睹慈颜像，不尽欢欣踊跃回"——康熙帝每天早晚两次，带着欢娱的心情，到慈宁宫向祖母请安。祖母谒陵、避暑、出巡等，行前康熙都要到慈宁宫，亲奉祖母登辇，然后骑马跟随。路遇坎坷，下马扶辇。一次途中下雨，康熙冒雨下马，步行泥泞中，扶着祖母御辇前行。各地进献的珍果异味，康熙帝会送到祖母那里；外出巡猎时，常将地方特产、猎获野味派人送到祖母宫中。每年初秋，命宫中花匠例行送慈宁宫"三清花"，即茉莉、晚香玉、夜来香，分别盛在红、黄、蓝三色盆中，供祖母清赏。

孝庄太后病重时，康熙帝亲尝汤药、昼夜守护，图为孝庄文皇后谥册

　　康熙二十六年（1687年）十一月二十一日，75岁的太皇太后病重。康熙帝在慈宁宫侍疾，亲尝汤药，昼夜守护，不离左右。他"心怀忧虑，日侍左右，检方调药，亲视饮馔。太皇太后宁憩之时，朕隔幔静俟，席地危坐，一闻太皇太后声息，即趋至榻前，凡有所需，手奉以进，因此昼夜不能少离"。（《清圣祖实录》卷一百三十二）康熙帝每天在祖母榻边，检验药方，调配汤药，先行试饮，亲自喂服。祖母躺下后，康熙帝隔着帷幔，席地危坐。听到祖母翻身或叹息声，就起身到榻前，进奉祖母所需。康熙帝在病榻前，席坐冷地，衣不解带，卅五昼夜。康熙帝为祖母祈愿步祷天坛，恭读祝文，声泪俱下，陪同大臣，无不落泪。十二月二十五日，

太皇太后崩于慈宁宫，享年75岁。康熙帝"在大行太皇太后梓宫前，昼夜号痛不止，水浆不入口，天颜癯瘠，以致昏迷"。康熙帝在慈宁宫结庐而居，为祖母哀泣守孝。

《清史稿·后妃传》论赞道："世祖、圣祖皆以冲龄践阼，孝庄皇后睹创业之难，而树委裘之主，政出王大臣，当时无建垂帘之议者。殷忧启圣，遂定中原，克底于升平。"这些话，不过分。

三 崇庆太后

崇庆太后即孝圣宪皇后，钮祜禄氏，13岁侍雍亲王胤禛藩邸，号格格，是乾隆帝的生母。雍正即位，封为熹妃，后晋熹贵妃。雍正帝逝世，乾隆帝继位，尊为皇太后，经常住在寿康宫，并活动在慈宁宫和寿安宫等处。

乾隆帝事太后至孝至敬。乾隆帝每出巡幸，常奉太后以行，包括："南巡者三，东巡者三，幸五台山者三，幸中州者一。谒孝陵，狝木兰，岁必至焉。"（《清史稿·后妃传》卷二百十四）皇太后每年十一月二十五日诞辰，特别是五十、六十、七十、八十大寿，庆典一次比一次隆重。

乾隆六年（1741年）十一月二十五日，皇太后五十大寿。先期，进寿礼九九。乾隆帝亲制诗文、书画，还有如意、佛像、金玉、犀象、玛瑙、水晶、玻璃、珐琅、书画、绮绣、币帛、花果和诸外国珍品等。皇太后自畅春园回宫之日，奖励瞻仰跪接者，规定赏银：官员男妇六十以上者各赏银五两，七十以上者六两，八十以上者七两，九十以上者十两；兵丁、闲散人等男妇六十以上者各赏银二两，七十以上者三两，八十以上者四两，内有百岁老妇二名各赏银十五两等。共赏银十万八千七百五十两。还规定跪接礼仪：自西安门起，到西苑紫光阁门外，男左女右，分列道旁，跪着迎接。（《清高宗实录》卷一百五十四）凡在寿康宫前行礼的一品二品满汉文武大臣，也在西安门外跪接。乾隆帝出西华门，迎皇太后安，在西苑丰泽园进膳。然后，皇太后回寿康宫。

乾隆十六年（1751年），皇太后六十大寿。皇帝率皇后、皇子、皇孙等，侍皇太后于寿安宫，看戏，寿宴，连着庆祝九天。(《国朝宫史》卷七)乾隆帝献给皇太后生日特礼：一件是清漪园（今颐和园），另一件是寿安宫暨大戏楼。外省老民老妇，冒着严寒，千里迢迢，来京祝釐。在京官员，设立经坛，诵经祝寿。乾隆帝奉皇太后到万寿寺瞻礼，祈愿万寿无疆。(《清高宗实录》卷四百三）万寿寺得到妥善保护，现在是北京艺术博物馆。还颁谕二十条：如在京满汉文武大小官员，都各加一级；在京八旗兵丁、太监等，都赏给一月钱粮；八十以上者给绢一疋、棉一斤、米一石、肉十斤，九十以上者加倍，百岁者给银建牌坊。

乾隆二十六年（1761年），太后七十大寿。乾隆帝行九拜大礼，歌颂老母："爱日高悬，煦阳和于四海；慈云普覆，罩膏泽于万方。"乾隆帝大宴寿安宫，躬舞太后寿筵前，率皇孙、皇曾孙联舞，敬酒。也有倒霉者：典礼时由礼部尚书伍龄安读表文，因"舛错甚多，复不相连属，革职"。(《清高宗实录》卷六百四十九)

乾隆三十六年（1771年），皇太后八十大寿，庆典在畅春园举行。陈设彩亭，御仗前导，导迎乐作，群臣山呼。乾隆帝御礼服，到畅春园，问皇太后安，恭进奏书。奏书称：恭逢八旬万寿，喜惬五代一堂。又说："布达喇山庄肇建，联情用辑诸藩；卫拉特沙塞偕徕，陪宴兼收全部。"(《清高宗实录》卷八百九十七)

皇太后八旬大寿庆典在寿安宫举行。乾隆帝到寿安宫，跪问起居，随进茶侍早膳（饭面二品，汤一品，高头五品，膳菜十二品，糗饵四品）。承应宴戏，演九九大庆。巳刻（9—11时）进小膳（饽饽五品，果实十品）。未正（14时）进晚饭（饭面二品，汤一品，高头五品，膳菜十二品，糗饵四品）。继进酒膳（酒二品，膳菜七品，果实八品，垂手果碟四品）。皇后率皇贵妃以下暨皇子、皇孙等奉侍，钦派王公、满汉大臣、侍卫、外藩、回部于东配殿，王妃、公主、命妇于西配殿，各以次列坐看戏，恩赐酒肴果实。申刻（15—17时）结束，皇太后还宫。

乾隆四十二年（1777年）正月二十三日，崇庆皇太后病逝于圆明园长春仙馆，年八十六，后葬于清西陵泰陵东北的泰东陵。乾隆帝为表示对已故母亲的孝敬，下诏制作金发塔一座。清乾隆金发塔，高147厘米，

乾隆帝用三千多两黄金制成金塔，珍存母亲崇庆太后的头发

底座70厘米×70厘米。塔由下盘、塔斗、塔肚、塔颈、塔伞等部分组成，用黄金三千多两，镶嵌珠宝、绿松石、珊瑚等。塔肚内置一盛发金匣，珍存太后的头发。塔下承以紫檀木莲花瓣须弥座。金发塔纹样优美，造型稳重，制作精细，工艺高超，由清宫造办处承做，制成后安放在寿康宫东佛堂内。这座金发塔，原在故宫博物院珍宝馆，今移在景阳宫金银器馆展示。

一个女人，子不在多，崇庆太后只生一个儿子，就是乾隆皇帝，便享尽人间荣华富贵："诞膺天下之至养，而安享尊荣之多福。"

清慈宁、寿康、寿安三宫，就文化来说，突显一个"孝"字。《说文繫传》诠释："孝，善事父母者，从老省，从子，子承老，老省亦声。"古人重视孝，《汉书·艺文志》说："夫孝，天之经，地之义，人之行也。"孝的内涵，具体说来，就是"六孝"：孝敬、孝顺、孝养、孝心、孝言、孝行。

第四十六讲 皇家外戚

外戚仰仗皇权,贤者谨身奉法,乾乾自强,惕惕自津;贪者狐假虎威,扬扬自得,昏昏自孽。前者虽没有那么多的财富与权力,却过得安详,平安落地;后者虽占有极庞大的财富与权势,却妄作威福,福满祸生。知书达礼,朝乾夕惕,平安一生,子孙安宁。

第四十六讲　皇家外戚

外戚,《辞海》解释是:"特指帝王的母族和妻族。"外戚同皇宫有着政治、经济、军事、文化,特别是有着血缘的联系。宫廷影响外戚,外戚也影响宫廷。

一 明清外戚

《史记》有《外戚世家》,《汉书》则有《外戚传》。在明清时期,外戚主要是皇帝的母族和妻族,特别是皇帝的岳父母、大小舅子等。在历史上,汉朝、唐朝曾因外戚执掌朝纲,酿成外戚之祸。汉朝和唐朝的外戚事件,略举典型事例,见其历史脉络。

先说汉朝。汉高祖刘邦死,子惠帝立,吕后为皇太后。刘邦吕后没有朱元璋马后的雅量,而是心胸狭窄。刘邦死后,吕后掌权,先报复夫君在世时的情敌戚夫人——"囚戚夫人,髡钳衣赭衣,令舂"①。戚夫人哀叹道:"子为王,母为虏,终日舂薄暮,常与死为伍。"(《汉书·外戚传》卷六十七上)吕后闻知大怒,命"断戚夫人手足,去眼薰耳,饮瘖药,使居鞠域中,名曰'人彘(zhì,意"猪")'"。又杀了戚夫人的儿子赵王。吕后的儿子惠帝实在看不下去,心情很坏,生活放荡,七年而死。吕后为巩固权力,大封吕家亲属,掌控军政大权。但是,刘邦有遗言:"非刘氏王者,天下共击之!"吕后主政八年,"病犬祸而崩"——可能是死于狂犬病。吕后死后,发生政变。汉高祖老臣太尉周勃、丞相陈平等率兵,"悉捕诸吕男女,无少长皆斩之"!(《汉书·吕后传》卷九十七上)《汉书·后妃传》总结说,汉因美色受宠者二十余人,能保位全家者只有四人,其余"大者夷灭,小者放流"!所以,历史镜鉴,应当重视。

次说唐朝。外戚之祸,唐甚于汉。唐武则天,是为一例。武则天的

---

① 髡钳:髡(kūn),《说文》"髡,剃发也",就是剃发;钳,刑具,以铁束颈。髡钳为刑,《汉书·刑法志》载:"当黥者,髡钳为城旦舂。"

由《武后行从图》里，可以看出这位女皇气场的强大不亚于男性皇帝

功过，这里不做评论。她有三句口气很大的话：爵位富贵，朕所与也；天下安佚（yì，意"逸"），朕所养也；不利于朕，朕能戮（lù，意"杀"）之。(《新唐书·后妃上》卷七十六) 武则天大封外戚，强化武家权势。事情过头，适得其反。后外戚武家遭到报应："斲（zhuó，意"砍"）棺暴（pù，意"晒"）尸，平其坟墓。"(《旧唐书·外戚传》卷一百八十三)

历史借鉴。汉、唐等朝外戚之祸，为明朝朱元璋建国定基，留下深刻教训。《明史·外戚传》论道："明太祖立国，家法严。史臣称后妃居宫中，不预一发之政，外戚循理谨度，无敢恃宠以病民，汉、唐以来所不及。"引文中的"一发"，不是发展的"发"，而是头发的"发"，就是说外戚不干预一根头发细小的朝政。可见明朝是吸取汉、唐外戚掌控军政大权，导致威胁皇权的历史教训。

明初，明太祖朱元璋的马皇后，明成祖朱棣的徐皇后，严于律己，抑远外家。朱元璋的马皇后，父母死得早，后访得她的亲族，要授以官爵。马皇后辞谢："国家爵禄，宜与贤士大夫共之，不当私妾家。"她还援引前朝外戚骄奢淫逸酿成祸乱的教训。朱元璋接受马皇后的意见，仅

赏赐一些金银绸缎而已。永乐帝的徐皇后，父亲为开国元勋徐达。徐皇后始终劝永乐帝朱棣，不要骄纵外戚。这样做也保全了椒房贵戚及其子孙的安全。总体说来，整个明朝，外戚之祸，基本没有，仅有特例。明英宗时，外戚会昌侯孙继宗，以夺门功，参议国是。所以《明史·外戚传》认为："自兹以下，其贤者类多谨身奉法，谦谦有儒者风。而一二怙恩负乘之徒，所好不过田宅、狗马、音乐，所狎不过俳优、伎妾，非有军国之权，宾客朋党之势。"（《明史·外戚传》卷三百）。明代的外戚，既没有控制军国大权，也没有酿成党锢之祸。还有的外戚，"举宗殉国，呜呼卓矣"！

永乐帝徐皇后之父为开国元勋徐达，而徐皇后一直避免外戚过于骄纵

清代外戚，与明不同。明朝淑女，天下征选，有的外戚，起自民间。清朝的外戚，从《清史稿·后妃传》看，清皇后都是出自满洲、蒙古、汉军八旗，没有一位民女。《清史稿》有《外戚表》，没有《外戚传》。

下面分别介绍明宫外戚和清宫外戚，先介绍明宫外戚。

二 明宫外戚

明宫外戚，讲明英宗外戚周家和明思宗外戚刘家的故事。

外戚周家。明英宗周妃，父亲周能，北京昌平人。周妃生宪宗成化帝朱见深。英宗复辟，周能有功，授锦衣卫千户。周能死，长子周寿嗣职。朱见深继位，升周寿为左府都督同知（从一品）。成化三年（1467年）封为伯。周寿依仗为当朝太后的弟弟、皇帝的舅舅，骄横贪婪。

其一，时值严禁勋戚乞请庄田，唯独周寿冒禁乞请通州田六十二顷。皇家全数划给他。

其二，周寿的家人经常劫掠商船，为非作歹。

其三，有一位坚持正义的主事谢敬，认为周寿这样做不妥，上疏弹劾，被贬外地。

其四，成化十七年（1481年）周寿升为侯，子弟同日授锦衣官者七人。成化帝死，弘治帝立，加周寿太保，更为嚣张。

其五，周寿受赐的庄田甚多，仅在宝坻（今天津宝坻）就有五百顷，又要再得七百余顷，部里弹劾周寿贪求无厌，弘治帝竟然许之。

其六，周寿又与建昌侯张延龄争田，两家家奴，相互斗殴，群臣不满，纷纷上章。太后二弟长宁伯周彧与寿宁侯张鹤龄至聚众相斗，都邑震骇。

其七，周寿多次干扰盐法，侵吞公家利益，有司厌苦之。

其八，弘治十六年（1503年），加太傅，兄弟并为侯伯，位三公，史称"前此未有也"！

直到明武宗正德帝立，汰传奉官，周寿子侄八人在淘汰中，周寿上

成化帝对骄横贪婪的外戚周家采取放任态度，此为《成化帝斗鹌图》

章乞留，从之。嘉靖中，周寿于河西务设肆邀商货，虐市民，亏国课，为巡按御史所劾，停禄三月。周家的势力才逐渐衰弱。

《明史》评论说：勋戚之家，占据关津，设肆开厘，侵夺民利。勋戚诸臣，不守先诏，放纵家人，列肆通衢，邀截商货，都城内外，所在有之。永乐年间，王公仆从二十人，一品不过十二人，今勋戚多者以百数。其间多市井无赖，冒名罔利，利归群小，怨丛一身，非计之得。(《明史·外戚传》卷三百)

外戚周家，从明英宗天顺开始，历经成化、弘治、正德、嘉靖五朝，在七八十年间，依仗皇家，受爵升职，侵夺民利，为所欲为，为害一方，损害皇家的根本利益。

外戚刘家。崇祯帝外祖父刘家，舅表兄弟刘文炳，宛平（今北京市）人。文炳祖母徐氏，是崇祯帝外祖母，年七十，崇祯帝赐金银、绸缎。崇祯帝对内侍说："太夫人（外祖母）年老，犹聪明善饭，使太后在，不知若何称寿也。"因怆然泣下。后封刘文炳为新乐侯，弟文燿、文照也封爵。刘文炳之母杜氏，是崇祯帝舅母，她常跟文炳兄弟说："吾家无功德，直以太后故，受此大恩，当尽忠报天子。"刘文炳为人谨厚，不妄交往，唯独与宛平太学生申湛然、布衣黄尼麓及驸马都尉巩永固等人友善。李自成逼近京师时，刘文炳知势不支，慷慨泣下，对巩永固等说："国事至此，我与公受国恩，当以死报。"

崇祯十七年（1644年）三月初一日，京城告急，崇祯帝命文武勋戚分守京城。刘继祖守皇城东安门，驸马都尉巩永固守崇文门，刘文燿守永定门。从皇城东安门、内城崇文门和外城永定门，三座京师大门的守御来看，明朝已经无人，明廷众叛亲离，大明气数已尽，朱明必亡无疑。

十六日，李自成军攻西直门，形势紧急。布衣黄尼麓仓促赶到，对刘文炳说："城将陷，君宜自为计。"刘文炳之母杜氏听到，命丫鬟找出绦绳，做成七八个缳套，挂在楼上，又命男仆在楼下堆积柴薪，并派老仆将已经出嫁的女儿带回家，说："吾母女同死此。"又考虑太夫人徐氏年老，不可一同俱焚，便与刘文炳商量，藏匿在申湛然家。

十八日，崇祯帝派内使秘密召见刘文炳和巩永固。刘文炳回家报告母亲说："有诏召儿，儿不能事母。"母亲抚摸着刘文炳的肩背说："太夫人既得所，我与若妻妹死耳！"于是，刘文炳和巩永固谒见崇祯帝。这时外城已陷。崇祯帝说："二卿家丁，能巷战否？"刘文炳说："众寡悬殊，不能对敌。"崇祯帝愕然。巩永固奏道："臣等已积薪第中，当阖门焚死，以报皇上。"崇祯帝说："朕志决矣——朕不能守社稷，朕能死社稷。"刘文炳和巩永固，悲怆涕泣，发誓效死。他们急驰到崇文门。农民军拥上，二人弯射，寡不敌众，各驰归第。

十九日，刘文照正在侍奉母亲杜氏吃饭，家人急入道："城陷矣！"文照碗落地，直看母亲。母亲起身登楼，文照及二女随从，文炳妻王氏也登楼。一家人对着孝纯皇太后像，刘母率众哭拜，各自缢死。家人焚楼，人楼俱焚。刘文炳归来，火势大，不得入，到后园，恰见申湛然、黄尼麓赶到，说："巩都尉已焚府第，自刎矣。"刘文炳说："诺。"将投井，忽停止，说："戎服也，不可见皇帝。"申湛然脱下自己的头巾给刘文炳戴上，刘文炳投井死。刘继祖归来，也投井死。刘继祖妻左氏见大宅起火，登楼自焚死，妾董氏、李氏也自焚死。刘文燿见府第焚，大哭道："今至此，何生为！"找到刘文炳死的地方，在井旁木板上书写"左都督刘文燿同兄文炳毕命报国处"，也投井死，刘氏阖门死者四十二人。

同期，惠安伯张庆臻集妻子同焚死。新城侯王国兴也焚死。宣城伯卫时春怀揣铁券，全家投井死。（《明史·刘文炳传》卷三百）驸马都尉子杨光陛，被甲驰突左右射，矢尽投观象台下井中死，而申湛然被获，躯体糜烂以死。被子孙们藏匿在申湛然家中的太夫人徐氏（崇祯帝外祖母），最后也是悲剧。

外戚刘家，国难当头，虽不能率兵御抗，却做到以死报国。崇祯帝在吊死煤山之际，应当是有一丝宽慰的。

三　清宫外戚

清宫外戚，有个特点，满洲贵族，沿袭始终。瓜尔佳氏，始祖当推位列开国五大臣的费英东；钮祜禄氏，始祖当推位列开国五大臣的额亦都；叶赫那拉氏，始祖当是叶赫贝勒杨吉砮等。蒙古贵族如博尔济吉特氏，为成吉思汗后裔，以及阿鲁特氏等。汉军贵族，佟佳氏，影响天命、天聪、崇德、顺治、康熙、雍正六朝政治，年氏影响康熙、雍正、乾隆三朝政局。但是，外戚威胁到皇权，也以死罪结束。索额图是这样，年羹尧也是这样。以年氏为例，做个说明。

年皇贵妃。雍正帝的年妃，是汉军湖南巡抚年遐龄之女，也是大将军年羹尧之妹。雍正帝在做雍亲王时，年氏为侧福晋，在世宗潜邸。雍正元年（1723年），登上皇位的雍正帝，册封年氏为贵妃。年氏受到雍正帝的宠爱，何以见得？

其一，从晋升来看：年氏由侧福晋，到妃，到贵妃，再到皇贵妃，这在雍正帝所有后妃中是唯一的特例。

其二，从尊贵来看：《清皇室四谱·后妃》记载，雍正帝在位时有九位后妃，其中一后、一皇贵妃、一贵妃、二妃、三嫔、一贵人。年氏之尊贵仅亚于皇后乌拉那拉氏，而乌拉那拉氏是康熙帝旨定的嫡福晋，雍正帝以孝子自诩，自然是要遵从皇父旨意的。乌拉那拉氏没有生育子女。

其三，从生育来看：年氏生下三子——福宜、福惠、福沛，一女，是雍正帝生育子女最多的后妃之一。

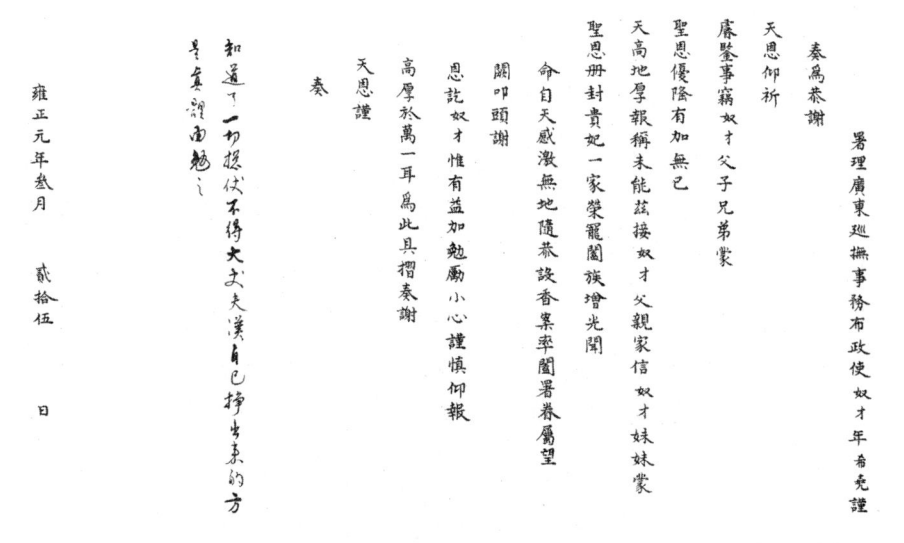

雍正时由侧福晋升到皇贵妃的只有年妃，图为年希尧为其妹封贵妃事谢恩折

其四，从患病来看：雍正三年（1725年）十一月，年妃病重，雍正帝特封年贵妃为皇贵妃，并嘱仪礼按皇贵妃办理。

其五，从评价来看：雍正帝说："贵妃年氏，秉性柔嘉，持躬淑慎。朕在藩邸时，事朕克尽敬慎。在皇后前，小心恭谨，驭下宽厚和平。皇考嘉其端庄贵重，封为亲王侧妃。朕即位后，贵妃于皇考皇妣大事，悉皆尽心，力疾尽礼，实能赞襄内政。"（《清世宗实录》卷三十八）

其六，从身后来看：年皇贵妃死，雍正帝"辍朝五日"。刚过满月，雍正帝即处理年羹尧，宣布九十二条大罪，并赐死。但年妃的父亲年遐龄免罪。这是看在年皇贵妃的份上。乾隆初，从葬泰陵，也是一种规格。

（《清史稿·后妃传》卷二百十四）

年家兴衰。从年妃之兄年羹尧看年家的兴衰。年羹尧父遐龄，汉军镶黄旗人。以翻译、文书出身，官主事（处级）、郎中（局级）。康熙二十二年（1683年），授河南道御史，后迁工部侍郎（副部级），又升湖广巡抚（省部级）。后年老退休。年羹尧在父亲铺平的仕途上，顺利前行。康熙三十九年（1700年）进士，入翰林院，任四川、广东乡试考官，迁内阁学士。仅过九年，升为四川巡抚。川藏地区，地方不靖，常有战事，年羹尧由文转武，挂定西将军印，屡立战功。康熙帝让他兼任四川陕西总督，疏辞。这时年羹尧的脑子还算是清醒。

雍正帝继位，召抚远大将军允禵回京师，命年羹尧管理大将军印务。后加太保，封三等公，进二等公。不久，青海平定，年羹尧上奏青海善后事宜：三年一入贡，增设卫所抚治，诸庙不得过二百间，喇嘛不得过三百人，边外筑墙建堡，大通河设总兵，以及发直隶、山西、河南、山东、陕西五省人前往屯田等，议行。十月，年羹尧入觐，赐双眼花翎、四团龙补服、黄带、紫辔、金币，令其子年富袭爵。这是年羹尧最得意的时期，也是年妃最得宠的时期。

年羹尧由雍亲王门下出仕，格外受雍正帝恩宠。雍正帝赏赐年羹尧，食品如鲜荔枝、新茶、中秋饼、鲜枣、鹿尾，药品如平安丸、太乙锭、补心丹、紫金锭，文玩如诗扇、三鸠砚、御书词扇，衣饰如二团龙补褂、袍褂、珐琅双眼翎，其他如手巾、西洋玩具、东珠、鸟枪、自鸣表、珐琅杯、珐琅鼻烟壶等。雍正帝让造办处做四件珍玩：赏怡亲王一件，舅舅隆科多一件，年羹尧一件，自留一件。可见这三个人是当时雍正帝的心腹。雍正帝做主把年羹尧的儿子年熙，过继给隆科多做儿子，并改名得住。雍正帝与年羹尧关系特殊，雍正帝对年羹尧《奏谢自鸣表折》朱批："我二人做个千古君臣知遇榜样，令天下后世钦慕流涎就是矣。"（《年羹尧满汉奏折译编》第276页）

但是，年羹尧才气凌厉，恃宠居功，骄横放纵。路过之处，前后导引。入京之时，令总督、巡抚，跪道送迎。到京师，王大臣郊迎，傲慢无礼："入京日，公卿跪接于广宁门外，年策马过，毫不动容。"（《啸亭杂录·年羹尧之骄》卷九）在地方上，蒙古王公，额驸阿宝，入见必跪。连年羹尧的仆从也跟着"鸡犬升天"——桑成鼎官布政使，魏之耀官副将。

雍正三年（1725年）二月，日月合璧，五星联珠，年羹尧在贺疏中，有"夕惕朝乾"一语，雍正帝大怒，斥责年羹尧有意颠倒。这是怎么回事呢？《周易·乾》说："君子终日乾乾，夕惕若厉，无咎。"上句的意思是，君子应当整天"自强勉力，不有止息"；下句的意思是，"寻常忧惧，恒得倾危"；结果是"乃得无咎"——才可以没有灾祸和过失。后来引申为"朝乾夕惕"，就是早自强，晚自慎。"朝乾"和"夕惕"意思平列，"朝乾"在前，"夕惕"在后，逻辑顺畅，更好一些。颠倒过来，也无大碍。雍正帝在这里纯属找碴，鸡蛋里挑骨头。

雍正帝对年羹尧不满，发出信号："可惜朕恩，可惜己才，可惜奇

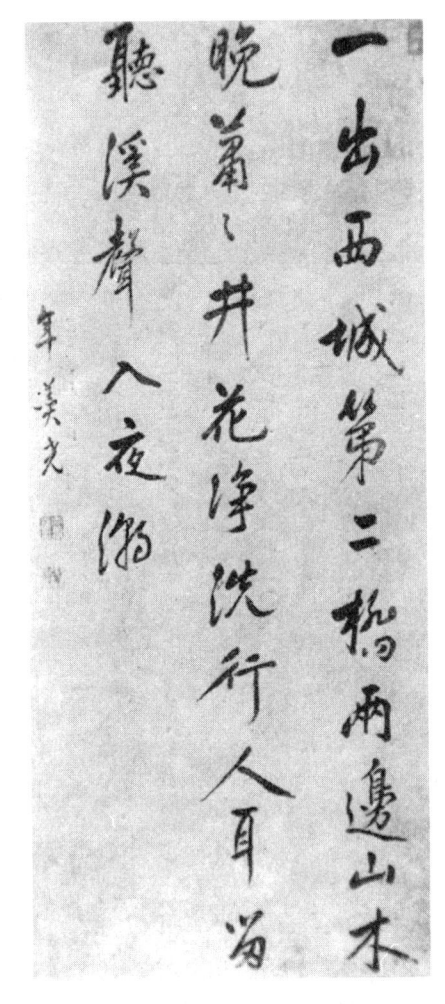

身为雍正帝心腹，年羹尧经历了大起大落，终被赐自尽，图为其手迹

功，可惜千万年声名人物，可惜千载寄逢之君臣遇合。"年羹尧觉得大事不妙，赶紧乞罪："臣今日一万分知道自己的罪了。若是主子天恩怜臣悔罪，求主子饶了臣，臣年纪不老，留下这一个犬马慢慢地给主子效力；若是主子必欲执法，臣的罪过不论那一条那一件皆可以问死罪而有余，臣如何回奏得来。除了皈命竭诚恳求主子，臣再无一线之生路。伏地哀鸣，望主子施恩，臣实不胜呜咽。"但是，为时晚矣。

四月，雍正帝谕："羹尧举劾失当，遣将士筑城南坪，不惜番民，致惊惶生事，反以降番复叛具奏。青海蒙古饥馑，匿不上闻。怠玩昏愦，不可复任总督，改授杭州将军。"而以岳钟琪署总督，命缴回抚远大将军印。

十二月，年羹尧被逮至京师，议其罪状：年羹尧大逆之罪五，欺罔之罪九，僭越之罪十六，狂悖之罪十三，专擅之罪六，忌刻之罪六，残忍之罪四，贪黩之罪十八，侵蚀之罪十五，凡九十二款，当大辟，亲属缘坐。命领侍卫内大臣马尔赛、步军统领阿齐图赍诏谕年羹尧狱中自裁。年羹尧父遐龄及兄希尧夺官，免其罪；斩其子年富；诸子年十五以上者皆戍极边。羹尧幕客邹鲁、汪景祺先后都坐斩，亲属给披甲为奴。

雍正帝为什么要杀年羹尧呢？有两种不同的见解：一种是年羹尧帮助胤禛谋取皇位，在西北钳制皇十四贝子允禵，知道机密太多，狡兔死走狗烹，遭忌被杀；另一种是年羹尧居功自傲，专横擅权，结党营私，咎由自取。事情真相，是个疑案，历史教训，值得思考。

外戚仰仗皇权，贤者谨身奉法，乾乾自强，惕惕自律；贪者狐假虎威，扬扬自得，昏昏自孽。前者虽没有那么多的财富与权力，却过得安详，平安落地；后者虽占有极庞大的财富与权势，却妄作威福，福满祸生。知书达礼，朝乾夕惕，平安一生，子孙安宁。

第四十七讲　天潢贵胄

一项基本制度的制定，既要考虑当时所需，更要考量可持续性。制度稳定，时势在变。有两种态度：时进不进，势变不变；与时俱进，随势而变。"祖制不敢擅更"，说得也是；"法穷则变，变则通，通则久"，说得更是。从眼下看，不变为好；从长远看，以变为好。不变会引发巨变，吃亏的还是拒变者。明清皇子制度的教训，值得后人认真思考。

第四十七讲 天潢贵胄

皇帝的儿子，被称作天潢贵胄①。他们小时候生长在皇宫里，长大了要分府，就是结婚分家。明朝皇子在宫里的房子原状看不到了，现在看到的是清朝皇子住过的南三所、北五所、重华宫等。皇子分府后的生活和管理，与故宫关系密切，是"大故宫"外延的一个重要内容。

一　明朝皇子

明朝十六帝，据《明史·诸王传》统计，共有皇子104人。明初，朱元璋鉴于"宋元孤立，失未封建"，是宋弱元亡的一个教训，便对皇子分封建藩，让他们"外卫边陲，内资夹辅"，强枝固本，维护皇权。所以，皇子管理，定出制度。

第一，皇子分封。亲王授金册金宝，每年禄米万石，京师以外，设置王府。王府有军队，官兵少者3000人，多者19000人。王府有城池、府邸、官衙、军队、经济。皇子礼仪，冠冕、服饰、车马、仪仗、府邸，比皇帝低一等，公侯大臣，伏而拜谒。这就容易形成独立王国。明朝先后发生五次宗室军事政变——燕王靖难之役、汉王高煦之叛、正统南宫复辟、安化王寘鐇（zhì fán）之叛和宁王宸濠之叛。

第二，福禄终身。皇子皇孙，出生请名，长大请婚，受禄终身，生老病死，朝廷全包。(《明史·诸王一》卷一百十六)亲王嫡长子，年到10岁，授金册金宝，立为王世子，冠服视一品。其他分别递降，授镇国将军、辅国将军、奉国将军、镇国中尉、辅国中尉、奉国中尉等。他们"六不许"——不许为士、不许务农、不许做工、不许经商、不许从军、不许

---

① "天潢贵胄"的"天潢"，指皇族，宗室；"贵胄"，指地位高者的后代，统指皇族宗室的后代。如《清史稿·诸王六》记载："奕山、奕经，天潢贵胄，不谙军旅，先后弃师，如出一辙，事乃益不可为。"又如清吴趼人《二十年目睹之怪现状》第二十七回："其实也可怜得很，他们又不能作买卖，说是说得好听得很，天潢贵胄呢，谁知一点生机都没有，所以就只能靠着那带子上的颜色去行诈了。"

明朝皇子皇孙由国家供养，这块寿山石"天潢演派"玺，寓意皇族绵延不尽

出城，全由国家养起来，过着衣来伸手、饭来张口的贵族生活。①

第三，事请于朝。明朝宗室名字，出生以后，报礼部仪制司，拟出名字，由皇帝赐名。上一字为朱元璋所定，而下一字以五行（金木水火土）相传。年久人多，不断重复，不雅之字，经常出现，十分可笑。礼部尚书何如宠说，宗藩婚嫁命名，清明出城扫墓，例请于朝，贫者为部滞留，自万历末到崇祯初，积疏累千，有的头发白了不能成家，尸骨腐朽尚未有名。（《明史·何如宠传》卷二百五十一）

第四，设立高墙。宗室犯罪，不受一般法律制裁，而幽禁在凤阳高墙之内。这是专为囚禁明朝宗室的贵族监狱，又称"高墙制度"。下面讲四个故事。

第一个故事。建文帝幼子朱文圭，时方两岁，燕王入南京，被囚于凤阳广安宫，号建庶人。明英宗可怜他无罪被幽禁，请示太后，加以释放，居住凤阳，婚娶自便，出入自由。给太监20人、婢女10余人。朱文圭被幽禁55年，放出后不久病死。（《明史·诸王三》卷一百十八）

第二个故事。汉王朱高煦叛乱兵败后，诛杀其同党640余人，坐死或戍边的2220余人，朱高煦则被关押在西华门内。（《明史·汉王高煦传》卷一百十八）一次宣德帝去看他，他用脚钩绊宣德帝，于是被扣在铜缸里，他用力顶起铜缸。宣德帝生气，命将皇叔朱高煦用铜缸扣住，并在缸上及

---

① 朱由检（崇祯帝）"尝学乘马，两人执辔，两人捧镫，两人扶鞦，甫乘，辄已坠马，乃责马四十，发苦驿当差。马犹有知识，石何所知，如此举动，岂不发噱。总由生于深宫，长于阿保之手，不知人情物理故也。"（《清圣祖实录》卷二百四十）

其四周架起木柴点燃，将皇叔朱高煦活活烧死。

第三个故事。朱元璋第六子楚王朱桢，封武昌。楚王第六世孙朱显榕的儿子朱英耀，性荒淫，又恶毒，烝淫他父亲的妃妾，又纳妓于别馆。朱显榕知道后，惩罚他的属下，以示警告。嘉靖二十四年（1545年）元宵节期间，朱英耀张灯结彩，摆酒设宴，招待他的父亲朱显榕。酒宴过半，竟预先设谋，隐伏歹人，突然出现，从座位后用凶器铜瓜，猛击朱显榕的后脑，朱显榕当场毙命，倒在桌旁。朱英耀将他父亲的遗体放在王府大厅，奏报说因中风而死。有人举报为朱英耀谋害其父，经验尸，核实为朱英耀弑逆其父。命将英耀逮捕诛杀，焚尸扬灰。受其牵连，45人被高墙禁锢。（《明史·诸王传》卷一百一十六）

第四个故事。朱元璋第二十五子朱㰘，四岁封洛阳。这位小王爷，不读书，却好武，经常佩剑挟弹，驰游郊外，百姓来不及躲避的，他纵其仆从殴打，并"髡裸男女以为笑乐"（《明史·诸王传三》卷一百十八）他的儿子简王颙烒（yóng yǎng），放纵宦官，骚扰地方，洛阳百姓，深受其苦。知府李骥奏报，说是诬陷，反被逮治。他的孙子朱典楧，更贪更坏，把不如意的地方官随意抓去，加以羞辱。御史路过，也遭鞭笞。缙绅往来，都要绕道。强夺民舍，扩建王宫。他的邻居郎中陈大壮，被索要房屋未给，便派数十人跟着陈大壮起卧，吃饭时，夺饭碗，竟然将陈大壮饿死。还有，他令关闭府城的城门，大选民间子女700余人，留其姝丽貌美者90人。没被选中的，还要用金赎回。这位王爷狐假虎威。一次，有锦衣官校到陕西西安，路经洛阳，朱典楧派人深更半夜，奏乐迎诏，府门打开，山呼万岁。众请开读诏书，说："密诏也。"锦衣卫官员不知王爷为何如此厚待自己。事后这位王爷说："天子特亲我也。"这是一场假借天子"诏书"的骗局闹剧。（《明史·朱典楧传》卷一百十八）

诸王也有优秀者。下举三例。

第一例。朱元璋第五子周定王朱橚（sù），在开封。建文初，以朱橚为燕王朱棣的胞弟，怀疑和防范他。后来建文帝突然发兵，围困王宫，逮捕朱橚，后禁锢在南京。燕王朱棣兵入南京，恢复王的爵位，加禄五千石，后增禄到二万石。永乐元年（1403年）正月，仍封在开封。朱橚

开封龙亭曾是北宋皇宫与明代周王府旧址，朱元璋第五子周定王朱橚封于此

好学，能作词赋，尝作《元宫词》百章。朱橚考查、收集、甄别、研究在饥荒时可充饥的植物400余种，绘出图谱，加以说明，名《救荒本草》。他又在王府东屋，建立书堂，教世子读书。洪熙元年（1425年）薨。明末李自成决黄河灌开封城，"汴城之陷也，死者数十万，诸宗皆没，府中分器宝藏尽沦于巨浸"。（《明史·周定王橚传》卷一百一六）

第二例。朱元璋第二十子韩宪王的第二子襄陵王朱冲烌（即"秋"字），驻甘肃平凉，读书知礼，特别孝顺。母亲患病，刲股和药，病竟痊愈。母亲死后，哀戚守丧。每次扫墓，必率领子孙，填土培冢。先后受到朝廷六次表彰。他的儿子朱范址也秉承家风，母亲患病危重，又刲（kuī）股调药，奉母亲饮用，母亲痊愈。后来王府五世同堂，整个门庭和谐雍肃。（《明史·襄陵王冲烌传》卷一百十八）

第三例。朱载堉（1536—1611年），是明仁宗洪熙帝的后裔，祖先封在怀庆（今河南沁阳市）。其父朱厚烷，有见解，有个性。嘉靖帝信道教，修斋醮，诸王争进香，厚烷独不进。嘉靖二十七年（1548年）七月，朱厚烷上书，请嘉靖帝不要信神仙，也不要大兴土木，要修德讲学，进呈"居敬、穷理、克己、存诚"四箴，还进《演算连珠十章》，恳恳规劝，耿耿切直。嘉靖帝见书大怒，将朱厚烷废为庶人，幽禁于凤阳高墙。他的儿子朱载堉笃志好学，痛父无辜被囚，在王府门外构筑土屋，席藁铺地，独处读书，一十九年。朱载堉殚精竭虑，刻苦读书，精深研

究乐律、数学和历法。直到父亲厚烷回到王府，才回邸居住。朱载堉在父亲死后，不袭爵位，一心读书，学术成就突出，而以著述终身。著有《乐律全书》、《律吕正论》、《律吕质疑辩惑》、《嘉量算经》等书。《乐律全书》总结前人的乐律理论，并加以发展，其中的《律吕精义》，通过精密计算与科学实验，创造"新法密率"，是音乐史上最早用等比级数平均划分音律，系统阐明十二平均律理论的科学论著。（《辞海·朱载堉条》）朱载堉在乐律、数学、历法方面，"考辨详确，识者称之"（《明史·朱载堉传》卷一百十九），在学术史上占有一席地位。万历二十二年（1594年）正月，朱载堉上疏，请宗室可以参加科举考试，考中者，给工作。皇帝允准，开始实行。

二 清朝皇子

清朝十二帝有皇子113人，平均寿龄32.4岁。① 清宗室爵位，分十二等：亲王，郡王，贝勒，贝子，镇国公，辅国公，不入八分镇国公，不入八分辅国公，镇国将军，辅国将军，奉国将军，奉恩将军。皇子管理，入关之后，到康熙朝才制度化。清朝吸取明朝教训，除延用明朝宗室"包吃钱粮，终生供养"制度外，做出三项重大改革：

第一，内襄政本，外领师干。《清史稿·诸王传》说："有明诸藩，分封而不锡（通"赐"字）土，列爵而不临民，食禄而不治事，史称其制善。"所以，明朝"朝堂无懿亲之迹，府僚无内补之阶"。清朝则有变通："诸王不锡土，而其封号但予嘉名，不加郡国，视明为尤善。然内襄政本，外领师干，与明所谓不临民、不治事者乃绝相反。"（《清史稿·诸王一》卷二百十五）就是说，清朝皇子不同于明朝皇子之处在于：其一，只给名号，不加封国；其二，"内襄政本，外领师干"。对内，清朝诸王可任内阁大学士、军机大臣、领侍卫内大臣、议政王大臣、内务府大臣、内

---

① 清太祖第十六子生卒年不详，未列入统计。

大臣，甚至于有亲王摄政或辅政——清初多尔衮，清末奕䜣、奕譞、载沣；对外任大将军，如多铎为定国大将军、豪格为靖远大将军、允禵为抚远大将军等。

  第二，王府在京，不到外地。清朝王府，全在京师，遍布内城，多有更替。今北京二环以里，分布大量王府，如礼亲王府（代善），郑亲王府（济尔哈朗），睿亲王府（多尔衮），豫亲王府（多铎），肃亲王府（豪格），以及贝勒、贝子府。① 这样便于管理和监控，避免明朝宗室军事政变重演。清朝北京王府尚存历史遗迹的有50余座（处）。八旗驻防，分到外地，最后落叶归根，还回北京终老。

  第三，世袭罔替，按代递减。"世袭罔替"是什么意思呢？"世袭"就是爵位世代承袭，"罔替"的"罔"是不的意思，"替"，是降、废的意思，"罔替"就是不降、不废。"世袭罔替"就是爵位世代承袭，永远不降、不废。清朝先后有12位世袭罔替的王，俗称"铁帽子王"：礼亲王代善、郑亲王济尔哈朗、睿亲王多尔衮、豫亲王多铎、肃亲王豪格、庄亲王尼堪（褚英子）、克勤郡王岳托（代善子）、顺承郡王勒克德浑（代善第三子萨哈璘之子）、怡亲王允祥（康熙帝第十三子）、恭亲王奕䜣（道光帝第六子）、醇亲王奕譞（道光帝第七子），庆亲王奕劻（乾隆帝第十七子永璘之后）。除铁帽子王外，其他王爵都要按代递减，如下面简要介绍的两位亲王。

  一是雍正帝第十子（排序第六）弘曕（yàn），雍正十一年（1733年）生，母为贵人刘氏，就是谦妃。乾隆三年（1738年），弘曕6岁，过继给康熙帝第十七子果亲王允礼，袭封果亲王。弘曕善诗词，好藏书。常早晨起床，披衣巡视，遇不法者立杖之，管理下属很严，所以门庭严肃，没有为非乱纪者。后因犯错误，家居闭门，心情抑郁，患病而死，活了33岁。（《清史稿·诸王传》卷二百二十），有一种说法，弘曕是果亲王允礼与雍正帝谦妃的私生子，盖无史据，当属胡说。

  二是乾隆帝第十一子成亲王永瑆，号镜泉，乾隆十七年（1752年）生，母为皇贵妃金氏，曾随驾南巡，乾隆五十四年（1789年）封为成亲

---

① 参见昭梿《啸亭续录·京师王公府第》卷四和吴长元《宸垣识略》等。

乾隆帝第十一子永瑆书法造诣颇深，图为《御制题董诰方舆写胜册》

王，时38岁。得到故相明珠的府第为王府（后为醇亲王府，今为宋庆龄故居）（《啸亭续录》卷四）。嘉庆初，任军机大臣。《清史稿·永瑆传》纂者评论说："故事，亲王无领军机者，领军机自永瑆始。"永瑆管理户部三库，很受皇弟嘉庆帝的信任和重用。清代皇子皇孙有不少书画家，永瑆是一例。永瑆书法造诣颇深："永瑆幼工书，高宗爱之，每幸其第。"（《清史稿·永瑆传》卷二百二十一）永瑆"诗文精洁，书法遒劲，为海内所共推。"（《啸亭续录·成哲王》卷五）因为永瑆字写得好，今见清东陵乾隆裕陵碑楼的《裕陵圣德神功碑》，就是永瑆受命书写的。永瑆喜欢收集古玩字画，对书法也深有研究。他听宫中太监说，某老太监的师傅少年时曾亲眼见过明朝大书法家董其昌，用前三个指头握笔管悬腕作书。永瑆对董其昌的笔法加以揣摩，"作拨镫（dēng，古"灯"字）法"，对古人用笔有继承，更有创新。他自选书法作品，刻《诒晋斋帖》传世，朝中官员和士大夫以能得到此帖而荣幸。永瑆过于节俭。笔记说他"日用菲薄，库集银八十万两，莫肯挥霍"。其夫人为宰相之女，嫁妆丰厚，都封入库，"惟日啖（dàn）薄粥而已"。他晚年"体不沐浴，发不枇栉"，左右劝他换洗衣服，他说："死后蛆食胔（zì）骸（hái），又谁为涤垢也！"道光三年（1823 年）死，72 岁。永瑆生前节俭所积聚的金银，或为子孙挥霍，或为仆从偷掠，最后还是一个"空"字。永瑆遗著有《听雨屋诗集》、《诒晋斋集》、《仓龙集》。（《清皇室四谱·皇子》卷三）

三　后人思考

明清皇子，历史教训，实在深刻，值得思考。

第一，皇子制度，制定有因。一项制度的制定，既要考虑当时需要，又要考虑可持续性。明清皇子制度，自有制定缘由。但是，时过境迁，需要变通。早在明嘉靖四十一年（1562 年）十一月，御史林润就尖锐指

不事生产的皇帝宗室成为国家沉重负担，图为清皇子住居的南三所宫门

出：天下最大弊病，在于宗藩禄廪。天下岁供京师米400万石，而诸王禄米凡853万石。以山西、河南为例，存留米236.3万石，而宗室禄米504万石，即使没有灾害，岁输不足供禄米之半。年复一年，愈加繁衍，势穷弊极，将何以支？何况还有官吏禄米和军队粮饷！到明中期出现严重局面："郡王以上，犹得厚享，将军以下，多不能自存，饥寒困辱，势所必至，常号呼道路，聚诉有司。守土之臣，每惧生变。夫赋不可增，而宗室日益蕃衍，可不为寒心。"（《明世宗实录》卷五百十四）国家难以养活日益繁衍的皇帝宗室。清朝晚期，八旗子弟，无地可分，游手好闲，难以糊口，明朝宗室问题，又在重复上演。

第二，**不士不农，不工不商**。福王常洵去藩，要庄田四万顷。宰相叶向高说："天下地已尽，今日非但百姓无田，朝廷亦无田矣。"万历帝命河南、山东、湖广田为福王庄田，至四万顷。王府官及诸太监丈地征税，豢养仆役以万计，驾帖捕民，格杀庄佃，渔敛惨毒，耳不忍闻。天启时，诸王、公主庄田，动以万计。"盖中叶以后，庄田侵夺民业，与国相终云。"（《明史·食货志一》卷七十七）藩王还掌控食盐专利，设店洛阳，王府专营，任意定价，民何以堪？（《资治通鉴三编》）朱元璋让其子孙不士不农，不工不商，福禄终身，世代富贵。清朝更有过之，不仅宗室，而且八旗，都是"铁杆庄稼"——旱涝保收。明清皇帝对其宗室，初衷为爱之，终则实害之——既害子孙，更败江山。

第三，**时进未进，势变未变**。明朝封藩制度，户口日繁，土地日少。隆庆二年（1568年），尚书王世贞奏道："臣于嘉靖二十九年，遇故修《玉牒》，自亲王而下至庶人，已书名者几三万位，又二十年，可得五万位。周府已近四千位，韩府亦近千余位。虽竭天下之财力，恐不足以供其源源之产。"没有犯罪，困于一城，绝其仕路，坐享其成。奏请宗室人员，分居州县，从事农商，科举考试。疏奏上，不采纳。

隆庆三年（1569年）五月，礼部郎中戚元佐上疏言：诸藩日盛，禄粮不继，今不密为区处，将来更有难处。国初亲郡王将军才49位，女才9位，永乐间虽封爵渐增，但没有太多。而当时禄已不能全给。今已二百年，《玉牒》见存者28492位，比国初增了千倍！十年之后，当更严重！怎么办呢？一种议者说改革，另一种议者说"祖制不敢擅更"。其实，后者不明一个道理："法穷则变，变则通，通则久。"当时高皇帝分封诸王，为国屏翰，此一时也；成祖靖难之后，防范滋密，此又一时也；而后，诸王骄侈渐多，不法者国除，此又一时也；再后出现"人多禄寡，支用不敷，乃有共室而居，分饼而膳，四十而未婚，强者劫夺于郊衢，弱者窜入于舆皂"的惨状，此又一时也。国初亲王禄五万石，不久减为万石，后有的给五百石，可见高皇帝令出自己，而前后之言已不符矣。永乐间，禄数有的五千石，有的二千石，有的仅七百石，又可见成祖也不尽守祖训矣！于是，戚元佐提出议限封爵、议继嗣、议主君、议冒费和议擅婚五事。譬如，有贫穷宗室，隐瞒姓名、身份，做佣工，任夫役，他们大公正道，何辱之有！有的可与民间子弟一体入学应举科考，或种田经商，从便生理。又如，今子孙相继，世世富贵，应加以限制，奉国中尉以下，只将所生第一子给银一百两，使为资本，传五世而止。再如，今男封既有限制，女封也应限制——亲王之女只封其三，郡王之女只封其二，等等。婚资给银亲王者二百两，郡王者一百两，以下类推。再如，自今以后妾等所生之子，只给赐名，不给口粮，士农工商，仍听自便。疏入，批转到部。礼部尚书高仪言：元佐所奏，凿凿可行，但事体重大，臣等不敢擅议，请通行各王府，将奏内事理，虚心评议，务求允当，条例以闻。（《明穆宗实录》卷三十二）最后呢？诸王反对，"且格不行"。（《明穆宗实录》卷三十八）明清皇子制度，时进未进，势变未变，落后时势，终被淘汰。

一项基本制度的制定，既要考虑当时所需，更要考量可持续性。制度稳定，时势在变。有两种态度：时进不进，势变不变；与时俱进，随势而变。"祖制不敢擅更"，说得也是；"法穷则变，变则通，通则久"，说得更是。从眼下看，不变为好；从长远看，以变为好。不变会引发巨变，吃亏的还是拒变者。明清皇子制度的教训，值得后人认真思考。

第四十八读　理亲王府

清郑各庄行宫、王府、城池与兵营，康熙经始，雍正兴盛，乾隆结束，历时共四十八年。这是康雍乾三朝激烈残酷、曲折起伏、错综复杂、内含玄机的宫廷斗争的一个侧面、一幅缩影，既具重要历史价值，又为历史文化遗产。

第四十八讲　理亲王府

皇帝的儿子结婚后要分府，就是离开皇宫，搬到王府居住。明清的王府，明朝主要在外地，个别的在北京；清朝则相反，顺治帝定都北京后，所有王府都在北京，且都在内城以里，能查到的有五十余座，只有一座例外，那就是在城郊之外的理亲王府。清北京昌平郑各庄①康熙行宫和理亲王府，建于康熙，盛于雍正，毁于乾隆。

一　康　熙　始　建

康熙帝有35个儿子②，皇长子允禔，为贝子，母亲是惠妃纳喇氏，出身"低贱"。皇次子允礽（音"仍"，满语音"成"）为嫡长子，母亲赫舍里氏出身于满洲功勋贵族之家，是一等公、辅政大臣索尼的孙女，领侍卫内大臣噶布喇之女，舅父是大学士索额图。赫舍里氏在康熙四年（1665年）被册为皇后，这年康熙帝12岁（虚岁），赫舍里氏13岁（虚岁）。康熙十三年（1674年）生下皇二子允礽。这年康熙帝21岁，赫舍里氏22岁。不幸的是，赫舍里氏生下允礽的当天崩，预示着允礽的人生有一个大起大落的命运。

允礽两岁时，被康熙帝以太皇太后、皇太后懿旨，立为皇太子。这是清朝空前绝后之举。皇太子幼时，康熙帝亲自教他读书。允礽6岁开始上学，皇父为他延请大学士张英等为师傅。允礽聪明颖悟，学习用功，

---

① 《清史稿·允礽传》记载："雍正元年（1723年），诏于祁县郑家庄修盖房屋，驻劄兵丁，将移允礽往居之。二年十二月，允礽病薨，追封谥。"清代官书记载山西祁县、安徽合肥、河北蓟县和北京昌平都有郑家庄，拙文《雍正理王府址考》论定，这个郑家庄就是今北京昌平郑各庄。
② 康熙帝皇长子允禔，禔，《康熙字典》音题，又音时，《正韵》音支，满语音支；皇太子允礽，礽，《广韵》音仍，满语音 in ceng，音允成，纳兰成德因犯皇太子名讳，改名为纳兰性德；皇三子允祉，祉，《辞海》音止，《集韵》音耻，满语音耻；皇四子胤禛，禛，《集韵》音真，满语音 in jen，音胤真；皇十四子允祯，祯，《集韵》音贞，满语音 in jeng，音胤征，后改为允禵，禵，音题。

康熙帝次子允礽曾被两立两废,命运大起大落,图为其"皇太子宝"

通满、汉文字,娴熟骑射,很讨皇父喜欢。他酒量很大,"饮酒数十巨觥(gōng,古代酒器)不醉"。(《清圣祖实录》卷二百三十四)康熙帝立允礽为太子,有了接班人,但引发三种矛盾:一是朝中逐渐形成以索额图为首的太子党,二是皇子中形成拥护或企图更换太子的两个集团,三是朝廷皇权与储君矛盾日益凸显。这三对矛盾的爆发点,是在康熙四十七年(1708年)九月,康熙帝当着诸王大臣和诸皇子宣谕:"从前索额图助伊潜谋大事,朕悉知其情,将索额图处死。今允礽欲为索额图复仇,结成党羽,令朕未卜今日被鸩,明日遇害,昼夜戒慎不宁。"(《清圣祖实录》卷二百三十四)康熙宣谕,且谕且泣,宣谕完毕,痛哭仆地。康熙帝废斥皇太子回京后,先将允礽幽禁在上驷院旁毡帐内,后拘禁于咸安宫(今寿安宫)。这年,康熙帝55岁,皇太子35岁(已做皇太子33年)。废除皇太子后,朝臣与皇子为储君之争,不仅没有消解,反而愈演愈烈。第二年三月,康熙帝宣布复立允礽为皇太子。三年后,康熙五十一年(1712年)十月初一日,康熙帝宣谕:"复废太子,禁锢咸安宫。"(《清史稿·允礽传》卷二百二十)尔后,康熙帝大病一场。

康熙帝晚年有一块心病,就是废太子允礽的安置难题。他在找一个既妥善又安全的安置允礽的地方。

允礽有12子、8女,这一大家子人,长期禁锢在咸安宫,不成体统,也非长久之计。允礽第二子弘晳后封理亲王,孙子永暧后官广州将军、黑龙江将军、盛京将军,永暧四世孙福锟光绪时为体仁阁大学士。当时摆在康熙帝面前的一个难题是,自己生前和身后,如何安置废太子允礽及其一家呢?康熙帝晚年在德胜门以北20公里处,相中了一块宝

毓庆宫为康熙帝专为允礽建造的太子宫，允礽被废后，康熙帝为其安置煞费苦心

地，开始为废太子允礽营造府第，也为自己营建一处行宫。这个安排，可以看出，康熙帝作为一位父亲，对自己一手培养的皇二子，是又恨又爱。恨的是他竟然不成器，逼得自己废了他；爱的是这毕竟是自己幼年丧母的儿子，要在有生之年安置好，以免身后皇子相残。

北京市昌平区北七家镇郑各庄村[①]，现在有城墙遗迹，有护城河遗存，有铜圈（即铜帮）水井，这处大型建筑遗迹，曾经是谁的住所，长期以来，说法纷纭。传说最广的是因为当地有一个村子叫"平西府"，

---

① 郑各庄历史遗迹，1949年后郑各庄尚余残迹城墙百余米。1958年北京文物普查时，这里还有土墙垣约五百米；有城南门遗址，并保存南门（正门）汉白玉石匾额一方，楷书"来熏门"。现经实测为：郑各庄皇城遗址，东西长570米，南北长510米，总面积近30万平方米；护城河遗存，其南、北各长约504米，东、西各长约584米，总长2176米。经笔者与该村黄福水、郝玉增、李永宽、蒋国震等先生实地踏查，在郑各庄皇城东南角，有一段城墙残垣的遗迹，有墙基遗存和青灰城砖。城墙外是护城河，现东、南、西三面护城河基本保存。2006年，出土一眼水井，为铜井帮，同民间传说"金井"吻合。清郑各庄行宫与王府的实测和踏查资料，可同档案资料和文献记载，相互印证，基本吻合。

所以人们就说这里曾是清初平西王吴三桂的王府。

2008年我应郑各庄领导黄福水先生的邀请，去那里考察了遗址遗迹，回家后就集中时间，遍查资料，只查到一些蛛丝马迹，但问题不得其解。向同行朋友求教，也是得不到解决。看来，现有汉文资料不能解决，唯一希望是满文档案。清朝满文档案，主要保存在中国第一历史档案馆和台北故宫博物院。恰好这时台湾佛光大学邀请我去做客座教授，于是，我应邀去了台湾。台北故宫博物院的许多专家，如周功鑫前院长、冯明珠院长、庄吉发教授等是我的老朋友。我跟他们商量了查找重点，请他们帮忙。

上天不负有心人。在台北故宫博物院图书文献处查到一份清内务府关于郑家庄行宫与王府工程竣工的满文档案。这份满文档案详细记载了郑各庄康熙行宫和王府工程的竣工资料。如城墙长度、护城河宽度等尺寸，和今遗迹与遗存实况相符，如概要记载：

> 奴才等监造行宫大小房屋二百九十间、游廊九十六间，王府大小房屋一百八十九间，城楼十间，城门二座，城墙五百九十丈九尺五寸，大小石桥十座，井十五眼，修葺土城五百二十四丈，挑挖护城河长六百六十七丈六尺，饭茶房、兵丁住房、铺子房共一千九百七十三间，夯筑土墙五千三百五十丈七尺一寸。营造此等工程，共用银二十六万八千七百六十二两五钱六分三厘。尚余银十五两六钱七分。今既工竣，将此余银如数交部。为此谨具奏闻。[《上驷院郎中尚之勋等奏报郑家庄行宫工程用银数折》（满文）康熙六十年十月十六日，郭美兰译，台北故宫博物院藏]

但是，孤证不立。仅有工程竣工档案，似嫌证据不足。我想，既然有这项工程竣工的满文档案，也应有其开工的满文档案。而这项工程的开工档案，既然不在台北故宫博物院，就可能在北京中国第一历史档案馆。回到北京后，我去中国第一历史档案馆见了邹爱莲馆长和满文档案专家郭美兰研究员。我和她们商量，满文档案200余万件，有些尚在尘封，没有整理，如何下手？我说可从清代内务府档案查起；内务府档案

图为从台北故宫博物院图书文献处查到的郑家庄皇城满文档案影印件

太多，可从内务府奏销档查起；奏销档也太多，可从工程竣工的康熙六十年（1721年），往前倒查五年，就是从康熙五十五年（1716年）查起。经过20多天查找，郭美兰研究员终于找到郑各庄康熙行宫与王府工程，于康熙五十七年（1718年）十二月初五日，工程兴工的满文奏折及朱批。主要内容，汉译如下：

　　行宫以北，照十四阿哥（允禵）所住房屋之例，院落加宽，免去后月台、前配楼、后楼，代之以房屋，修建王府一所。其中大衙门五间，柱高一丈五尺，为十一檩歇山顶。北面正房五间，柱高一丈四尺，为九檩歇山顶。大门五间，柱高一丈三尺五寸，为七檩歇山顶。大衙门两侧厢房各五间，柱高一丈二尺，为七檩硬山顶，正房两侧厢房各三间，柱高一丈二尺。两侧耳房各三间，柱高一丈二尺，为七檩硬山顶。罩房十九间，柱高一丈，为七檩硬山式。小衙门三间，柱高一丈三尺，为七檩歇山顶。其两侧房屋各六间，柱高一丈。小衙门两侧之房屋各五间，柱高九尺五寸。两侧小房各十间，柱高八尺，为硬山顶。净房四间，柱高七尺，为四檩硬山顶。其周围台阶、斗板用青沙石，外围房一百五间、堆房三十六间、仓房三十间、草料房十五间、门一间，柱高八尺，马厩房二十间，柱高九尺，为七檩硬山顶。围墙一百二十四丈，高一丈二尺，宽二尺四寸五分。隔墙一百九十六丈，高八尺五寸，宽一尺六寸。甬路三十八丈五尺（中间铺方砖，两边镶城砖）。（《内务府等奏为核计郑家庄马房城地方建房所需钱粮事折》（满文），康熙五十七年十二月初五日，郭美兰译，中国第一历史档案馆藏）

分别收藏于台北和北京的清宫满文历史档案，将郑各庄康熙行宫和理亲王府开工、竣工的实况，记载得清清楚楚，史实确确凿凿，而经过实测和踏查取得的资料，可同档案和文献记载相互印证，合掌相符。至此，解开了这个历史之谜。原来，康熙晚年在德胜门以北20公里处相中的这块宝地，就在今天的北京市昌平区北七家镇郑各庄。

清郑家庄的王府与行宫，同清代其他行宫与王府不同的主要特点是：行宫与王府在京外同地，而且有城墙与护城河环绕。

这里北依温榆河，河水蜿蜒东流，到通州后与通惠河相汇，直通北运河，所以有得天独厚的水路之便。这里与汤泉（今小汤山温泉）隔河相望。早在元明时期，就是皇家养马御地。后乾隆帝下江南返回时，在通州弃舟登车，返回皇宫；而安排年迈的孝惠太后继续乘舟，沿通惠河、温榆河，到郑家庄御码头下船，再乘轿回畅春园。

郑家庄行宫和王府相依，宫府一体。王府参考十四阿哥允禵的王府建造，设施齐全，自成一体，与外界隔绝。康熙行宫很多，清朝行宫更

郑家庄的王府与行宫北依温榆河，有得天独厚的水路之便

多，但清郑各庄行宫与王府有其特点与价值：清朝既有城墙，又有护城河的皇帝行宫，仅郑各庄一处。避暑山庄、畅春园、南苑、圆明园、清漪园（颐和园），虽有围墙，但没有护城河。有清一代，城墙与护城河兼具、行宫与王府同城的行宫与王府，只有郑各庄一处。

二 雍正分府

郑各庄康熙行宫与王府，在康熙六十年（1721年）完工，康熙帝曾去过三次，但没有正式入驻，第二年康熙帝过世。康熙帝生前遗嘱："朕因思郑家庄已盖设王府及兵丁住房，欲令阿哥一人往住。"（《清圣祖实录》卷二九七）

雍正帝如何处理呢？

康熙六十一年（1722年）十二月十一日，雍正帝继位不满一个月，就封康熙帝废太子允礽之子弘晳（1694—1742年）为理郡王。雍正元年

据研究，此即为废太子允礽画像

（1723年）五月，雍正帝谕理郡王弘晳，搬到郑各庄王府居住。他说："郑家庄修盖房屋，驻扎兵丁，想皇考圣意，或欲令二阿哥前往居住，但未明降谕旨，朕未敢揣度举行。今弘晳既已封王，令伊率领子弟，于彼居住，甚为妥协。"（《清世宗实录》卷七）雍正帝揣摩他父亲在世时安排的用意，是想把允礽迁到郑各庄去住，但他并未按照皇父的意思办理，而是把允礽一人留在宫里，把允礽的次子、理郡王弘晳及允礽一家迁往郑各庄王府。关于理郡王一家分府搬家，档案有详细记载。

理王分府

家人：命理郡王弘晳率领子弟家人迁移到郑各庄王府居住。随迁人员有废太子允礽妻妾11位，有子12人；理王弘晳之弟在大内养育者2

人、与其同住一处者3人；弘晳之子在大内养育者3人、与其同住一处者5人。将他们与弘晳一同移往郑家庄居住。弘晳又有一子由十五阿哥抚养，仍由其抚养。弘晳弟弘晋之子，在宁寿宫其母处养育者1人、履郡王养育者1人，既系其弟之子，仍留之。

随员：赏给理王的人，有诚王所属185人、简王所属80人、弘昉所属80人，合计345人。

太监：赐太监111名，暂给饷米，三年截止，由王府发放。

房屋：郑各庄城内，有房410间，如不敷用，再行添建，令理王之人全住在城内。

官兵：郑各庄城600名兵丁，住兵丁营房，分10班，城南北门各派兵丁30名防守。理王府的大门，由王的侍卫官员看守。随王前去的345人，除仍供给原食钱粮外，其余的人各供一两钱粮，所食口米，照例发放。

车辆：照例由内务府、兵部领取官车，运往郑各庄理王一切应用器物和各项物品。

上朝：郑各庄距京城20公里，理王不便如同在京城王等上朝，除上升殿时听宣赶赴京城上朝外，每月上朝一次，射箭一次，凡外宣、集会，俱免来。正月初一堂子行礼、进表、祭祀各坛庙，理王弘晳前来，调拨房屋一处，为王下榻之所。

门禁：非正常时间令开城门出入行走时，俱由城守尉记录在案，年终汇总开列，报宗人府备案。

规模：有文计算，郑家庄行宫、王府与官兵用房，总计驻防官兵房舍衙署等1323间。王府所属当差的345人，若按每人分配二间住房，则需住房690间。合王府151间，房屋当在2000间以上。

管理：王府由长史（管王府）和城守尉卫（管戍守）二元管理。理王的侍卫、官员出缺，由王府长史请旨补放；随同理王弘晳前往居住的侍卫、官员、拜唐阿、太监等，若因事请假，告王府长史、城守尉后，限期遣往，逾期不回，陈明缘由，若有隐瞒，则由城守尉参奏王府长史、办理府务之人。

搬家过程

第一，定期：钦天监选择吉日，请旨迁移时间定为雍正元年（1723年）九月二十日卯时（5—7时）乔迁起行。

第二，辞行：乔迁前一日，理王弘晳及其福晋，进宫向雍正帝请安、辞行。

第三，礼仪：设郡王仪仗，理王同辈弟兄内有品级、已成亲的阿哥等去送行。在理王和福晋之前，派内管领妻4人、果子正女人6人、果子女人10人随送，派护军参领1员，内府护军20人，前行引路。

第四，送行：派领侍卫内大臣1员、散秩大臣各2员、侍卫20名、内务府总管1员、内府官员10名送行。

第五，衣饰：送行阿哥、大臣、侍卫、官员等，俱着锦袍、补褂。

第六，饭食：派尚膳总管1员，饭上人4名，尚茶正1员、茶上人4名，内管领2员，于前一日前往郑各庄，备饭30桌、饽饽10桌。

第七，礼迎：照例派出内府所属年高结发夫妻一对，先一日前往新家等候，王到出迎，祝福祈祷。

第八，返回：所备饭桌、饽饽桌的食品，供理王、福晋等食用。待食毕谢恩，送往之阿哥、大臣、侍卫、官员等即可返回。

雍正元年九月二十日（1723年10月18日），理郡王弘晳一家乔迁到郑各庄王府。雍正八年（1730年）五月，弘晳进封为理亲王。[1] 从此，郑各庄的理郡王府成为理亲王府。[2]

雍正二年（1724年）十二月，废太子允礽在咸安宫病故后，停灵在郑各庄理王府。出殡时，每翼派领侍卫内大臣1员，散秩大臣2员，侍卫50员，送殡到郑各庄。并追封允礽为和硕理亲王，谥曰密。雍正帝要

---

[1] 《清史稿·诸王六》作"六年，弘晳进封亲王"，误；应作雍正八年。因《雍正朝起居注册》、《清世宗实录》、《恩封宗室王公表》和《八旗通志》等，都同样记载雍正八年五月二十八日乙未，弘晳晋封为亲王，故可证《清史稿》上述记载之误。

[2] 《清史稿·皇子表》于弘晳记载："雍正元年，封理郡王。六年，进理亲王。乾隆四年，缘事革爵。"上面三句话，有两错一漏：封理郡王，在康熙六十一年十一月十四日乙未；晋理亲王，在雍正八年五月二十八日乙未；"缘事革爵"后，似应加"永远圈禁"。

亲往郑各庄祭奠，经臣劝再三，在西苑五龙亭（今北海公园内），哭奠二阿哥允礽。允礽后埋于蓟县黄花山王园寝（王坟），结束了他51年大起大落的一生。但因他而起的皇位之争，仍在继续。

三　乾隆毁迹

这座理亲王府后来怎么会灰飞烟灭呢？

雍正帝在位期间，虽然对允礽的长子弘晳严加防范，不许其随便出府，但对允礽的妻妾子孙，在生活上还是让他们丰衣足食，享受饭来张口、衣来伸手的生活。雍正八年（1730年）五月，还进封弘晳为理亲王。王府待遇从郡王升为亲王。

雍正帝病故，乾隆帝继位，理亲王弘晳及其王府，发生大变故。乾隆四年（1739年）十月，宗人府福宁告发弘晳，经过审讯，弘晳"胸中自以为旧日东宫嫡子，居心甚不可问"，乾隆帝生日弘晳"欲进献，何所不可？乃制鹅黄肩舆一乘以进，朕若不受，伊将留以自用矣"。命革去亲王，仍准在郑家庄居住，不许出城。（《清高宗实录》卷一百三）十二月，有人告发弘晳问"皇上寿算如何"等。乾隆帝大怒，旨定：将弘晳"在景山东果园永远圈禁"。（《清高宗实录》卷一百六）是为"弘晳案"。这两条罪状——"居心甚不可问"和"伊将留以自用"，都似是而非！

乾隆帝为什么要以"似是而非"的"罪状"定弘晳的大罪呢？在年龄上，乾隆帝弘历比理亲王弘晳小17岁。若不是康熙帝废了太子允礽，当今皇帝应当是弘晳，而弘历仅仅是亲王或郡王，所以弘晳与弘历这堂兄弟二人，对此都是耿耿于怀。这是他们内心深处最隐蔽、最脆弱之处，根本就碰不得。当乾隆帝听说弘晳有一丁点相关议论时，敏感点受到触碰，反应便异常强烈。

弘晳被黜宗室，改名四十六，其子孙照阿其那（允禩）、塞思黑（允禟）子孙之例，革除宗室，系红带子。弘晳于乾隆七年（1742年）九月二十八日去世，享年49岁，葬于郑各庄西南黄土南店村一带。后复入宗室，恢复原名。弘晳的王爵，由允礽第十子弘䴖继承，降为理郡王。王府由郑各庄迁到城里，后在东城王大人胡同（今北新桥三条东口路北华侨大厦一带）。

到乾隆二十九年（1764年）二月，郑各庄兵丁全部（带家眷）被派往福州驻防。官兵调走，整户跟随，人走房空，连根拔除。其空闲房屋，毁仓空地。从此，理亲王弘晳及其郑各庄王府成为历史的陈迹。

文献资料遭焚损，宫府建筑被平毁，郑各庄的行宫、王府、城池与兵营，从此在地表上消失，在史册里消隐，由是成了清史的一桩悬案。但是，前文征引的满文档案、文献典籍、历史遗迹和田野踏查，则破解了这桩历史悬案。

从康熙帝五十七年（1718年）始建，到乾隆四年（1739年）十二月"弘晳案"发生，再到乾隆二十九年（1764年）郑各庄兵丁派往福州驻防后谕令毁废，宣告了清代郑各庄康熙行宫与理亲王府历史的结束。清郑各庄行宫、王府、城池与兵营历时共四十八年。清郑各庄行宫、王府、城池与兵营，康熙经始，雍正兴盛，乾隆结束，今有遗迹，这是康雍乾三朝激烈残酷、曲折起伏、错综复杂、内含玄机的宫廷斗争的一个侧面、一幅缩影，既具重要历史价值，又为历史文化遗产。

第四十九讲 诚亲王府

诚亲王的王府,分为旧府和新府。新府在蒋养房胡同,即今积水潭医院址(今西城区新街口东街31号),旧府则在今平安里西大街路北,明为官菜园,习称"官园",即今北京市儿童少年活动中心址。康熙四十八年(1709年),允祉被授亲王,在这两座府邸里经历了康熙晚期的飘摇风雨和雍正新政的暴风骤雨。

第四十九讲　诚亲王府

清朝北京的王府，现在能见到遗迹的，有五十多座。其中，诚亲王府和花园涉及今北京市儿童少年活动中心、清华大学和积水潭医院，比较典型，很有意思。①

一 诚王允祉

诚亲王府第一任主人允祉，是康熙帝第三子。母亲荣妃马佳氏，在康熙十年（1671年）到十六年（1677年）的七年间，先后生育五子一女，这说明马佳氏入宫早，美丽聪慧，在康熙早期是受宠幸的。允祉生于康熙十六年（1677年），比皇长兄允禔小5岁，比皇太子允礽小3岁，比皇四弟胤禛（雍正帝）大1岁。

允祉自幼聪明好学，知书达理，课业优秀，骑射也佳。康熙二十九年（1690年），康熙帝第一次亲征噶尔丹，病在途中，急召太子允礽和皇三子允祉，到军前侍疾。时允祉14岁。而后，他和太子赶回京城，并出城迎接皇父出征病愈归来。

康熙帝着意培养允祉，举几个例子。

其一，**随父亲征**。康熙三十五年（1696年），康熙帝第二次亲征噶尔丹，命允祉领镶红旗大营。这年允祉20岁。行军作战，条件艰苦，长途跋涉，受饥忍渴，这对于宫廷里长大的皇子允祉来说，是一场艰苦磨炼和痛苦考验。但是，允祉经受洗礼，克服艰难，挺了过来。康熙帝为此作《赐皇子允祉》诗："玉弩金戈壮此行，期门环卫在连营。深居莫忘勤劳意，须识间关出塞情。"（《圣祖御制文二集》卷四十六》）

康熙三十七年（1698年）三月，22岁的允祉，被封为诚郡王。同时封皇长子允禔为郡王，但胤禛只封为贝勒。有人奏议皇四子应同封，康

---

① 本节参酌苗日新先生《熙春园·清华园考——清华园三百年记忆》（增订本，清华大学出版社）的研究成果，又蒙积水潭医院田伟院长提供资料，谨致谢意。

康熙帝为培养第三子允祉，曾带其亲征噶尔丹，图为运送军粮情形

熙帝说："朕于阿哥等留心视之已久，四阿哥为人轻率，七阿哥赋性鲁钝，朕意已决，尔等勿得再请。"（《康熙起居注册》康熙三十七年三月初二日，台北故宫博物院藏）

其二，**挫折教育**。允祉封郡王后的第二年，一不小心，犯下过错。皇父的敏妃（皇十三子允祥的母亲）薨，未满百日，允祉剃发，被降为贝勒。其王府长史马克笃、一等侍卫哈尔萨等革职，鞭一百。皇父借此教育允祉和其他皇子。

其三，**考察锻炼**。康熙四十二年（1703年），康熙帝亲率皇太子允礽、皇三子允祉、皇十三子允祥等西巡。他们经保定，抵太原，过潼关，达西安。回銮经洛阳，回京师。骑马跋涉，历时两月，途经直隶、山西、陕西、河南四省，对允祉是一次锻炼。此行着重考察豫陕之间，是否可以把黄河、汾河、渭河连通航道，转运粮谷，既应军需，又便赈灾。于是，康熙四十三年（1704年），康熙帝命皇三子允祉同近御侍卫考察黄河三门砥柱。(《清圣祖实录》卷二百十四)允祉亲临三门峡，考察此处原有岩岛，将河水阻挡。古人凿岩岛开通"人门"、"神门"和"鬼门"，这是三门峡名称的由来。河经三门，水势湍急。古人又在石崖上凿出曳孔眼，似可行船。时值隆冬季节，无法用船亲试，所以不知船能否行走。允祉等的实地考察，为康熙帝考虑和安排河运提供了依据。第二年，又命四川、陕西、河南、山西的总督或巡抚等，再次前往考察、试验，以便解决两地粮食丰歉时的河运问题。

其四，**研究编书**。允祉不辜负皇父的栽培和期望，潜心于研究和编书，成为当时文化素养和学术造诣最高的皇子。允祉在文化史上主要有两大贡献：

第一，**实际主编《律历渊源》**。康熙帝在畅春园设蒙养斋，被誉为"皇家科学院"，允祉在康熙帝指导下，直接负责这项工作，钻研数学、天文、音律等学问，并率庶吉士、大数学家何国宗等设馆修辑律吕、算法诸书。(《清圣祖实录》卷二百五十五)"所纂之书，每日进呈，上亲加改正焉"。谕允祉等曰："古历规模甚好，但其数目岁久不合。今修书宜依古历规模，用今之数目算之。"后又谕："北极高度、黄赤距度最为紧要，著于澹宁居后逐日测量。"诚亲王允祉等奏言："郭守敬造授时术，遣人二十七处分测，故能密合。今除畅春园及观象台逐日测验外，如福建、广东、云南、四川、陕西、河南、江南、浙江八省，于里差尤为较著，请遣人逐日测量，得其真数，庶几东西南北里差及日天半径，皆有实据。"从之。(《清史稿·时宪志》卷四十五)到康熙五十三年（1714年）十一月，诚亲王允祉等以《御制律吕正义》书成，进呈，得旨："律吕、历法、算法三者合为一书，名曰《律历渊源》。"(《清史稿·诸王六》卷二百二十)《律历渊源》一书，总结前人成果，吸收西方文化，有所创新发展，是当时一流的科学著作。

第二，**支持编纂《图书集成》**。陈梦雷为《古今图书集成》编修做出巨大贡献，但如没有诚亲王支持、赞助、沟通并奏请皇父谕准，是不可能完成的。为《古今图书集成》做出最大贡献的两个人，一个是陈梦雷，另一个是诚亲王允祉。

康熙帝晚年，发生废太子事件。在这场政治风暴中，允祉的命运如何呢？康熙四十七年（1708年），康熙帝废太子，因允祉与太子比较亲睦，召问太子情状。这时流言要加罪于允祉，康熙帝说："允祉与允礽虽昵，然未怂恿其为恶，而且屡次劝止允礽，允礽不听。此等情节，朕无不悉知，故不罪也。"（《清圣祖实录》卷二百三四）蒙古喇嘛巴汉格隆为允禔"厌胜"废太子，允祉知道后及时奏报。这说明允祉为人厚道，明辨是非，没有对废太子落井下石。康熙帝废太子后，害了一场大病。这时诸臣等多用虚语空文，惟允祉、胤禛对皇父真诚关爱，痛哭陈请，延医求药，使"朕之剧疾，业已全愈"。随之，允祉、胤禛、允祺，俱封为亲王。（《清圣祖实录》卷二百三十七）允祉在关键时刻表现得当，他本来跟允礽关系密切，不仅没因废太子事件受到牵连，而且还得到皇父的信任和恩赐。

允祉曾遭人陷害，皇父明察，侥幸脱身，这就是孟光祖事件。

孟光祖事件 康熙五十六年（1717年）二月，镶蓝旗光棍孟光祖，称自己受诚亲王允祉差遣，到山西、陕西、四川、湖广、广西、江西诸省诈骗。四川巡抚年羹尧受骗，向他馈送马匹、银两，江西巡抚佟国勷（ráng，又音 xiāng）也馈送过银两、缎疋。时有总督直隶兼巡抚赵弘燮奏报，查实，将孟光祖处斩。"佟国勷著革职，年羹尧著从宽革职留任效力。"此事，康熙帝下旨："行文各省，通行晓谕。"（《清圣祖实录》卷二百七十一）但对允祉，并未怪罪。

康熙帝还施恩于允祉的儿子弘晟（chéng，又音 shèng）。康熙五十九年（1720年），封允祉子弘晟为世子，班俸视同贝子。（《清圣祖实录》卷二百九十）第二年，命皇四子胤禛偕弘晟等祭盛京三陵。弘晟于康熙三十七年（1698年）生，母嫡福晋董鄂氏，都统、勇勤公彭春之女。不仅允祉成为胤禛竞争皇位的劲敌，而且他的儿子弘晟也成为弘历的潜在威胁。

皇父崩逝，命运倒转。 康熙帝死，雍正帝立。本来在康熙帝废太子后、宾天前，允祉序次居长，兄弟奏报领衔，皇位继立有望，因而使皇四弟胤禛对允祉嫉忌更深。胤禛刚登上皇位，便命三阿哥、诚亲王允祉到遵化守护皇父景陵，不许回京，实同圈禁。

雍正二年（1724年），雍正帝又向允祉世子弘晟开刀，削世子，为闲散宗室。

雍正六年（1728年），诚亲王允祉有罪降郡王，其子弘晟被禁锢。

雍正八年（1730年）五月，因诚亲王允祉在怡贤亲王允祥丧期，迟到早退，面无戚容，命夺爵，禁锢于景山永安亭。

雍正十年（1732年）闰五月，允祉死于景山禁所，年56岁，照郡王例殡葬。同年七月初九日弘晟卒，年35岁。

二　新旧两府

诚亲王的王府，分为旧府和新府。诚亲王旧府，在今平安里西大街路北，明为官菜园，习称"官园"。史书记载："诚亲王旧府在官园。"（《啸亭续录》卷四）官园就是今北京市儿童少年活动中心址。康熙四十八年（1709年），允祉被授亲王，在这两座府邸里经历了康熙晚期的飘摇风雨和雍正新政的暴风骤雨。

雍正六年（1728年）六月，允祉向苏克济索取贿赂，事发，议夺爵，锢私第。命降郡王，而归其罪于弘晟，被宗人府禁锢。于是，诚亲王允祉一家迁出诚亲王府（旧府）。这里赐给康熙帝第二十一子慎郡王允禧。

雍正八年（1730年）二月，复进封允祉为亲王。既然复爵为亲王，原府邸已改赐慎郡王，就要新建诚亲王府邸。于是，在德胜门里蒋家房另建诚亲王新府。

诚亲王的新府，礼亲王昭梿在《啸亭续录》里记载，诚亲王"新府在蒋家房"，就是蒋养房胡同，即今积水潭医院址（今西城区新街口东街31号）。从《乾隆京城全图》看，蒋家房就是新街口外蒋养房。此府约东起水车胡同，西邻光泽胡同，南近苇坑，北抵积水潭南岸，占地面积很大。诚亲王的新府，分为东西两部。

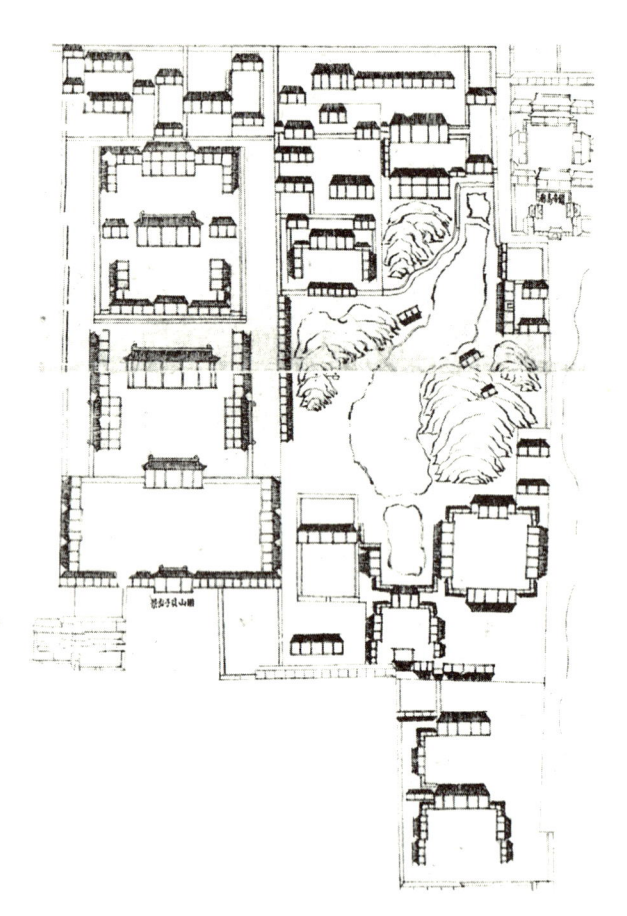

诚亲王新府位于今积水潭医院址（选自《乾隆京城全图》）

西部为王府。顺治九年（1652年）定亲王府规制：

亲王府，基高十尺，外周围墙。正门广五间，启门三。正殿广七间，前墀周围石栏。左右翼楼各广九间。后殿广五间。寝室二重，各广五间。后楼一重，上下各广七间。自后殿至楼，左右均列广庑。（《光绪大清会典事例》卷八百六十九）

还规定：大门金钉，纵九横七；正门、殿、寝，均覆绿色琉璃瓦，后楼、翼楼、旁庑，均为本色筒瓦，府库、仓廪、厨厩等房屋则为板瓦。

诚亲王允祉新府，当基本符合规制。

东部为花园。园中有亭台楼阁，古树参天，山石点缀，土山环绕。园内有一湖，湖中有一土石相间的小岛，湖水引自积水潭。今在积水潭

诚亲王府分为王府和花园东西两部，图为现存建筑

医院院内，尚存湖池、石桥、假山、重楼、花厅、亭阁等。

诚亲王夺爵、幽禁、病死后，这里归嘉庆帝第四女庄静固伦公主（道光帝同母妹），她下嫁蒙古土默特玛尼巴达喇郡王。后经变化，直到民国。

这座王府如今剩下的水潭园景，给积水潭医院增添了秀色景观。

三 熙春花园

诚亲王府不仅有旧府和新府，而且有郊区的花园——熙春园。

康熙帝在北京西郊建畅春园，其附近有皇子和大臣的私家园林，如雍亲王的圆明园、诚亲王的熙春园等。熙春园是康熙帝给诚亲王允祉的赐园，在畅春园的东北，圆明园的西南，今清华大学内。《康熙朝满文朱批奏折全译》记载了这件事情。允祉请指定建房地奏折在康熙四十六年（1707年）三月二十日："臣允祉谨奏：窃于今年正月十八日，臣等奏请在畅春园周围建造房屋，皇父御赐北新花园迤东空地，令臣等建房。"陈梦雷的《拟永恩寺碑文》也相佐证：先是丁亥（康熙四十六年）之冬，以扈跸畅春，故构别墅于畅春之东北。

清史记载："康熙四十六年（1707年）三月，迎上幸其邸园，侍宴。"而后，"岁以为常，或一岁再幸"。（《清史稿·诸王六》卷二百二十）

康熙帝曾先后10次临幸诚亲王的熙春园，5次到雍亲王胤禛的圆明园。康熙帝在最后10年间，有9年在赐园做寿，其中7年在熙春园，两年在圆明园。在避暑山庄，康熙帝曾10次到允祉的狮子沟花园[1]，7次到胤禛的狮子林花园，可见康熙帝晚年，比较喜欢年长的皇三子允祉和皇四子胤禛，而对皇三子允祉的亲近超过了皇四子胤禛。

康熙做寿 康熙五十二年（1713年）三月初九，允祉在熙春园为皇父举办六十寿宴。四天后，康熙帝再次临幸熙春园，实属罕见。寿宴应在园内进深、面积最大的工字殿前殿举行，演戏在工字殿北戏台（今"水木清华"址）。学者推断，康熙帝在做寿时题匾"熙春"，命名了熙春园。从康熙帝六十大寿允祉的献礼单，可见其精于鉴赏的文化涵养。礼单包括：祝寿诗（宋米芾书）、南极老人星赋（宋米芾书）、天保九如篇（宋高宗书，赵千里绘图）、律吕管窥、通典详节（宋版）、万寿九龙图章、万寿文房四宝（石渠阁瓦砚、玉管笔、万历窑笔、玛瑙水盛、万历八宝笔筒）、万寿图（明吴伟画）、寿星图（宋李小仙画）等。可见诚亲王允祉在旧府官园和西郊熙春园，过着优裕的王爷生活。他曾经侍奉皇父康熙帝以孝子之情，使父亲多享一份天伦之乐。

---

[1] 康熙帝10次到熙春园幸园、进宴，时间是：康熙四十六年十一月戊辰（二十日），康熙五十一年四月乙卯（初三日），康熙五十二年三月丙戌（初九日），康熙五十三年三月甲寅（十三日），康熙五十四年三月庚戌（十四日），康熙五十五年三月甲辰（十三日），康熙五十六年三月戊辰（十三日），康熙五十八年三月乙酉（十二日），康熙六十年三月癸酉（十二日），另见于《万寿盛典初集》卷五十四：（康熙五十二年三月）"十三日，诸皇子设宴于皇三子花园，皇上临幸，是日诸皇子作斑衣戏彩之舞，称觞献寿。"康熙帝10次到避暑山庄狮子沟允祉花园幸园、进宴，时间是：康熙五十二年六月己卯（初四日），康熙五十三年五月壬子（十二日），康熙五十四年六月乙亥（十一日），康熙五十五年五月己卯（二十日），康熙五十六年六月丁亥（初四日），康熙五十七年六月癸巳（十六日），康熙五十八年五月庚寅（十八日），康熙五十九年六月己亥（初四日），康熙六十年闰六月戊子（二十九日），康熙六十一年五月壬寅（十八日）。

清华园内"水木清华"为熙春园戏台旧址,允祉曾在此为康熙帝举办六十寿宴

熙春园因允祉之故,与清代大学问家陈梦雷有着千丝万缕的联系。康熙三十八年(1699年),陈梦雷入内苑,侍奉诚亲王允祉读书。两人从此结下不解之缘。前文《武英修书》中,曾介绍过陈梦雷,这里做点补充。陈梦雷晚年,与允祉一道,修《古今图书集成》。在熙春园里,建了古今图书集成馆,还给陈梦雷修建居所。

古今图书集成馆 康熙五十五年(1716年)书稿进呈后,康熙帝诏立"古今图书集成馆",陈梦雷为总裁。清代黄任《题集成馆纂修图》诗曰:"藏珠府接大罗天,握椠怀铅各并肩。不比兰亭修禊事,群贤毕集永和年。"这里成为陈梦雷修书之所。据蒋廷锡奏,到康熙帝死后陈梦雷获罪时,馆内共有80名修书人员。其中,陈梦雷父子及受其牵连者共16人,均遭清洗,递解还乡,或遭遣戍。有学者认为,《古今图书集成》不是在武英殿印制的,而是在古今图书集成馆印制的,并认为武英殿铜活字系陈梦雷主持铸造的。(苗日新著《熙春园·清华园考——清华园三百年记忆》(增订本))这是学界的一个新见。

陈梦雷松鹤山房　康熙四十三年（1704年）十二月十九日，康熙帝亲书"松高枝叶茂，鹤老羽毛新"一联赐陈梦雷，以示对陈梦雷的评价和赞许。陈梦雷以联中的"松"与"鹤"二字，命名在熙春园内住房为"松鹤山房"，又自称"松鹤老人"。他还编著《松鹤山房文集》（二十卷）和《松鹤山房诗集》（九卷），笔墨传世，以至当今。

松鹤山房位于熙春园东部，二层小楼，上下各三间，其西边有两顷田地，由陈梦雷耕种。陈梦雷《水村十二景》诗序："吾王殿下购得，命余居之，赐河西田二顷，俾得遂农圃之愿也。续建斗阁三楹，晨夕祝圣，命余典其事。……其下书室三楹，贮所著《汇编》三千余。"

从熙春园到清华园　康熙末、雍正初，诚亲王允祉和陈梦雷，卷入皇位继承政治旋涡中。雍正元年（1723年），"古今图书集成馆"被交内务府。后陈梦雷被流放卜魁（今黑龙江省齐齐哈尔市），客死他乡。雍正八年（1730年），允祉获罪，熙春园东部也收归内务府。有学者考证，雍正帝将熙春园转赐给康熙帝第十六子、庄亲王允禄。雍正帝给允祉定罪时，有一条罪状是"私谓庄亲王曰东宫一位非我即尔"，这应是允禄向雍正帝告的密。乾隆时一度改名"云锦园"。道光时分为东西两园，东园为"涵德"，西园为"春泽"。咸丰时，东园改名为"清华"，西园改名为"近春"。清华园首任园主是奕谅，由咸丰帝御书"清华园"匾额。宣统元年（1909年），奏准赏拨清华园，建游美肄业馆。宣统三年（1911年）三月十一日诏准清华学堂名称。今清华大学二校门"清华园"三字为大学士那桐题。清华大学内遗存有熙春园园门，康熙帝御笔"主善斋"，原位置在园门，今为校长办公室。工字厅仍存，"方塘"即今荷花池。朱自清先生的名作《荷塘月色》使这片荷塘名闻天下。康熙帝御笔"熙春"，原位置在工字殿前殿，今亦然。康熙帝御笔"竹轩"，原位置在工字殿西侧轩堂，今为工字厅西跨院正房。

诚亲王的旧府、新府和花园，如今遗迹仍在。历史兴替，人世沧桑，美好建筑府邸园景，留下历史文化记忆。

第五十讲 恭亲王府

恭亲王奕䜣在恭王府48年，经历六起六落，预政咸丰、同治、光绪三位皇帝：每逢国家阴云密布，就受到起用信任；雨过天晴，就遭到贬斥冷落。六起六落，跌宕人生。这种王爷的命运，令人唏嘘，发人深思。帝制时代，皇权至上，不容一点镇主，不许半点威胁。这是众多皇子或无法施展才华，或受到折磨屈辱的根本原因。

第五十讲　恭亲王府

清朝的王府，世袭罔替的铁帽子王，承继王位者可以继续居住在原王府中，其他亲王或郡王去世后即收回王府，由皇帝另行分配给新王居住。清代恭亲王府是唯一保存完整的世袭罔替的王府。从乾隆到宣统，恭亲王府见证了清朝由盛而衰而亡的历史。

一　王府变迁

恭王府有一个传说：京华何处大观园？请看北京恭王府。就是说，曹雪芹写《红楼梦》的时候，是以恭王府作为蓝本的。这个说法，有的学者赞成，有的学者反对。其实，无论曹雪芹的《红楼梦》有没有以恭王府为蓝本，今人倒是可以通过参观了解恭王府，更直观形象地理解《红楼梦》，因为这里真实地反映了清代公主、王爷等贵族的居住实况，与《红楼梦》所描写的贾元春回娘家大观园省亲有相似之处。

北京的什刹海，位于北海的西北，与西苑三海水系相通。元代这里是重要的水运码头，清代逐渐在什刹海周边，建起许多大宅院。这里区位高贵，水道蜿蜒，杨柳成荫，闹中取静，环境优美，非常宜居。恭亲王府就坐落在这里，今为西城区前海西街17号。

恭亲王府的变迁，要从乾隆权相和珅说起。乾隆四十一年（1776年），这座府第由和珅始建，五十四年（1789年）和孝公主下嫁到这里，后逐渐形成三路四进、前邸后园的格局。中路用于礼仪，东西两路用于居住：公主和额驸居东，和珅居西。嘉庆四年（1799年），和珅伏诛。公主和额驸仍是这里的主人。但没其园第，赐成亲王永瑆；没其宅地，赐庆僖亲王永璘。而后是嘉庆帝的幼弟庆僖亲王永璘搬进府里西路居住。这里有一个故事。永璘相貌丰伟，皮肤黧黑，不爱读书，喜欢音乐，尤好游嬉。少时尝微服出游，到小巷寻乐，乾隆帝讨厌他，降为贝勒。后燕居府邸，以声色自娱。乾隆末年，皇子觊觎皇位，永璘笑道："使皇帝多如雨落，亦不能滴吾顶上，惟求诸兄见怜，将和珅邸第赐居，则吾愿

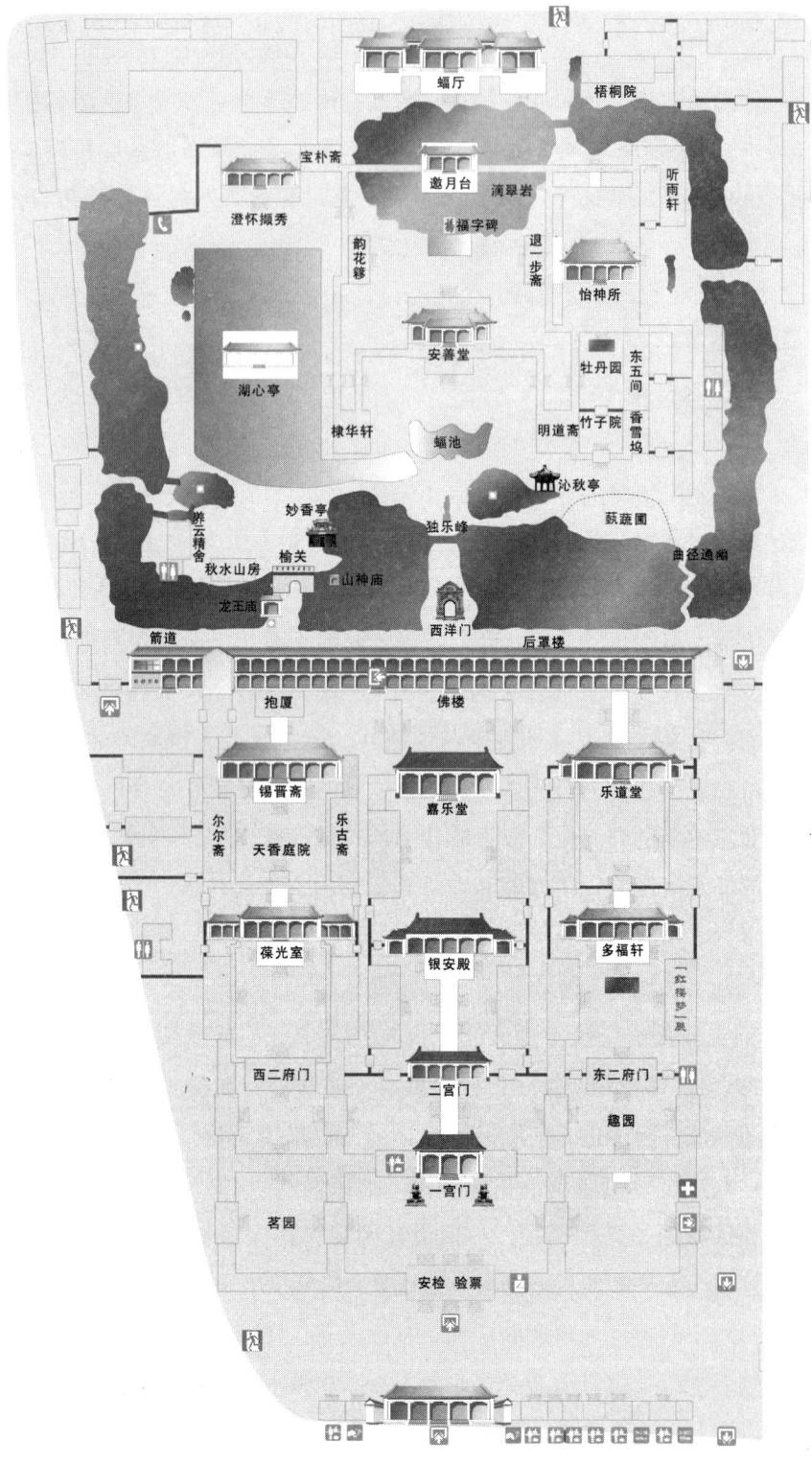

恭王府平面示意图

足矣！"（《啸亭续录·庆僖王》卷五）嘉庆帝籍没和珅家产后，果然将其府宅赐给他。所以，在一段时间里，和孝公主居东，庆王居西，庆王和他幼妹共同居住在这处府邸。公主和庆王死后，庆王的儿子降为郡王，这里便成为郡王府。

道光三十年（1850年），咸丰帝继位，将此府赐给皇六弟恭亲王奕䜣居住，从此这里就成为"恭亲王府"。恭亲王奕䜣去世后，世袭罔替，直到民初。王府花园直到同治年间才建成，与王府保存至今。

今天看到的恭亲王府，格局为前府邸、后花园，占地61120平方米，是一座三路四进、前邸后园的大四合院。

先看府邸：府邸分为中东西三路。

中路 **大门，二门，银安殿，神殿，后罩楼**。两道大门，体现了亲王府邸的规制和气派。银安殿是王府的正殿，为礼仪性的殿堂。神殿是举行萨满祭神祭天的殿堂，殿内安设煮祭肉的大锅，院子里还保留着安插神杆的石座。后罩楼有两层，东西长156米，计109间，是清代王府后罩楼的特例。后罩楼最西端是精致的室内花园——"水法楼"。上下两层，叠砌假山，喷泉水池。后罩楼原是和珅夫人冯氏居所。奕䜣把它改成储藏珍宝的仓库，其窗户形状各异，有圆形、方形、桃形、石榴形、

恭王府是唯一保存完整、世袭罔替的王府，图为其正殿银安殿（复建）

书卷形等，传说这是暗示每间屋子里珍藏不同宝物的标志。这些宝物后来多被末代恭亲王溥伟变卖。

东路　多福轩，乐道堂。 东路原为和孝公主居住，后来恭亲王也居住在东路。多福轩，和孝公主居住时为延禧堂，是和孝公主和额驸丰绅殷德的居所。恭亲王时期，多福轩是恭亲王的客厅兼书房。其匾额"多福轩"为咸丰帝御题。轩内正中悬挂"同德延釐"（釐，这里读 xǐ，意为同福，同禧）匾，是光绪七年（1881年）慈禧所写。传说当年慈安病逝，光绪尚幼，慈禧集权，匾上四字是告诫奕䜣：与慈禧"同德"，才能"延釐"。多福轩内四壁靠近天花板处，悬挂有十余块"福""寿"匾额。匾上"福"和"寿"字斗方，菱形红色，为皇帝或太后书赐给恭亲王的。每年正旦，恭亲王得到赐"福"赐"寿"后，回家将新斗方覆盖在旧斗方之上，寓意添福增寿。乐道堂，原是和孝公主的寝室，室内梁架上至今保存着乾隆时的凤凰贴金彩绘。金色的凤凰之间绽放着华贵牡丹，尽显和孝公主的尊贵身份。她在此居住了34年。后恭亲王也把这里作为寝室。

西路　葆光室，锡晋斋。 西路原为和孝公主的公公和珅居住，后为庆亲王居住。恭亲王时这里是客厅和藏宝之所。葆光室，"葆光"一词源于《庄子·齐物论》："注焉而不满，酌焉而不竭，而不知其所由来，此之谓葆光。"咸丰帝暗诫奕䜣不要"满"，也不要"竭"，要潜藏光明而不外露。"葆光室"匾为咸丰帝临幸时御题的。奕䜣为此撰写了一篇《葆光室铭》。恭亲王用此室做贵宾客厅，接待至亲。锡晋斋，和珅时叫嘉乐堂，为起居室。和珅仿照紫

康熙帝御笔"福"字碑，被誉为"天下第一福"，是恭王府镇府之宝

禁城的宁寿宫精心装修，安设金丝楠木仙楼，材料昂贵，精雕细琢，再配合金色花纹的火山岩地砖，满目华丽，多有逾制，后被列为大罪之一。恭亲王时把西晋陆机的《平复帖》收藏在斋内，改名为锡晋斋。

再看花园：花园在和珅时已经建设，奕䜣重新改建，府园呼应，布局有序。花园也分为中东西三路。

中路 西洋门，独乐峰，蝠池，安善堂，福字碑，蝠厅。西洋门，当年和珅建造时，挪用了圆明园的设计和材料，后来这成为他的罪行之一。蝠池，因形似蝙蝠而得名。这是中路最重要的园景，池上轩厅为奕䜣宴请重要宾客的宴会厅。蝠池上有渡鹤桥，桥北是安善堂。安善堂之北是滴翠岩，西侧有坡道登岩，俗称"平步青云"。岩下的秘云洞正中，有一块"福"字碑，为康熙帝御笔。这个福字，聚"六多"——多福、多才、多寿、多田、多子、多禧为一体，被誉为"天下第一福"，是恭王府的镇府之宝。蝠厅，造型将主厅与两厢连接为一体，形似展翅的蝙蝠，因而得名。园中"五福"——蝠池、蝠厅、福字碑、多福轩和游廊彩绘蝙蝠等，组成恭王府"福"的特点。这是否会给和珅、奕䜣带来"福"呢？后面要回答。

东路 怡神所，是我国现存王府中唯一全封闭式大戏楼。其建筑面积685平方米，可容纳200多人看戏。戏曲之音绵绵，至今相沿不衰。

西路 榆关，棣华轩，游廊。榆关，为山海关别名，标示清朝从山海关入主中原的记忆。棣华轩，取名于"棣华协力"，这里有个历史故事：奕䜣与奕詝同在书房，读经书，习骑射，共制枪法二十八势，刀法十八势，道光帝赐枪名"棣华协力"，刀名"宝锷宣威"，并以白虹刀赐奕䜣。（《清史稿·奕䜣传》卷二百二十一）这个命名，既"威仪棣棣"，又兄弟"协力"。白虹刀原陈设在此处。据毓嶦先生介绍，1945年他与溥仪逃往吉林临江县大栗子沟时，将"白虹刀"丢失。游廊的彩画、倒挂楣子、坐凳楣子全部用蝙蝠图案装饰，有着抬头见福、俯身拾福、满眼皆福、回家带福的寓意。

如今恭王府已修葺一新，每天观众熙熙攘攘。恭王府既体现出清朝王府的规制和等级，又反映出王府贵族家庭生活的状态和祈愿。

二 和孝公主

乾隆帝的和孝公主（1775—1823年），排行十公主，名义上是恭王府的第一位主人。十公主的母亲为惇（dūn）妃汪氏，受到乾隆帝宠爱。"尝笞宫婢死，上命降为嫔。未几，复封。女一，下嫁丰绅殷德。"（《清史稿·后妃传》卷二百十四）乾隆帝65岁时才有这位千金，视作掌上明珠，封为固伦和孝公主，视同皇后的女儿。和孝公主6岁，指婚给10岁的和珅之子，乾隆帝给其起名为丰绅殷德。乾隆帝十分钟爱十公主，"以其貌类己，尝曰：'汝若为皇子，朕必立汝储也。'性刚毅，能弯十力弓。少尝男装随上校猎，射鹿丽龟，上大喜，赏赐优渥。"（《啸亭续录·和孝公主》卷五）公主受赐金顶轿，15岁下嫁丰绅殷德。额驸很聪明，善作小诗，潇洒倜傥，俊逸可喜。任都统、内务府大臣。时额驸恃宠骄纵，公主说："汝翁受皇父厚德，毫无报称，惟贿日彰，吾代为汝忧。他日恐身家不

乾隆帝掌上明珠和孝公主的额驸丰绅殷德曾居于多福轩

保，吾必遭汝累矣！"一日积雪，额驸偶弄畚锸（běn chā）作拨雪游戏，公主立责备，说："汝年已逾冠，尚作痴童戏耶？"额驸长跪，请罢乃已。25岁，遭家难。额驸降为散秩大臣。后坐国丧期间侍妾生女罪，罢职在家圈禁。中年修道，讲养生术，练功太过，患喘痰疾，年40而死。公主36岁守寡。和珅籍没，额驸也死，公主寡居，儿子又死，道光三年（1823年）病死，49岁。

这位和孝公主住在以"蝠"（福）为特点的公主府里，生在帝王之家，受到皇父宠爱，公爹为宰相，算是有福吧！但她的公爹获罪自裁，家财被抄；丈夫没有出息，还养妾生女，中年去世；儿子夭折；公主府还被割去一半作为皇兄王府。这算是有福吗？

和孝公主的知名度远没有公爹和珅大。和珅因儿子丰绅殷德娶乾隆帝十公主而更加显赫。大家关心和珅为什么能成为宠臣、佞臣，又能专权、贪腐？原因很多，其中之一，就是和珅"善伺意"、"巧弥缝"。什么叫"善伺意"呢？就是善于揣摩、迎合乾隆帝的意图。和珅能够把握、抓住、占有、利用乾隆帝的心。当年杨贵妃把握住唐明皇，万贵妃把握住成化帝，都是用的"善伺意"心计。乾隆帝将要喜欢的，和珅先就猜到，并做到；乾隆帝决心要做的，和珅也立刻遵办，并办得妥帖；乾隆帝想做而不该做的，和珅不反对，并顺遂；乾隆帝应做而没想到的，和珅不显露出比主子更聪明。所以，乾隆帝认为和珅是自己看得见、信得过、用得上、离不开的人。举几个例子。

和珅被乾隆帝视为自己看得见、信得过、用得上、离不开的人

其一，**整死福崧**。在省部级官员中，如有敢于不同和珅合作的，会遭不测之祸。浙江巡抚福崧得罪了和珅，在乾隆五十八年（1793年）的某天，忽然传下乾隆帝谕旨，命槛车到京，罪名是福崧受了两淮盐运使柴桢"馈福公金一千两"。福崧向人说：我见了皇上必定把和珅的秘密完全奏报出来。和珅知道后，就更改福崧的供词，加上激怒乾隆帝的话。结果，乾隆帝不等福崧到京，就下旨赐死。福崧行到红花铺地方闻命，须髯奋张，大声疾呼，不肯就死。福崧被强灌鸩酒而死。福崧死得冤啊！实际上柴桢账簿上的"福公"是指户部尚书"福长安"，而不是指浙江巡抚"福崧"。

其二，**整跑朱珪**。朱珪是嘉庆帝为皇子时的师傅，时任两广总督。嘉庆元年（1796年），乾隆帝与嘉庆帝授受礼后，乾隆帝调朱珪从两广总督任上回京当大学士。嘉庆帝作诗给老师表示祝贺。和珅嫉妒朱珪入阁，就拿了这首诗给乾隆帝看，暗告嘉庆帝一状，说"嗣皇帝欲向朱珪市恩"（买好）。乾隆帝吃醋，后以他事降朱珪为安徽巡抚。

和珅还"巧弥缝"，就是善于作假，蒙混过关。

其一，**整治御史**。乾隆五十一年（1786年），御史曹锡宝奏劾和珅家奴刘全奢侈横行，建房逾制。侍郎吴省钦与曹锡宝同乡，知道后驰奔热河报告和珅。和珅得到密告后，令刘全毁其室，衣服、车马有逾制，皆隐匿无迹。锡宝疏至，乾隆帝诘问和珅。和珅言平时戒约属下甚严，若恣从滋事，乞严察重惩。乾隆帝命王大臣会同都察院传问曹锡宝，又令步军统领遣官从锡宝到刘全家察视，无迹，锡宝自承冒昧。乾隆帝召曹锡宝到避暑山庄当面诘问，锡宝奏刘全倚势营私，未有实据，但为和珅"杜渐防微"。于是曹锡宝反遭革职留任的惩罚。

其二，**整黜侍郎**。礼部侍郎尹壮图，疏论各省库藏空虚，乾隆帝命和珅让尹壮图到各省库勘察，以侍郎庆成监督。庆成每到一省就掣肘，待挪移补足，便打开仓库，似全然无亏。下部议罪，拟斩决，降主事。

《清史稿·尹壮图传》卷末评论道："大臣怙宠乱政，民迫于饥寒，卒成祸乱。"（《清史稿》卷三百二十二）大臣怙宠而乱政，庶民饥寒而成乱。乾隆帝晚年的白莲教之乱，就是历史明证。

和珅做官做到了极致：由乾清门一个侍卫，升到"六大臣"即大学士，军机大臣，议政大臣，领侍卫内大臣，内务府大臣，御前大臣，都统、步军统领，管户部三库，充崇文门税务监督，任吏部、户部、兵部尚书，兼管刑部尚书、理藩院尚书事，翰林院掌院学士，充四库全书馆正总裁，"宠任冠朝列"。（《清史稿·和珅传》卷三百十九）私宅军人供役者千余人。但应了那句老话，福兮祸所依。和珅最后落了个身败名裂的下场，幸有和孝公主这位儿媳，才保住了儿子丰绅殷德的一条命和一碗饭。

三　恭王奕䜣

道光帝的儿孙们，对晚清历史影响深远。皇四子奕詝继承皇位为咸丰帝，其儿子为同治皇帝，后妃为慈安太后、慈禧太后；皇六子奕䜣被道光帝封为亲王，先后预政咸丰、同治和光绪两代三帝；皇七子奕𫍽，慈禧时封为醇亲王，儿子为光绪帝，孙子为宣统帝。皇八子奕詥的过继儿子溥儁被慈禧选为大阿哥，预备取代光绪帝，后被废。

恭亲王奕䜣（1832—1898年）[①] 和皇四兄奕詝是同父异母兄弟。奕䜣从小由奕詝母亲抚养。奕䜣母亲死后，就完全由奕詝母亲养育。奕䜣与奕詝共同生活了十七年。同时，他们还有一种竞争关系。他俩仅相差一岁，都曾经是道光帝皇位的候选人。而奕詝曾从马上摔下，是瘸腿，奕䜣则身体健壮，武艺高强，聪明睿智，前述白虹刀的故事就是一个例证。在储位之争中，奕䜣败下阵来。这里有个故事。

杜受田，山东滨州人。道光三年进士，选庶吉士，授编修。直上书房，授奕詝读书。后迁内阁学士，命专心授读。后连升左都御史、工部尚书，充上书房总师傅。咸丰自6岁入学，杜受田朝夕纳诲，必以正道，历十余年。道光晚年，以奕詝长且贤，欲付大业，犹豫未决。值南苑打

[①] 奕䜣生于道光十二年十一月二十一日，道光十二年为1832年，但这年十一月二十一日为1833年1月11日，所以说他享年67岁。

猎,诸皇子随从,奕䜣获禽最多,奕詝未发一矢,问他,回答:"时方春,鸟兽孳育,不忍伤生以干天和。"道光帝大悦,立储遂密定。史评说此是杜受田辅导之力。

咸丰帝登极后,将庆王府归皇六弟奕䜣。咸丰二年(1852年)四月,分府,从此这里就成为恭亲王府,直到光绪二十四年(1898年)奕䜣去世。恭王府见证了奕䜣在咸丰、同治、光绪三朝大起大落的命运。他从一位文武双全的睿智青年,到从容威严的外交官,再到唯唯诺诺的病人的一生,正是晚

恭王府见证了奕䜣在咸丰、同治、光绪三朝大起大落的命运(上图摄于 1872 年)

清历史的写照。奕䜣的人生经过六次大起大落:

一起一落。咸丰三年(1853年)九月,洪秀全兵逼畿南,以奕䜣在军机大臣上行走。四年,连授都统、右宗正、宗令。五年四月,以畿辅肃清,予优叙。七月,孝静成皇后崩,咸丰帝以恭亲王礼仪疏略,罢军机大臣、宗令、都统,仍在内廷行走,在上书房读书。

二起二落。咸丰十年(1860年)八月,英法联军逼近京师,咸丰帝逃亡热河,英法联军焚掠圆明园。咸丰帝授恭亲王钦差便宜行事全权大臣,督办和局。和议告成,恭亲王奕䜣请赴行在祗叩起居。咸丰帝手诏答曰:"别经半载,时思握手而谈。惟近日欬嗽不止,时有红痰,尚须静摄,未宜多言。且俟秋间再为面话。"(《清史稿·文宗本纪》卷二十)加以回绝。咸丰帝能看戏,不能见兄弟!和议大局告成,对奕䜣不予奖赏,还做出"三条":一要议处,二不见面,三排除在顾命大臣之外。

三起三落。咸丰十一年(1861年)七月,咸丰帝崩,奕䜣到避暑山

庄，两太后召见。辛酉政变后，为议政王、军机处大臣，王爵世袭，食亲王双俸。同治三年（1864年），以江宁克复，大局好转，遭到收拾。四年（1865年）三月，两太后谕责恭亲王信任亲戚，内廷召对，时有不检，命夺议政王号及一切差使。王入谢恩，痛哭引咎。①

四起四落。同治七年（1868年）二月，西捻军逼近京畿，命奕䜣节制各路统兵大臣，授右宗正，再次起用。十一年九月，同治帝大婚，复命王爵世袭罔替。十二年（1873年）正月，同治帝亲政。来年七月，就谕责奕䜣召对失仪，降为郡王，夺世袭罔替，仍在军机大臣上行走。

五起五落。光绪帝即位后，复命免召对叩拜、奏事书名，署宗令。光绪十年（1884年），法军侵越南，王与军机大臣不欲轻言战，言路交章论劾。这年三月十三日，奕䜣等全体军机大臣突然一体罢免。令奕䜣停止双俸，家居养病。因事在甲申年，史称"甲申易枢"。慈禧罢黜恭亲王奕䜣一切官职，撤换了以奕䜣为首的军机处，慈禧成了不受任何约束的拥有绝对权威的太上女皇。

六起六落。光绪二十年（1894年），日本侵朝鲜，复起奕䜣管理总理各国事务衙门，并总理海军，会同办理军务，内廷行走。寻又命王督办军务，节制各路统兵大臣。十一月，授军机大臣。但此时的奕䜣已经是62岁的老人，疾病缠身，锐气全消。此前领略了慈禧淫威手段的奕䜣，现在一味听命于慈禧，主张求和。二十四年（1898年），恭亲王疾作，光绪帝奉慈禧太后之命三次临视，四月薨，年六十七。慈禧太后亲

---

① 慈禧于同治四年（1865年）三月初五日，手书罢免奕䜣的朱谕，是迄今为止所能见到的唯一一件慈禧亲自起草的上谕，弥足珍贵。全文如下：
　　谕在廷王大臣等同看，朕奉两宫皇太后懿旨：本月初五日，据蔡寿祺奏，恭亲王办事徇情、贪墨、骄盈、揽权，多招物议，种种情形等弊。嗣（似）此重（种）（劣）情，何以能办公事？查办虽无实据，是（事）出有因，究属暧昧，难以悬揣。恭亲王从议政以来，妄自尊大，诸多狂敖（傲），以（依）仗爵高权重，目无君上，看（视）朕冲龄，诸多挟致（制），往往谙（暗）始（使）离间，不可细问。每日召见，趾高气扬，言语之间，许（诸）多取巧，满是胡谈乱道。嗣（似）此情形，以后何以能办国事？若不即（及）早宣示，朕归政之时，何以能用人行正（政）？嗣（似）此种种重大情形，姑免深究，方知朕宽大之恩。恭亲王著毋庸在军机处议政，革去一切差使，不准干预公事，方是朕保全之至意。特谕。

慈禧罢免奕䜣手迹

临恭王府吊唁。奕䜣之死，使慈禧与光绪帝之间失去了一个重要的中间调解人。这就使慈禧与光绪之间的矛盾激化，最终导致了戊戌政变。

恭亲王奕䜣住在恭王府48年，经历六起六落，预政咸丰、同治、光绪三位皇帝：每逢国家阴云密布，就受到起用信任；雨过天晴，就遭到贬斥冷落。六起六落，跌宕人生。这种王爷的命运，令人唏嘘，发人深思。他的弟弟醇亲王奕譞就接受了乃兄的教训，根本就不辅政，完全唯唯诺诺，倒是没有大起大落，还算平安。再联想清初摄政王多尔衮，血战沙场，戎马一生，底定中原，成业一统，死后还是被顺治帝掘坟鞭尸。帝制时代，皇权至上，不容一点镇主，不许半点威胁。这是众多皇子或无法施展才华，或受到折磨屈辱的根本原因。

第五十一讲 金枝玉叶

皇家公主金枝玉叶，一直被人们所羡慕。现在独生子女多，流传一种说法：女儿要富贵养，把女儿当成金枝玉叶。其实公主既享受常人享受不到的富贵，也承受常人所不用承受的礼法约束。特别是在宫里娇生惯养的公主，一旦嫁为人妇，要面对反差巨大的生活环境和身份转换，很难享受到常人的天伦之乐，更要听任朝廷动荡的命运摆布。

第五十一讲　金枝玉叶

南京博物院收藏着一件精美的艺术品：一只栩栩如生的金蝉，安然地栖息在一片洁白无瑕的玉叶上。蝉，俗称"知了"，"知"谐音"枝"，皇家女儿，自然金贵。这是"金枝玉叶"的形象诠释。金枝玉叶，中国古代特指皇家女儿，就是公主，故本讲题为《金枝玉叶》。[1]

一 公主人生

"公主"，《辞海》解释说："帝王之女称号。"帝王之女为什么叫公主呢？相传古代天子的女儿下嫁时，天子不主婚，而由三公主之，或由同姓诸侯主之，所以称公主。后来历朝相沿，皇帝之女称公主。

明制：皇帝姑母称大长公主，姊妹称长公主，女儿称公主，都授金册，禄米二千石。公主夫婿称驸马都尉，俗称"驸马"。清公主夫婿称额驸。清朝按嫡庶，皇后女儿为固伦公主，妃嫔女儿为和硕公主，也有

南京博物院珍藏的金蝉玉叶，寓意为"金枝玉叶"

---

[1] 本节参阅郭美兰《恪靖公主远嫁喀尔喀蒙古土谢图汗部述略》，载其所著《明清档案与史地探微》，辽宁民族出版社，2012年。并得到呼和浩特市博物馆赵江滨馆长提供的资料。

例外。康熙帝第六女恪靖公主、乾隆帝第十女和孝公主，都不是嫡出，却为固伦公主。这是为什么呢？一是政治需要。清前期满蒙联姻，如要提高蒙古额驸政治地位，则应先提高公主品级。二是体现皇帝与公主或公主生母情感亲密。康熙帝第三女为荣妃马佳氏生，初封和硕公主，因伺候患病皇父，"公主视膳问安，晨昏不辍，四十余日，未尝少懈"，皇父病愈后晋封她为固伦公主。明公主最高寿者如朱元璋第十四女享年83岁（《万历野获编》卷三），清公主最短寿者如康熙帝第十八女生寻殇。

公主一生，大事太多。本讲以公主的出生、待遇和出嫁为例，来看金枝玉叶所享受的富贵人生。

出生 清宫生育习俗，公主出生前后，**一是刨喜坑**（埋胎盘），由钦天监选屋内或院内某处，择吉日由太监刨坑，姥姥两名念吉歌，放上筷子（取快生子之意）和金银八宝等。**二是备衣物**，备好小孩用的衣服、被褥和木槽木碗、小木刀、易产石、大楞蒸刀等。**三是选乳保**，就是选定乳母和保姆。**四是开福口**，孩子生下后，用"福寿丹"开口，期待一生福寿双全。**五是做洗三**，小儿出生第三天，皇帝穿吉服告闻于奉先殿。**六是升摇篮**，公主出生第九天，在摇篮上贴福字，念喜歌，升摇

公主终生衣食无忧，不必为子女抚养承担经济压力，图为清宫部分儿童玩具

篮。**七是过满月**，剪胎发，命名字。明帝穿常服，御乾清宫，皇后率生皇女的妃嫔，朝见行礼。保姆抱皇女到殿，授予皇后，皇帝降座，执皇女右手，宣赐名字，还授保姆。(《大明会典》卷四十九) **八是过百禄**（百天），做小宴，祝百岁。**九是满周岁**，宫中各主位、公主等均有赏赐。**十是入宗谱**，皇子、公主出生的年、月、日、时，其生母的名位、姓氏，宫殿监及时登记、具奏，经内务府转宗人府，载入《玉牒》。

待遇 公主享受特殊待遇，终生没有衣食之忧。婚前，每日一两五钱重羊油蜡3支，一两五钱重白蜡1支，羊油蜡1支，红箩炭冬例5斤，黑炭冬例25斤。固伦公主位下太监15名，和硕公主位下太监13名，还有乳母、保姆、宫女若干名。婚后，清在京居住公主俸银，固伦公主400两、额驸300两，和硕公主300两、额驸250两。(《光绪朝大清会典事例》卷二百四十八) 公主园地360亩。

出嫁 公主出嫁叫下嫁。公主下嫁同民间一样，也是"六礼"，即纳采（提亲）、问名（生辰）、纳吉（订婚）、纳征（彩礼）、告期（婚期）、迎娶（大礼）。这里介绍选婿、定亲、成婚和回门四项礼仪。

选婿 明初驸马多选"开国功臣，因结肺腑"，后期常选庶民子弟才优貌美者，如万历帝长女荣昌公主选状元门第杨春元为驸马。戏曲、小说有在状元中选驸马的故事，如黄梅戏《女驸马》。清选蒙古额驸，由理藩院，转行外藩，咨取札萨克旗嫡亲王公子弟，查明三代履历、本身官衔、生辰、姓氏、嫡庶所出，造册报府，先缮黄单，奏请引见。

定亲 到午门，进一九礼（马八匹、骆驼一头），就是纳采。结婚日，额驸蟒服，到乾清门东阶下，北面跪。襄事大臣宣制："以某公主择配某额驸。"受命，谢恩，退下。(《清史稿·礼志》卷八十九) 次日，燕飨，额驸率族中人朝服谒皇太后宫，礼毕，集保和殿。帝升座，额驸等三跪九拜。御筵，撤宴，谢恩，一跪三拜。出内右门外，三跪九拜，退。是日，额驸眷属到皇太后、皇后宫，筵宴如仪。迎娶前一日，内府官率銮仪校送妆奁到额驸府第，内管领命妇等前去铺陈。

迎娶 结婚日，清制额驸家备九九礼物，主要有马二九（十八匹），马鞍和甲胄各二九、闲马三九，并进宴九十席、羊九九、酒五九（罇），燕飨如初定礼。吉时一到，公主吉服到皇太后、帝后暨所生妃嫔前行礼后，内校抬着出后宫，仪仗具列，灯炬前引，到内左门。驸马乘辇到内左门降辇，驸马揭帘，公主升轿。驸马再拜，先出乘马还。公主卤簿仪仗后发，福晋、夫人、命妇乘舆陪从，到额驸第。驸马先候于门，公主轿至，驸马揭帘，公主降轿，同谒祠堂，后到寝室，驸马与公主相向再拜，进馔，合卺。明日见舅姑（公婆），公主行四拜礼，舅姑答二拜。"驸马见公主行两拜礼，公主作受。"（《明史·安磐传》卷一百九十二）

回门 成婚后九日，回宫谢恩。公主入宫行礼，额驸在慈宁门外、乾清门外、内右门外行礼，不能进入后宫。

二 明 朝 公 主

明朝皇帝有85位公主（兴宗和睿宗之女未计）。这些公主，成人下嫁者50人。公主记载，史料很少，我讲五位明朝公主及其驸马的事迹。

宁国公主 明太祖女，马皇后生。洪武十一年（1378年）下嫁梅殷。殷，天性恭谨，精通经史，有谋略，长弓马。殷曾受密命，辅皇太孙建文帝。及燕师南逼，建文帝命梅殷任总兵官镇守淮安。燕王知梅殷军威势强，不便硬攻，便遣使以进香为名，假道于殷。殷答："进香，皇考有禁，不遵者为不孝。"燕王大怒，命割梅殷使者耳鼻纵之，附书回曰："留汝口为殿下言君臣大义。"永乐帝即位，殷仍拥兵淮上。永乐帝迫公主啮指血为书投殷。殷得书恸哭，乃还南京。既入见，永乐帝迎劳曰："驸马劳苦。"殷曰："劳而无功，徒自愧耳！"永乐帝衔之，尝夜遣小太监潜入殷府。殷察觉，愈隐怒。

永乐二年（1404年），都御史陈瑛奏梅殷招纳亡命，与女秀才刘氏朋邪诅咒。永乐帝命执梅殷家人送往辽东。明年冬，驸马梅殷入早朝，都督谭深、锦衣卫指挥赵曦，挤殷于笪（dá）桥（南京夫子庙附近）下淹死，以殷自投水奏闻。都督同知许成揭发其事。永乐帝罪深、曦。二人对曰："此上命也，奈何杀臣！"永乐帝大怒，立命力士持金瓜（zhǎo），敲落二

驸马梅殷在南京遇害，宁国公主寡居30年，图为南京明故宫玉带桥

人牙齿，断二人手足，然后斩之，剖其肠祭驸马梅殷。公主惊闻驸马死，牵永乐帝衣大哭，问："驸马安在？"永乐帝笑道："毋自苦，公主谨护二子。"乃官其两个儿子。(《明史纪事本末》卷十八) 赐公主书说："驸马殷虽有过失，兄以至亲不问。比闻溺死，兄甚疑之。谋害之人置重法，特报妹知之。"宁国公主寡居30年，于宣德九年（1434年）薨，年七十一。(《明史·公主传》卷一百二十一)

重庆公主 正统帝第八女，与成化帝同母。天顺五年（1461年）下嫁周景。景，河南安阳人，好学习，长书法。正统帝很喜爱他。成化帝立，命掌宗人府事。周景居官廉慎，诗书之外，别无所好。公主事奉公婆甚孝，衣履多手制，岁时拜谒，如家人礼。周景每逢早朝，公主必亲起视饮食。公主之贤，近世未有。弘治八年（1495年），周景卒。又四年，公主薨，54岁。(《明史·重庆公主传》卷一百二十一)

永宁公主 万历十年（1582年），万历帝之妹永宁公主选京师豪富子弟梁邦瑞为驸马。这个人又病又瘦，人们都说活不几天。大太监冯保受数万金贿赂，张居正也力主成婚。公主合卺之时，驸马"鼻血双下，

沾湿袍袂，几不成礼"。宫监则道喜，称挂红吉兆。刚满月，遂不起，不久死。公主寡居数年而死，竟不识人间房帏事。（《万历野获编》卷五）

寿宁公主 母郑贵妃，为万历帝爱女，下嫁冉兴让。命五日一来朝。① 公主下嫁，例遣老宫人掌公主阁中事，名为管家婆，驸马、公主一举一动，每受限制。公主、驸马要捐数万金，贿赂管家婆，始得伉俪同房。万历四十年（1612年）秋一个月夜，寿宁公主宣驸马到自己卧室，而管家婆名梁盈女，正与"相好"太监赵进朝酣饮，未及禀白，盈女大怒，乘醉捶打冉驸马，并驱之屋外。公主劝解，又加唾骂。公主悲愤，辱不欲生。第二天早晨，公主奔诉于母亲郑贵妃，但盈女已"恶人先告状"，添油加醋。母妃大怒，拒见公主。冉驸马具疏入朝，奏昨晚酣饮宦官事，但在朝廷遭到太监赵进朝党羽数十人的殴打，"衣冠破坏，血肉狼藉"。冉驸马蓬头光脚，回到府第，正欲再疏，圣旨已下，严厉诘责，送国学反省三个月。公主含泪忍辱独还。而对其管家婆的处理，仅回宫另行安排差使。（《万历野获编》卷五）

享受家庭的温馨欢乐，对寿宁公主是一种奢望，此为明代《婴戏图》

---

① 《明史·公主传》作寿宁公主，《万历野获编》作寿阳公主，从前者。

乐安公主 明泰昌帝女，下嫁巩永固。永固，宛平（今北京市）人，好读书，负才气。崇祯十六年（1643年）二月，崇祯帝召公、侯、伯于德政殿，言："祖制，勋臣驸马入监读书，习武经、弓马。诸臣各有子弟否？"永固独上疏，请肄业太学。帝褒答之。崇祯十七年（1644年）春，李自成破大同、宣府。及事急，崇祯帝密召永固及新乐侯刘文炳护行。二人叩头言："亲臣不藏甲，臣等难以空手搏贼。"皆相向涕泣。十九日，都城陷。时公主已薨，未葬，永固以黄绳缚子女五人系灵柩旁，举剑自刎，阖室自焚死。（《明史·乐安公主传》卷一百二十一）

三 恪靖公主

清朝公主下嫁，必说满蒙联姻。清满蒙联姻近300年，嫁给蒙古王公的公主、格格达432人，所娶蒙古王公之女也有163人。（杜家骥《清朝满蒙联姻研究》）据统计，在下嫁蒙古的61位公主中，仅嫁给外藩蒙古博尔济吉特氏的就有31位之多，约占其半。康熙帝8位有封号的公主中，有6位下嫁蒙古额驸。清朝82位公主，平均年龄23.1岁，其成人出嫁45人，平均年龄38.8岁。我介绍下嫁蒙古喀尔喀部的恪靖公主。

恪靖公主，康熙十八年（1679年）生，贵人郭络罗氏所出，自幼由姨妈、康熙帝宜妃抚养，为康熙帝20位女儿中的第六女，排行第四，称四公主，是清朝第一位远嫁喀尔喀蒙古（今外蒙古）的公主。[①]

选婿 恪靖公主额驸是皇父康熙帝亲选，又经皇太后懿准的。时喀尔喀蒙古三部以土谢图汗部为首，内则哲布尊丹巴住锡库伦（乌兰巴托），外则邻接俄罗斯，"形势特要，号称雄剧"。（《清史稿·藩部四》卷五百

[①] 康熙帝20女，平均寿龄16.75岁。成人下嫁者中，享年最高为四公主57岁，享年最小为十公主19岁，平均寿龄为37.75岁。成人下嫁者8人，其中下嫁内蒙古者4人、外蒙古者2人。皇六女（四公主）下嫁喀尔喀蒙古敦多布多尔济亲王对漠北蒙古的稳定，皇十女赠固伦纯悫公主下嫁喀尔喀蒙古策棱（又作凌、淩、麟）亲王对漠西蒙古的稳定，有着重大的历史作用。

二十一）因此，康熙帝非常重视与土谢图汗部的关系。康熙三十年（1691年）多伦诺尔（今多伦）会盟，封土谢图汗察珲多尔济之子噶勒丹多尔济为多罗郡王。察珲多尔济亲弟为哲布尊丹巴。以此次会盟为标志，喀尔喀蒙古正式列入清朝版图。次年噶勒丹多尔济卒，命其长子敦多布多尔济承袭扎萨克郡王。这一年，康熙帝见到了这位16岁的扎萨克郡王，并在心里定下时年13岁的四公主和这位郡王的婚事。

下嫁 康熙三十六年（1697年）十一月，19岁的恪靖公主在北京下嫁22岁的扎萨克郡王敦多布多尔济。嫁妆中包括：哈达100条、周绸手帕30条、蜀锦手帕40条、白翠蓝布手帕80条、粉100盒、胭脂200帖、象牙梳10把、黄杨木梳75把、篦子20把、毛掸20把、牙刷20把、胭脂刷8把。其程序有初定、成婚、回门三个礼仪步骤。公主初定、成婚，设宴两次，均在保和殿，殿外鼓乐齐鸣，殿内王公齐集。成婚礼毕，公主及额驸在午门外行礼，婚后第九日回门谢恩。赐公主以珠宝、金银、器皿、袍服、绸缎、布匹及牲畜、粮庄等项。公主和额驸均岁支银米。

生女 恪靖公主下嫁敦多布多尔济，时值隆冬，不宜北行，没有即赴漠北，待来春起行。然而，来春公主怀有身孕，难以成行。恪靖公主于康熙三十七年（1698年）八月二十一日生下一女。宫里送来礼物，有洗三时用的浴盆，盆内有金元宝2颗、银元宝4颗。第七日开始升摇篮，送往装饰摇篮1个，各样绸缎小衣服、被褥等共600套，牛2头，羊20只，鹅20只，鸡40只。满月礼有各带两颗小珍珠的耳坠3对、小金镯1对、装饰手帕1条、缎袍褂2袭、靴袜各1双、绸缎20匹、里子布20匹、银200两。恪靖公主在孕期和产期都居住在京城。

远行 康熙三十九年（1700年），敦多布多尔济郡王晋升和硕亲王，并承袭土谢图汗位。公主随夫，回喀尔喀，前往大漠，势在必行。随行携带物资，照康熙帝谕旨，仅带随身用品，其余物品待来年送往。公主所用物件，除宫中所派官车外，由张家口商人出车八辆运送杂物，并带羊只准备在路上食用。往返估计需时100天。一切准备妥当后，康熙三十九年（1700年）冬，恪靖公主与额驸北上喀尔喀蒙古地方。

返京 恪靖公主于到达喀尔喀蒙古的第二年春，就踏上了返京的路途。内务府从康熙四十年（1701年）二月底，就开始筹办恪靖公主归途所需米面等物。所要带往的物品有猪、精米、麦面、小米、杂面、淀粉、炒面、芝麻、茶叶、咸菜、食盐、干果、蜂蜜、糖等，足够60日之用。恪靖公主于是年五月初八日入张家口，不久行抵京城。到京后，住下来。但下嫁蒙古公主长住京城，显然不合礼制。康熙命在北京和喀尔喀之间的归化城（呼和浩特）修建公主府。

建府 康熙帝早在第二次亲征噶尔丹时，曾驻跸归化城，有诗为证。[①] 建府经过选址、备料、兴工三个阶段。康熙四十二年（1703年），经勘查选定府址，北依䬾（ēng，当地音 ēn）衮岭（今蜈蚣坝），左右两河环抱，南望归化城，民间誉其地为"二龙戏珠"。史称："后枕青山，前临碧水，建筑与风景之佳为一方冠。"（《绥远通志稿》）在今内蒙古呼和浩特市新城区通道北路。康熙四十三年（1704年）初，康熙帝命内务府大臣等会同归化城都统扎拉克图等，就伐木、备料、工匠等事宜会议，所议结果是：伐木、烧砖、石灰、采石等工匠，及建房所用一应物件，都由当地解决，宫里派内务府官员前去指挥协调。四十四年（1705年）春开工建府，九月基本完工。

公主府总占地六百余亩，现存主体建筑占地近二十亩，府邸建筑布局为中轴对称，四进院落，前府后园，外为青砖磨面围墙。前有影壁，长24米，高4.3米，须弥座高1.15米，座上凸起四十八根立柱，喻蒙古四十八旗共扶清朝。府门3间、仪门3间。迎面是正堂"静宜堂"，前后出廊，悬康熙帝御笔"静宜堂"匾额。堂后为寝殿。殿后为罩房15间。最后为花园。另拨48375亩胭脂地（公主养赡）。公主府由皇家御赐督造，依朝廷工部大式营建。这座建于300多年前的恪靖公主府，其影壁、府门、仪门、静宜堂、寝殿、罩房、配殿及院落围墙等主要建筑，至今基本完好。恪靖公主府是全国唯一保存最为完整的公主府邸，现为呼和浩特市博物馆。

[①] 康熙三十五年（1696年），康熙帝二征噶尔丹，作诗《驻跸归化城》，诗曰："一片孤城古塞西，霜寒木落驻旌霓。恩施域外心无倦，威慑荒遐化欲齐。归戍健儿欣日暇，放闲战马就风嘶。五原旧是烽烟地，亭障安恬静鼓鼙。"

远嫁喀尔喀蒙古的恪靖公主，完成了重要的政治联姻，图为恪靖公主府

入府 恪靖公主府竣工后，据蒙古卜卦，明年系戌年（狗年），忌迁，本年迁居之事，谨请皇父训示。康熙帝随即降旨：甚好。著迁。其在喀尔喀地方的人畜，仍留原处。随后钦天监择定并谕准于是年十一月初三日辰刻，宜于恪靖公主启程。

此次公主迁往府邸，计在途20日，拨给羊40只、牛3头，米面、果品、菜蔬等项，计其足敷运往。沏茶之奶，食用乳猪、鹅等项，由礼部派官备办。其沉重物件，寒冬不宜携带，来春再行带往。带往81人、车60辆、马100匹、大柜4对、小柜8对、皮箱50个等，沉重物品则于第二年春运往公主府。有大小箱柜，又有桌椅、围屏、蒙古包、帐房、床、鞍、瓷器等物，随往的还有34户人。第二次运送的物品及人口，共用240辆车，兵部还派官兵21名护送。这一年，公主27岁。

会亲 从康熙四十六年（1707年）到五十三年（1714年）的七年间，值康熙帝巡幸塞外，恪靖公主先后5次见到康熙帝。康熙四十六年（1707年），康熙帝由避暑山庄西行，到今呼和浩特，看望公主与额驸。

其行程，从北京到热河行宫七日程，从热河行宫到恪靖公主府八日程，马不停蹄，需十五日。恪靖公主偕额驸出迎康熙帝到公主府，驻跸两日，(《清圣祖实录》卷二百三十) 畅叙父女久别之情。这是康熙帝唯一一次驾临恪靖公主府，父女在公主府见面。① 康熙帝还带来了皇太子允礽、皇长子允禔、皇十三子允祥、皇十五子允禑（wú，古同"禑"）、皇十六子允禄、皇十七子允礼和皇十八子允祄（xiè）等随驾，公主府充满了天伦之乐。

逝世 雍正帝即位后，封和硕恪靖公主为固伦公主，赐以金册，原件现藏蒙古国乌兰巴托国家博物馆。封和硕额驸为固伦额驸。雍正三年（1725年）十一月，固伦恪靖公主单独来京请安，额驸则于十月、十二月两次来京。雍正十三年（1735年）三月初九日，恪靖公主在其生活了30年的公主府去世，享年57岁。额驸时在多伦诺尔陪护其侧福晋所生之子二世哲布尊丹巴②，得到恪靖公主去世噩耗，回抵公主府。奏请恪靖

恪靖公主后被封为固伦公主，在公主府生活了30年，图为恪靖公主金册

---

① 康熙帝此行，于康熙四十六年（1707年）七月二十五、二十六日，驻跸皇六女（四公主）和硕恪靖公主第。八月初二日，驻跸皇三女和硕荣宪公主第。同日，到固伦淑慧公主墓前奠酒。公主为皇太极皇五女，孝庄太后所出，顺治帝之姐。九月二十四日，又驻跸和硕荣宪公主第。十月初四日，驻跸皇五女端静公主第。十月二十日，回宫。
② 雍正元年（1723年），哲布尊丹巴呼图克图一世在北京圆寂，遂定和硕亲王敦多布多尔济幼子为转世灵童，雍正六年（1728年），五岁的二世哲布尊丹巴受戒，次年在库伦（今乌兰巴托）升活佛宝座。雍正十年（1732年），拨银十万两，在漠北建庆宁寺。

公主灵柩安放地点，并处理恪靖公主身后在归化城的人口、房屋、田产等，最后留恪靖公主所生之子根扎布多尔济及其所娶康熙帝第三子诚亲王允祉之女和硕格格仍住在公主府，于乾隆元年（1736年）五月二十一日，启程护送公主灵柩北行。后交由喀尔喀众人继续护送，到库伦地方肯特山土谢图汗家族墓地安葬。额驸敦多布多尔济于其故后第九年即乾隆八年（1743年）去世，68岁。[①]

皇家公主金枝玉叶，一直被人们所羡慕。现在独生子女多，流传一种说法：女儿要富贵养，把女儿当成金枝玉叶。其实公主既享受常人享受不到的富贵，也承受常人所不用承受的礼法约束。特别是在宫里娇生惯养的公主，一旦嫁为人妇，要面对反差巨大的生活环境和身份转换，很难享受到常人的天伦之乐，更要听任朝廷动荡的命运摆布。

[①] 敦多布多尔济的卒年，《玉牒》和《清皇室四谱》均作"雍正八年闰四月卒"，本文取郭美兰研究员"乾隆八年（1743年）闰四月初五日去世"说。

第五十二讲 宫廷太监

在人群中，太监群体和其他群体一样，既有贤者，也有小人。贤者千人嫌少，小人一人显多。多包容，多积善，亲君子，远小人。

第五十二讲　宫廷太监

宫中的仆役主要有两种人：一种是宫女，一种是太监。太监在宫内外，居住分散，条件简陋。如果有幸被分配到各宫侍奉帝后、妃嫔等，地位和待遇就好一些。

一 太监群像

太监是什么样子？大家可能没有见过。上世纪50年代，我在北京北长街会计司胡同一个四合院里，见过离开故宫在这里养老的二三十位太监。他们身躯弯曲，没有胡须，说话尖嗓，像老太婆。大家从清末民初照片上看到的太监，都是平面的形象。故宫博物院收藏有两件彩塑太监像，可以看到太监的立体形象。一件是明太监塑像。它原摆放在北京房山区上方山兜率寺①的观音殿里。这位太监头戴乌漆纱帽，身着大红织锦蟒衣，腰围方玉牌朝带，左裾间垂下流苏绦带，右手腕套有念珠一串，

明万历年间的太监冯保曾显赫一时，这尊塑像（左）据说以他为原型塑造

清朝鉴于明朝教训，严令太监干政，图为清宫旧藏太监塑像（右）

---

① 上方山兜率寺初建于隋，这里还有寺庙及遗址七十多处，并有古塔五十余座。山岩之上，从金代起就凿出262级台阶的古云梯，耸入云端，可达山顶。

双手合十，是一副饱经风霜的神态。有学者认为这是以明朝万历年间司礼监掌印太监冯保为原型塑造的。另一件是清太监塑像。这座清宫旧藏太监塑像，头戴黑绒宽檐、顶缀红缨冬冠，瘪嘴无须，面带皱纹，强作笑容，头部前倾，瘦脖微弯，含胸腆肚，躬背哈腰，身穿马蹄袖长袍，外套石青色补服，胸挂青玉朝珠，脚穿青棉白底皂靴，手握拐杖，双拳曲缩，形象生动，惟妙惟肖，表现出一位有品级又谙于世故的老太监的形象。① 这两件太监塑像是明清宫廷太监特殊群体的形象展现。乾隆帝说，太监是"乡野愚民，至微极贱，得入宫闱，叨赐品秩，已属非分隆恩"。（《现行宫中则例》卷一）太监也是人，但被帝王看作是卑微下贱之人。

太监是受过阉割而在宫廷里侍奉帝王及其家庭成员的男仆，最早记载见于《周礼·天官》，被称作"奄人"，已有两千多年。在历史上，太监也叫宦官、寺人、阉人、中官、内官、内监、内侍、火者、奄儿等，明清则常叫宦官、太监。太监地位卑微、身体残疾，又身处宫廷、靠近皇权，形成一个特殊的群体。

太监这个特殊群体，身上总带着两样东西：一是大毛巾，一是厚护膝。在《宫女谈往录》里荣儿回忆说：可怜的老太监，已经过了五月节了，上身已经穿得很单薄了，可下身还是鼓鼓囊囊的。据说他们因为生理上的缺陷，多有淋尿的病，腰里不论冬夏，都要围着大毛巾（古代尿不湿），越到年老越厉害。膝盖上的护膝，常年缝在裤筒里，到了夏天显露得最清楚了。他们随时随地都有可能跪在地下——不论在什么地方，假山上，石路边，该跪一定要跪，丝毫不能犹豫，所以裤筒里常年缝着护膝。大太监的护膝，用珍贵皮子做成，李连英就用金丝猴皮做护膝。

明朝太监人数，据康熙帝听故明老太监说：内监至十万人，饭食不能遍及，日有饿死者。（《清圣祖实录》卷二百四十）这个数字可能夸大，实际数字仍相当惊人。如正德十一年（1516年），一次收"自宫男子三千四百六十八人充海户"（《明武宗实录》卷一百三十七）。还有数千人已经自宫，因没有"票帖"未被录取，而到礼部请愿。天启元年（1621年），诏选净

---

① 彩塑太监像暨说明，见《清宫生活图典》，紫禁城出版社，2007年。

身男子三千人入宫，民间求选者达二万余人，命再收一千五百人。(《明熹宗实录》卷五) 明宫太监人数，缺乏准确资料。有学者统计，明万历朝四次选入太监13320人，天启朝选入太监7200名，两朝共选入太监20520人。这确是一个庞大的数字。清宫太监比明宫少，约在两三千人之数。

明宫内府二十四衙门，包括：十二监——司礼监，御用监，内官监，御马监，司设监，尚宝监，神宫监，尚膳监，尚衣监，印绶监，直殿监，都知监；四司——惜薪司，宝钞司，钟鼓司，混堂司；八局——兵仗局，巾帽局，针工局，内织染局，酒醋面局，司苑局，浣衣局，银作局。(《酌中志》卷十六) 如司礼监，设提督太监（大总管），掌印太监（内外章奏），秉笔太监（照内阁票拟批朱），随堂太监（管章奏文书）和典簿太监（文书保管收发）等。清朝吸取明朝教训，对太监限制较严。乾隆帝奏事太监曾用秦、赵、高三姓，以此自儆秦朝赵高之祸。(《清稗类钞·高宗选秦赵高三姓为太监》) 清末虽出现跋扈太监安得海、李连英，但较东汉、晚唐和明朝，可谓"小巫见大巫"，其权势和气焰差了很多。

清顺治十二年（1655年），命工部铸铁牌，书皇帝敕谕："朕今裁定内官衙门及员数职掌，法制甚明。以后但有犯法干政，窃权纳贿，嘱托内外衙门，交接满、汉官员，

清朝太监的权势比明朝弱得多，交泰殿内的铁牌警示着太监不得干政

越分擅奏外事，上言官吏贤否者，即行凌迟处死，定不姑贷。特立铁牌，世世遵守。"(《清世祖实录》卷九十二）铁牌立于交泰殿内，警示后宫太监不得干预朝政。

康熙十六年（1677年），设"宫殿监办事处"，又名"敬事房"。这是清代自康熙朝以后唯一的宦官机构，管理皇帝、后妃、皇子、公主的生活，负责宫内陈设、打扫、守卫，传奉谕旨，办理与内务府各衙门的往来文件等事。康熙帝亲书"敬事房"匾挂在房内。敬事房在乾清门东侧，与南书房对应。

敬事房为康熙朝后唯一的宦官机构，图为慈禧太后钤印的匾额

太监的品级，康熙六十一年（1722年）定敬事房大总管为五品，清朝授太监职衔从此开始。雍正元年（1723年），定敬事房大总管为四品。这是清宫太监最高的职衔。他们每月能得到银八两，米八斛（清制一斛为五斗）。而刚入宫的小太监，每月也领银二两，米一斛半。(《钦定宫中现行则例》）他们的年薪超过了七品知县，还能得到各种名义的赏赐。他们虽然社会地位低下，但是待遇优厚，权力也大。太监是个群体，自然有奸佞，也有贤良。下面先讲太监之奸佞。

二　太监之奸

中国历史上太监擅权乱政，东汉、晚唐和明代是三个高峰期。

东汉从和帝刘肇（9岁继位）到灵帝刘宏（12岁继位），连续八位幼帝。他们继位时平均年龄为8.6岁，平均寿龄21岁，靠外戚辅政；待皇帝成年，不堪外戚专权，依靠太监势力，除掉外戚，却走向另一端——太监专权，掌控朝政，甚至出现大太监孙程杀死外戚，废掉少帝，而改立刘保为顺帝的现象。

晚唐宦官掌握军队，控制皇帝立废，甚至杀死皇帝。从宪宗李纯到昭宗李晔，先后九帝，全由宦官掌控皇帝立废——或被杀死，或被废黜，或被拥立，或被软禁。如被宦官拥立的唐懿宗李漼（cuǐ）死后，宦官伪造诏书，立其12岁的儿子李儇（xuān）为帝，而先把李儇的哥哥全部杀死，李儇就成为宦官手中的玩偶。

明朝自永乐以后，宦官权力时高时涨，王振、刘瑾、魏忠贤等太监乱政，并结成阉党。明代太监之祸，实则官宦结合。魏忠贤不过一人，而外廷诸臣附之，官宦勾连，结成阉党，遗孽余烬，终以覆国。（《明史·阉党传》卷三百六）下面我介绍几个不肖的太监。

李广，为明弘治帝的大太监。这个弘治帝就是儿时拖着长头发见皇父的那位小皇子。李广既有权势又作恶多端，以炼丹符水的邪门左道之术，深得弘治帝的宠信。有个富豪子弟袁相，异想天开，要做驸马，贿赂李广，事竟办成。婚期快到，舆论沸腾，言官弹奏，皇帝大怒。谕旨：袁相黜回，驸马别选。皇家撕毁婚约，传为天下笑谈。李广靠工程、节庆、纳贿来敛财。他负责元宵节烟火等项目，花费白银百余万两，从中贪污。他接收四方官员贿赂，构建豪宅，花园里面，引玉泉山水，前后环绕，犯僭越之罪。言官叶绅，江苏吴江（今苏州）人，成化进士，专劾李广八大罪。"帝曰：姑置之。"（《明史·叶绅传》卷一百八十）没有扳倒李广。

事有巧合，恶有恶报。李广在万岁山建毓秀亭。亭成，幼公主夭殇，接着清宁宫火灾。言官借机弹劾李广。太皇太后也说："今日李广，明日李广，果然祸及矣！"李广害怕，饮鸩自杀。李广死后，弘治帝疑其家里有异书，派太监前去搜索，搜出一本账簿，记载众多文武大臣姓名和馈送黄米、白米各千百石。弘治帝惊问："广食几何，乃受米如许？"还有一说："朕曾去过广宅，岂能容纳如此多的黄米、白米！"左右的人回答："隐语耳，黄者金，白者银也。"黄米指黄金，白米指白银，怕暴露出受贿实情，用隐语来记载。（《明史·李广传》卷三百四）

苏培盛，违反宫礼的事，要从明朝说起。明朝万历以后，宫中"对食""菜户"屡见不鲜。花前月下，彼此誓盟，唱随往还，如同夫妇。有的宫女，喜新厌旧，移情他监，吃醋太监，出宫为僧，一去不返。（《万

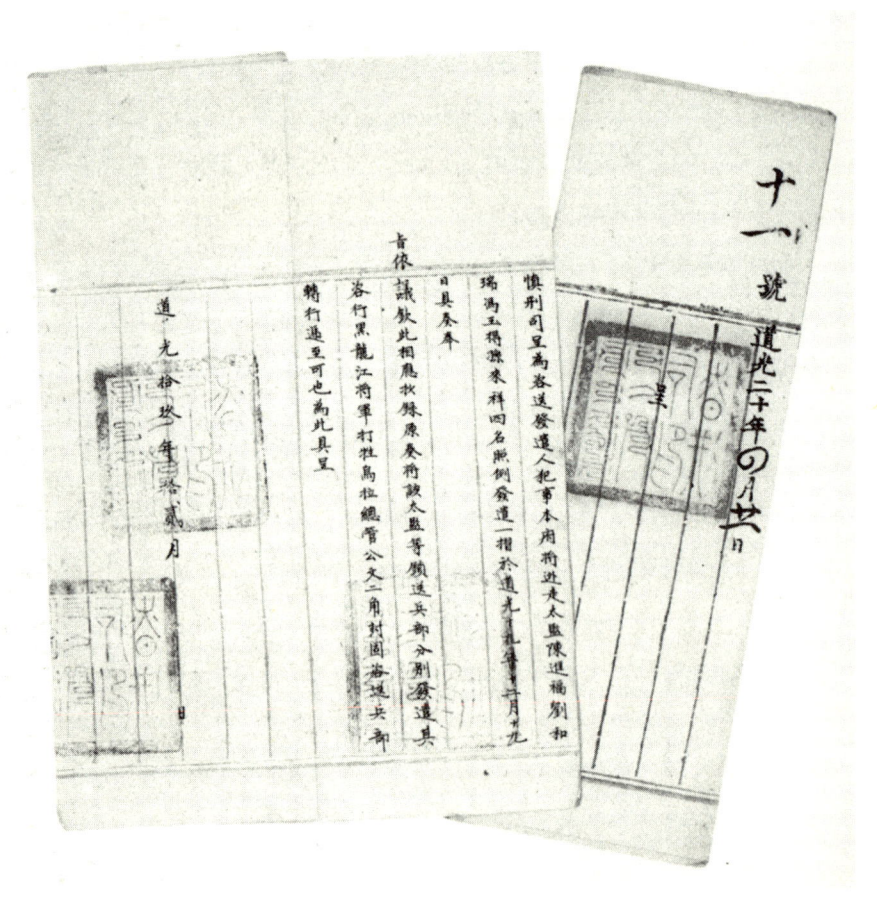

清朝对太监严加限制，御前红人也不敢恣意妄为。图为清宫处罚太监档案

历野获编》卷六）清初严防内监与宫女交接，宫规：不许太监与宫女认作亲戚，不许太监与宫女嬉笑喧哗，不许太监与宫女争路抢行。乾隆以后，宫禁逐渐松弛，明宫旧疾复发。出现太监与宫女认亲戚、拜姊妹的现象。（《钦定宫中现行则例》）太监苏培盛是雍正帝御前红人，乾隆帝刚一继位，便下谕指责他：总管太监与宫中嬷嬷通好，向日于朕弟兄前或半跪请安，或执手问询，甚至与总管内务府事务庄亲王并坐接谈，毫无礼节。又在九州清晏公然与皇子等并坐而食。设总管太监等自行见阿哥等，必当拜跪请安，阿哥等赐坐，必当席地而坐。即内宫之宫眷，虽答应之微，尔总管不可不跪拜也。（清雍正十三年十一月《谕旨》）苏培盛显然忘记了那句民谚："一岁主，百岁奴。"他遭到乾隆帝的严厉申斥。

太监是皇帝身边的人，虽不干政务，但不能得罪。讲两个故事。

广兴，满洲镶黄旗人，大学士高晋第十二子。少聪敏，熟案牍，背诵卷宗如瓶泻水，不余一字。官刑部侍郎，兼总管内务府大臣。太监鄂罗哩，自乾隆中充近侍，年七十余，以长者自居，在朝廊与广兴坐着说话。广兴艴（fú，不高兴）然道："汝辈阉人，当敬谨侍立，安得与大臣论世谊乎？"鄂罗哩对广兴恨之入骨，要想法报复。一次内库给宫中绸缎数量不够，质量也差，鄂罗哩奏责在广兴。嘉庆帝命传谕责问广兴，但广兴不知道是谕旨，有所辩白。鄂罗哩入奏广兴坐听宣旨。嘉庆帝怒，面诘广兴。广兴申辩，指责太监。嘉庆帝以其不能指实，命免职家居。这时与广兴不和官员，蜂起攻广兴，下狱议绞。嘉庆帝益怒，将广兴处绞，籍其家产，子戍吉林。（《清仁宗实录》卷二百零六）

戴熙，浙江钱塘人。道光进士，官兵部侍郎，侍直南书房。戴熙字写得好，尤擅长作画。要视学广东，陛辞，谕曰："古人之作画，须行万里路。此行遍历山川，画当益进。"（《清史稿·戴熙传》卷三百九十九）戴熙在南书房时，不善事太监，而吃了大亏。道光帝命戴熙写扇面，他写了一个异体字，道光帝令太监传旨让他改正。太监传旨时，不告诉原因，令他另写。戴熙又写一幅，而误字如故。道光帝览后，以为戴熙故意抗旨，就罢了他的官。（《清稗类钞·戴文节不善事内监》）当然，太监也有贤者。

三 太监之贤

明太祖朱元璋定都南京，鉴于前代宦官之失，设置宦官不及百人。有规定：宦官不得兼外臣文武衔，不得御外臣冠服，不得官过四品。特镌铁牌，置于宫门："内臣不得干预政事，预者斩。"有老阉供事久，一日从容语及政事，帝大怒，即日斥还乡。但是，朱元璋也自违规定，有赵成者，洪武八年（1375年）以内侍使河州买马。燕王兵近南京，太监多逃入军中，报告朝廷虚实。燕王以为忠于己，而狗儿辈复以军功得幸，即位后遂多所委任。永乐元年（1403年），太监李兴奉敕前往慰劳暹罗（今泰国）国王。三年（1405年），派太监郑和率舟师下西洋。又命太监马靖镇甘肃，马骐镇交址（今越南）。明朝太监出使、专征、监军、分镇诸大权，多从永乐开始。太监识字从宣德开始。宣德帝设内书堂，选宫中十岁上下小太监二三百人，入内书堂读书，遂为定制。数传之后，势成积重，始于王振，终于魏忠贤。

一说到太监，印象都很坏。其实不然，太监也有贤者。明朝如郑和、侯显、怀恩、李芳、陈矩等，善良正直，做出贡献。

郑和，又称三保太监，郑和下西洋的故事，家喻户晓，妇孺皆知。历永乐、洪熙、宣德三朝，造宝船长四十四丈、宽十八丈，凡六十二艘，经三十余国（《明史·郑和传》卷三百四），是世界航海史上，也是中外文化交流史上的空前壮举。

侯显，为司礼监少监，奉命跋涉万里，到达乌斯藏（今西藏），回朝后，受永乐帝在南京奉天殿召见，并在南京灵谷寺举行盛大荐福礼仪。史称："显有才辨，强力敢任，五使绝域，劳绩与郑和亚。"（《明史·侯显传》卷三百四）侯显为明对西藏管辖，也为汉藏、儒佛文化交流做出贡献。

怀恩，山东高密人，父官太仆寺卿，因罪牵连被抄家。恩年幼被宫为小太监，赐名怀恩。身遭阉割，还要"怀恩"！成化帝时，掌司礼监。时大太监汪直督理西厂。恩班在前，性格忠鲠，无所阻挠，诸阉敬惮。

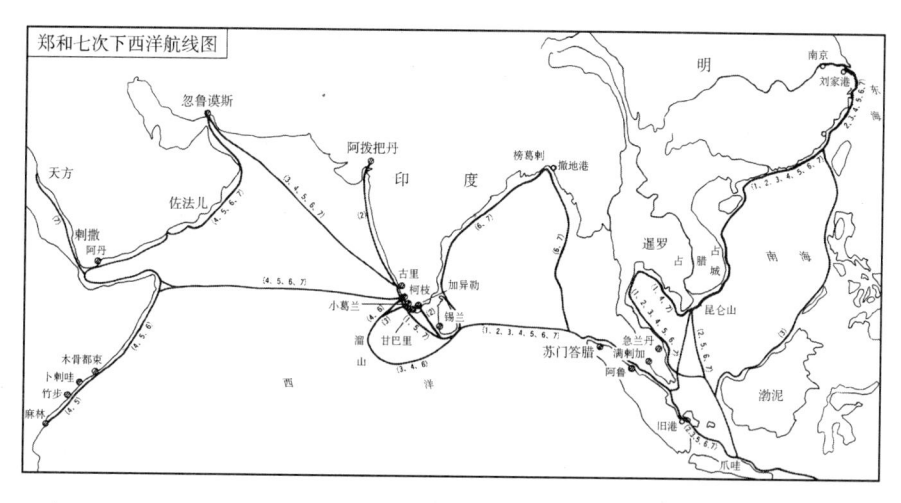

郑和七下西洋，是世界航海史和中外文化交流史的空前壮举，此为其航线示意图

怀恩有四件事令人感动。第一件，员外郎林俊疏劾太监，被下诏狱，帝欲诛之。怀恩在帝前，据理力劝。成化帝大怒，抓起砚台，投向怀恩，说：你助林俊谤讪我！怀恩免冠，伏地号哭。成化帝呵他出去。怀恩回宫里后，称病不起。成化帝气儿消了，遣御医去看怀恩，命将林俊释放。第二件，一次，遇到星变，罢诸传奉太监。御马监太监王敏，请保留马房的传奉太监，成化帝应允。王敏谒见怀恩，恩大骂道："星变，专为我曹坏国政故。今甫欲正之，又为汝坏，天雷击汝矣！"王敏愧恨，不久即死。第三件，章瑾馈送宝石，请求为锦衣卫镇抚，怀恩拒收，说："镇抚掌诏狱，奈何以贿进！"第四件，尚书王恕以直谏名，恩每叹曰："天下忠义，斯人而已。"成化帝末，惑万贵妃言，欲易太子，恩固争。帝不怿，斥居凤阳。弘治帝立，召归，仍掌司礼监，力劝帝逐奸臣，用王恕。王恕任吏部尚书，后无疾而终，享年九十三岁。史称："恕扬历中外四十余年，刚正清严，始终一致。"（《明史·王恕传》卷一百八十二）一时正人汇进，怀恩之力多也。（《明史·怀恩传》卷三百四）

李芳，隆庆时太监。先朝嘉靖修卢沟桥等工程，侵吞严重，又冒滥职衔者以百数。隆庆元年（1567年）二月，李芳奏劾，但同类嫉恨。时司礼监太监受宠，争作鳌山灯，奇技淫巧，引诱皇帝长夜游饮。李芳切谏，隆庆帝怒，先命芳闲住，继杖芳八十，下刑部狱待决。尚书毛恺等

太监接近最高权力中心,极易干预朝政,此为明代《宣宗行乐图》

申救。三个大太监糜费国帑,还在祭祀时戴进贤冠,爵赏辞谢与六卿同。言官弹劾,皆廷杖削籍。而芳独久系狱。(《明史·李芳传》卷三百五)

陈矩,安肃(今河北大名)人。万历中,为司礼秉笔太监,又提督东厂,为人平恕识大体。廷臣两派,都贿陈矩。陈矩正色拒之。万历帝欲杖建言参政姜士昌,以陈矩劝谏而止。云南民杀税监杨荣,万历帝欲尽捕乱者,也以陈矩言获免。明年奉诏虑囚,御史曹学程以阻封倭酋关白事,系狱且十年,法司请于陈矩求出,矩谢不敢。已而密白之,竟重释,余亦多所平反。又明年卒,赐祠额曰清忠。迨晚年,用事者寥寥,东厂狱中至生青草。帝常膳旧以司礼轮供,后司礼无人,乾清宫管事牌子常云独办,以故侦卒稀简,中外相安。(《明史·陈矩传》卷三百五)

此外,嘉庆初,有个宫殿监督领侍张进忠,好批小太监的嘴巴,外号"嘴巴张"。他秉性忠鲠,为人严厉,驭下整肃,品行端方,尝奏事内庭,嘉庆帝偶歪坐,张捧黄匣不入。嘉庆帝询之,张曰:"焉有万乘之主卧览天下奏章理也?"嘉庆帝立即正襟危坐。张太监捧疏入,嘉庆帝甚嘉之。(《啸亭杂录》卷七)

在人群中,太监群体和其他群体一样,既有贤者,也有小人。贤者千人嫌少,小人一人显多。多包容,多积善,亲君子,远小人。

第五十三讲 宫女闺怨

宫女的青春正如现代青少年中学和大学阶段，其美貌、智慧、灵巧和心血，都为帝后服务。想宽了如苏麻喇姑的嫔礼下葬结局，想窄了如五妞的投井自杀悲剧。所以，作为宫女的苏麻喇姑和五妞，既是宫女人生的两面镜子，也是普通人生的两面镜子。

第五十三讲　宫女闺怨

宫女，指在宫中供役使的女子。青春年华，锁禁深宫，不见父母，长夜孤灯，终年辛劳，身心双苦。先讲宫女制度，再讲宫女悲怨。①

一 宫 女 制 度

明清皇宫的女性，主要有四个群体：后妃，乳保，女官，宫女。后妃是皇帝的妻妾，前面已讲。乳保是乳母和保姆。乳母主要是给皇子和公主喂奶的，就是奶母；保姆是照看、抚育幼年皇子和公主的。女官做管理工作，宫女为后宫杂役。她们入宫不易，是经过挑选的。以上四种人，宫女数量，多得惊人。如唐朝，"唐太宗乃有唐令主，观其一次遣发宫人已及三千，则其余更有数千人可知"（《清圣祖实录》卷一百四十四）。唐开元年间，宫女多达四万。（《啸亭杂录》卷十）明朝宫女，康熙帝听故明老太监说：明季宫女至九千人，饭食不能遍及，日有饿死者。（《清圣祖实录》卷二百四十）明朝宫女数字，无法准确统计。如嘉靖朝，九次选入宫女三千

明宫廷画家绘《成化帝元宵行乐图》，表现明宪宗朱见深与宫中女子、儿童元宵节游乐场景

---

① 本节参考杨珍《康熙皇帝一家》（学苑出版社）和杨乃济《紫禁城行走漫笔》（紫禁城出版社），谨致敬谢。

余人。到隆庆元年（1567年），御史王得春、凌儒疏称："先帝选取宫人，所积不下数千余人。"结果，不报。(《明穆宗实录》卷九)到晚明，崇祯朝中书舍人陈龙正说："宫女动以千计，多或至万。"(《几亭全书》)她们从入宫到出宫，是怎样的情景呢？

挑选 明朝挑选宫女，在全天下范围。如洪武十四年（1381年），下令从苏州、松江、嘉兴、湖州等府及浙、赣两省，选民间13到19岁之间未婚的女子以备宫女，选30到40岁之间没有丈夫的妇女以充女官。清朝不同，规定："每三岁选八旗秀女，户部主之；每岁选内务府属旗秀女，内务府主之。"(《清史稿·后妃传》卷二百十四)这里需要区分：每三年一次八旗选的是秀女，主要为妃嫔、贵人等，有的也为宗室子弟选福晋；每年一次内务府属旗选的，官书也称秀女，实际是使女（后来也称宫女），她们主要从事服侍、洒扫、杂役等粗活。内务府包衣三旗，主要是清皇室的奴仆，或罪犯留在旗内的，其家属称"辛者库"，被认为是低贱的人。所以，八旗秀女和内务府三旗宫女，其政治地位和社会地位是不同的。《宫女谈往录》记载，女孩子长到十三四岁，内务府就要按册子送交宫里当差了，这是当奴才应当孝敬的差事。有的人家希望女孩子

宫女地位低下、时有自杀事件发生，图为清末待选入宫的女孩

出去见见世面：一来，每月能挣几两银子，家里又能按时按节得到赏钱；二来，女孩子学点规矩，在宫里调理出来的，图个好名声，借此往高枝上攀，找个好婆家；三来，真要是嫁个头等侍卫之类的，再有人一提拔，不几年也许就发迹了。

培训 秀女和宫女被选入宫后，要进行培训。宫女的培训内容：一是文化，每天以一小时写字及读书，次日有宫人考查；二是女红，教以刺绣等活计；三是洒扫等杂役活；四是教宫里的礼仪和规矩。不合格的出宫，依次递补。一年后，俊优者侍后妃起居，次者为尚衣、尚饰，再次者做杂役。各有所守，绝不紊乱。出宫之后，任择婚配。

《宫女谈往录》记载，当宫女的有句话："老太后好伺候，姑姑不好伺候。""姑姑"是新宫女对老宫女的称呼。专管新宫女的姑姑权很大，可以打，可以罚，可以认为你没出息，调（tiáo）不出来，打发你当杂役去。不过她们都是当差快满的人，急着要找替身，自己好回家，也尽心地教，还会替新宫女说几句好话，以便把自己替换下来。姑姑的火气非常大，动不动就拿新宫女出气，常常是不说明原因，就先打先罚。打还好忍受，痛一阵过去了。就怕罚，墙角边一跪，不一定跪到什么时候。小姐妹常常哀求："好姑姑，请你打我吧！"

出路 一是晋封主位。有的宫女，被皇帝看上，如明成化帝的纪妃（弘治帝生母）和万贵妃，隆庆帝的李妃（万历帝生母）等，都是宫女出身。清朝规定："宫女子侍上，自常在、答应，渐进至妃、嫔。"（《清史稿·后妃传》二百十四）二是获任宫廷女性管理人员的女官。三是年限满了，出宫嫁人。

惩罚 明朝宫中，体罚很多。有宫词云："十五青娥诵孝经，娇羞字句未分明，纤纤不忍教扳著，夜雨街头唱太平。"所谓"教扳著"，就是受罚宫女面北站立，弯腰伸手，自扳两脚，一弯一立，不停反复，头晕目眩，重者倒地。所谓"唱太平"，就是受罚宫女提着铃，每夜从乾清门到日精门、月华门，回到乾清宫前，高唱"天下太平"，声音缓而长，与铃声相应，徐行正步，风雨不避。（《天启宫词注》）再严重者，处以死刑。明嘉靖帝处死宫女杨金英等就是一例。

出宫 明朝没有宫女放出的规定，放出宫女，偶尔施行。成化帝即位，大学士李贤上言：天时未和，由阴气太盛，自宣德至天顺间，选取宫人太多，愁怨尤甚，宜皆放还。于是皇帝才放还一些宫女。自宣德元年（1426年）到天顺八年（1464年），已经38年，才放了这一次。宣德间进宫的宫女，如13岁，这时已年过半百了。

清朝宫女，可以出宫。出宫的宫女，有的是因到年龄，有的是因有病，有的是因笨拙，还有的是因犯错。乾隆帝尝选秀女，忽见地上出现粉印莲花，是因她的雕鞋底作莲花形，里面装粉，所以使地上莲花随步而生。乾隆帝怒，令内监驱逐其出宫。（《清稗类钞·宫闱篇》）又如档案记载：敬事房交出，储秀宫未满年限出宫女子，兰贵人位下因病出宫一名，英嫔位下因病出宫一名，丽贵人位下因笨出宫一名。（《内务府奏销档》）又载：敬事房交出，翊坤宫未满年限出宫女子，祥贵人位下因笨、懒、受责出宫三名，李答应位下因病出宫一名，瑃常在位下因病出宫一名。（《内务府奏销档》）清朝宫女按期出宫，大体施行。史载："后宫使令者，皆系内务府包衣下贱之女，亦于二十五岁放出，从无久居禁内者，诚盛德事也。"（《啸亭杂录》卷十）出宫的宫女，官员不能娶。和珅娶出宫女子为次妻，被定为大罪之一。这是为什么呢？可能怕大臣知道后宫隐秘。

但是，苏麻喇姑是明清宫女的一个特例。

二 苏麻喇姑

苏麻喇姑是清朝一位特殊的宫女。她是庄妃结婚时的陪嫁女，身历天命、天聪、崇德、顺治、康熙五朝。她心灵手巧，擅长女红，清初定冠服制度，曾参与其事。但是，有一说苏麻喇姑与康熙帝爱恋得死去活来，是这样吗？请看史实。

第一，从身世年龄看。苏麻喇姑是蒙古族科尔沁部人，出身贫苦牧民之家。她名叫苏墨尔，被称为"苏麻喇姑"。《啸亭杂录》记载苏麻喇姑"终岁不沐浴，惟除夕日，量为洗濯，将其秽水自饮，以为忏悔云"。

这刻印着她草原文化视水如命的旧俗。年仅13岁的孝庄嫁给皇太极，将年纪相近的苏麻喇姑作为随身侍女带到盛京沈阳。

康熙帝生于顺治十一年（1654年），比苏麻喇姑小40岁左右，他们应是祖孙辈分的关系。苏麻喇姑聪明好学，也有悟性，通蒙古语和满语。写一手漂亮的满文。孝庄选她为玄烨"手教国书"。玄烨幼时，"赖其训迪，手教国书"。(《啸亭续录》卷四) 苏麻喇姑是康熙帝的启蒙老师。

第二，从主仆关系看。先讲两件事。其一，孝庄派隐瞒真实身份的"三位满族妇女"，去向耶稣会士汤若望求医，患者很快病愈。求医病愈者就是顺治帝的未婚皇后博尔济吉特氏。孝庄派苏麻喇姑给汤若望送去厚礼表示谢意。其二，福临大婚后，内大臣席纳布库对苏麻喇姑不满，路遇苏麻喇姑，将她捶楚致伤，太后托言坠马，令御医调治。(谈迁《北游录·纪闻下》) 这说明苏麻喇姑有时骑马出宫，为太后办事。

顺治时期，北京痘症流行，康熙帝长兄牛钮前已夭折，次兄福全被寄养在大臣家里。玄烨降生后，孝庄命苏麻喇姑照料孙儿。康熙帝约三岁时，为了避痘，住在宫城西华门外今北长街路东一所宅第（雍正时改名为福佑寺）。康熙帝晚年回忆道："世祖章皇帝因朕幼年时，未经出

康熙帝幼时曾以宫外福佑寺（后名）为避痘所，得到苏麻喇姑等人精心调护

第五十三讲 宫女闺怨

痘，令保姆护视于紫禁城外。父母膝下，未得一日承欢。"（《清圣祖实录》卷二百九十）康熙帝幼小在宫外避痘，到皇父逝世前不久，出痘痊愈，重返皇宫。幼年的玄烨，主要由三个人——保姆朴氏（先为顺治帝乳母）、乳母瓜尔佳氏和苏麻喇姑等抚育。她们对玄烨晨昏调护，夙夜殷勤，"克慎克勤，惟爱惟和"。（鄂尔泰等修《八旗通志》卷二百三十九）

第三，从抚子经历看。苏麻喇姑不仅抚育孝庄的儿子福临、孙子玄烨，而且抚养其曾孙、康熙帝第十二子履亲王允祹（táo）将近10年。清后妃中嫔以上主位（含嫔），均可抚养皇子，苏麻喇姑抚养皇十二子允祹，当是以嫔的地位行事。允祹生于康熙二十四年（1685年），生母是万琉哈氏（享年97岁）。苏麻喇姑先后照顾福临、玄烨、允祹三代皇子，长达62年，是清宫早期一位身份和地位都很特殊的宫女。

第四，从情感称谓看。孝庄寡居44年，身历五朝，饱经风雨，苏麻喇姑陪侍左右。福临有时经月不见母亲，玄烨住在宫外避痘，常由苏麻喇姑前去照看。孝庄虽身为国母，位极至尊，但作为一位女性，不能没有可诉衷肠之人；而聪颖伶俐、善解人意的苏麻喇姑，则以一颗在情感上同样欠缺的心伴慰着她，是孝庄可以无话不谈的闺密和知己。时宫中称苏麻喇姑为"额涅妈妈"（"额涅"，是满语"额娘、母亲"的意思，也可用来泛称年长的妇人）。还称其为格格、额娘、母姑，如同家人。苏麻喇姑的这几种称谓，体现出她同孝庄、玄烨及其儿女们之间的关系。玄烨称其为"额涅"，皇子、公主们则称其为"妈妈"，合乎情理。苏麻喇姑没有子女，她对照料多年的玄烨怀有祖母之爱。

第五，从职务名分看。玄烨是个重感情的人。他幼年时很少得到亲生父母爱抚，继位后对待儿时曾照顾过自己的人，如乳母、保姆等格外亲近。保姆朴氏和乳母瓜尔佳氏，分别被封为"奉圣夫人"与"保圣夫人"。她们去世后，玄烨都亲临吊唁，并前者五次、后者四次遣官谕祭。康熙帝不称逝者为"乳母"（满语为"嬷嬷额涅"），而谓"阿母"（满语为"额涅"，即母亲），反映出他对瓜尔佳氏的真挚感情。苏麻喇姑同瓜尔佳氏、朴氏是受到康熙帝敬重的三位长辈。

苏麻喇姑在宫中的名分，并不算高，在嫔之下，介于"主子"与宫役之间。她是按此名分，领取宫内一应钱物，其数额甚至不及玄烨的乳母。玄烨对瓜尔佳氏和苏麻喇姑，都怀有深情，但两相比较，他与瓜尔佳氏更为亲近，对苏麻喇姑则更为敬重，因为前者是其乳母，而后者是其祖母型的启蒙老师。

第六，从患病葬礼看。康熙四十四年（1705年）八月末，苏麻喇姑患"血痢"，日泻十余次，夜间五六次。康熙帝降旨："著十二阿哥（允祹）日夜看护。"她不肯服药，只答应戴止血石在身上。她说，主子原本知道，自己"从小不吃任何药"。苏麻喇姑病逝，年近九十高龄，时距孝庄去世已18年。在京年轻皇子知道后，立即赶至病榻前。康熙帝朱批："将妈妈（遗体）存放七日后，再洗身穿衣。因朕（本月）十五才能抵京，故再存放七日，俟朕到家后再定夺。"允祹请求"百天之内供献饭食，三七念经"。得到允准。

苏麻喇姑去世后，被"葬以嫔礼，瘗于昭西陵侧，以示宠也"（《啸亭续录》卷四）。清嫔丧礼，康熙间定："嫔薨逝，皇帝辍朝三日。大内以下，宗室以上，二日内咸素服，不祭神；嫔所生暨抚养皇子、皇子福晋，截发辫，剪发，摘冠缨，去首饰成服，二十七日除服，百日剃头。"（《光绪大清会典事例》卷四百九十五）

苏麻喇姑的人生，值得人们思考。苏麻喇姑是清宫一位身历天命、天聪、崇德、顺治、康熙五朝，服侍孝庄、顺治、康熙、允祹四代，忠实可信、勤恳细心、竭尽心力、始终如一的老宫女。最后荣以嫔礼下葬，算是得到灵魂安慰。苏麻喇姑，地位不高，挣钱不多，但她"克慎克勤，惟爱惟和"，生前受人尊重，身后被人怀念，此生，足矣！

但与苏麻喇姑相反，宫女五妞的结局，却是十分悲惨。

三　五妞自杀

宫女在宫中，面对着三种关系：与主子的关系，与太监的关系，与同伴的关系。她们在宫中地位低下，没有独立人格，处于青春时期，长期闭塞孤寂,心灵苦恼,无处发泄,宫女自杀事件时有发生。

《宫女谈往录》里讲过一段外人不知道的关于宫女的两条规矩:一是"许打不许骂",二是"打人不打脸"。为什么"不许骂"呢?因为她们的祖先都是从龙入关的,骂谁老家也不合适。因为不许骂,所以只能用打来出气了。为什么"不打脸"呢?大概因为脸是女人的本钱,女人一生荣华富贵多半在脸上。掌嘴是太监常见的事,可在宫女就不许,除非做出下贱的事来。宫女头上的暴栗子(疙瘩),是经常不断的。先打后说,这已成为宫里的规矩。说宫女是打出来的,这话一点也不过分。"许打不许骂",结果打出人命来。在乾隆朝先后发生两个五妞(同名)宫女因打而引发的自杀事件。

宫女五妞自杀未遂事件 乾隆十五年(1750年)九月初五日,宁寿宫西所洛贵人的宫女五妞,到太监赵国宝住处,用小刀自刎寻死,后被人救治。此事上奏乾隆帝,谕旨:"将太监赵国宝上九条锁,交内务府总管。"经审讯,太监赵国宝供:他是东安县(今河北省廊坊市)人,时

郎世宁《乾隆帝观画图》(局部)中,可以看到侍奉皇帝的宫女形象

年36岁。9岁净身入宫,在宁寿宫西所当差。宫女五妞与他相好,替他浆洗衣物。后双方发生口角,五妞不再浆洗,两人反目成仇。先是八月中旬,赵国宝因与主子洛贵人顶嘴,被交给首领太监管教;因此心存不满,私下抱怨洛贵人,恰被五妞听到,说他骂了主子。赵国宝由此怀恨在心,欲行报复。九月初五日,赵国宝密告洛贵人说:五妞每晚二更或三更时分都在烧香,恐怕不小心失火(火是宫中大忌),还借烧香诅咒人。他还向洛贵人说五妞偷过主子的东西。当晚二更,赵国宝值班去后,听到宫中有人声喧哗,找寻失踪宫女,直到从他所住屋内找到五妞,他这才知道五妞在他的房里自杀之事。

宫女五妞的供词则与赵国宝不尽相同。她是原内务府柏唐阿(当差)沈常韶之女,时年18岁。5年前进宫时,与太监赵国宝并无相好之事。赵的衣物原来是由宫女巴颜珠替他浆洗,后巴颜珠年满25岁出宫,赵国宝就让五妞给他浆洗衣物,稍不顺眼,开口便骂,五妞不堪忍受,两人反目。这天听说赵国宝向主子洛贵人告她偷窃、咒人后,五妞极度惊恐,因为从前曾发生过某宫女偷窃主子白蜡事件,该宫女在被打八十大板后,逐出了宫门。为了免于被逐的耻辱,情急无奈的五妞选择了自杀。九月初五夜,她在西所的东墙根下,靠着台阶放了一张马杌子,上面再放一个小板凳,扒上墙头,顺着墙外枣树溜出宫墙,来到赵国宝的屋内抹了脖子。

这一宫女五妞自杀事件,触犯了《钦定宫中现行则例》的规定:

其一,宫女与太监不许私交。康熙四十四年(1705年)谕旨:近来太监不守规矩,与各宫内女子、亲戚、叔伯、姐妹,往来结识,断乎不可。太监赵国宝和宫女五妞,两人都违犯了宫规。

其二,宫女与太监不许自伤。宫规:"凡太监、女子,在宫内用金刃自伤者,斩立决;欲行自缢自尽,经人救活者,绞监候。"可见,五妞冒死选择走上自杀之路,确是极端恐惧后,万念俱灰,死意已决。

乾隆帝听奏后,谕旨将太监赵国宝发往黑龙江,给披甲人为奴,将宫女五妞给年老有病的宫女使唤,永远不许出宫。

宫女五妞投井自杀事件 乾隆五十三年(1788年)三月十六日午

前，承乾宫的宫女九妞，奉那答应之命，寻找宫女五妞（与上述自刎未死的五妞并非一人），没有找到，就告知首领太监昌进朝到各处寻找，在井亭边见有棉袄和女鞋，便怀疑五妞投井了。于是禀告总管太监，传来石匠夫役，将井帮撬开，打捞出五妞尸体，并传来稳婆①（女验尸者）、仵（wǔ）作（男验尸者）到现场验尸。经验得：17岁的五妞面色微赤，两眼泡闭，两鼻窍连口内俱有水沫流出，左肩甲（胛）有青赤伤一处，量长六分、阔三分，木器伤。脐肚以下稳婆验：左臀偏左腿有青赤伤一处，量长五寸五分、阔三寸二分，重叠木器伤。右腿有青赤伤一处，量长三寸、阔二寸二分，重叠木器伤。左腿肚近下有青赤伤一处，量斜长一寸六分、阔六分，木器伤。右腿肚偏右有青赤伤一处，量斜长一寸六分，阔六分，木器伤。肚腹膨胀，十指微曲，十指甲缝俱有沙泥，系身带木伤水淹身死。验尸之后，内务府大臣伊龄阿等亲临现场实地考察，并问承乾宫有关太监、宫女等，得出的结论是："五妞受责后投井身死。"伊龄阿向乾隆帝奏报，其中对打人者及其主事者的责任只字未谈。乾隆帝阅折后，口传朱批：知道了。钦此。一件宫女命案就这样结束了。

宫女也是人。她们的青春——正值现代青少年中学和大学阶段，其美貌、智慧、灵巧和心血，都为帝后服务。想宽了如苏麻喇姑的嫔礼下葬结局，想窄了如五妞的投井自杀悲剧。所以，作为宫女的苏麻喇姑和五妞，既是宫女人生的两面镜子，也是普通人生的两面镜子。

---

① 稳婆，《六部成语·刑部·稳婆》注解："验尸之女役也。"就是验女尸者。仵作，《中文大词典·仵作》释文：宋已有之，旧时官署验男尸者。仵作验男尸，稳婆验女尸。

第五十四讲 宫廷御膳

"王天下者食天下。"皇帝君临天下，吃遍天下山珍海味、新鲜珍奇的食品。昼享受天下美味，但皇帝的饮食缺乏监督，缺乏科学，缺乏节制，缺乏平衡。这是帝王多短寿的一大原因。

第五十四讲　宫廷御膳

明清皇家的御膳，就是皇家吃饭——吃什么，怎么供，怎么做，怎么吃。分作三点，简要介绍。①

一 宫廷膳食

"王天下者食天下。"皇帝君临天下，吃遍天下山珍海味、新鲜珍奇的食品。管理宫廷膳食的机构，明主要是尚膳监等机构。清总机构是御茶膳房，在箭亭东，为膳食总汇，分发各自膳房、灶房等。宫廷御膳食品的来源，主要有三：**贡，买，种**。

一说贡。明上林苑是宫廷食品的重要供应者。明初，各地贡香米、人参、黄酒等，南京附近贡黄牛、糖蜜、果品、腒脯、酥油、茶芽、粳糯、粟米。(《明史·食货六》卷八十二)清帝御膳的主食——五谷杂粮有：东北的粘高粱米粉子，山西的飞罗白面，陕西的紫麦，宝鸡的玉麦，兰州、西安的挂面，山东的抻面、博粉，广西的葛仙米，河南的玉麦面，河北的福寿字饽饽，山东的耿饼，安徽的青饼。在北京仅选用玉泉山、丰泽

宫廷御膳来源主要有贡、买、种，图为清宫"雨前龙井"楠木茶箱

---

① 本节参阅邱仲麟《皇帝的餐桌：明代的宫膳制度及其相关问题》。

园、汤泉三处的黄、白、紫三色老米。副食方面——有直隶进奶猪、乳羊、鸡、野鸡、鸭，崇文门每年春季进的黄花鱼，秋季进的银鱼，直隶保德州冬季进的石华鱼，山东进的麒麟菜、海带、紫菜、吉祥菜、鱼翅，两淮进的风干猪肉、糟鹅蛋、糟鸭蛋，湖广进的银鱼干、虾米，外藩蒙古进的鹿肉干，长芦盐政进的猪、羊、鸡、鸭、鱼等。小菜方面——有山东的扁豆、凤尾菜，浙江的酱菜，江苏的小菜，福建的闽姜等。

贡鲜鱼 如江苏镇江贡鲥鱼。鲥鱼是今南京、镇江一带的特产。每年春季溯江而上，初夏时洄游甩籽。鲥鱼稀缺，味美鲜嫩，价钱昂贵，明为贡品，清廷沿习。每年第一网鲥鱼，送皇帝尝鲜。宫廷在桃花盛开的时候，举行"鲥鱼宴"，皇帝赐朝廷重臣一同品尝。鲥鱼捕到后，用冰船和快马，分水、旱两路，沿途设冰窖、鱼场保鲜，行程三千里，限三天内送到。鲥鱼一到，立即烹调。民谣云："三千里路不三日，知毙几人马几匹。马伤人死何足论，只求好鱼呈圣尊。"

贡鲜果 明代如天顺八年（1464年），光禄果品物料凡百二十六万八千余斤。（《明史·食货六》卷八十二）后来数字，大体相仿。清代数量也很大。太后、后妃、皇子、公主等都有分例。如皇后每日鲜果二筐，甜桃、苹果、秋梨、红梨、棠梨各十个，葡萄三斤，做馅桃仁二两，黑枣三两二钱。各地果园、地方大员，交纳果品。如盛京将军送香水梨一千个，甘肃提督送哈密瓜六十个等。

清康熙时苏州织造李煦等按季进贡：春季，贡碧螺春茶；初夏，贡苏州枇杷果；秋季，贡苏州洞庭山杏子；入冬，贡冬笋。康熙三十七年（1698年）十月，李煦向清宫呈进："佛手计二桶，香橼计二桶，荔枝计二桶，桂圆计二桶，百合计二桶，青果计二桶，木瓜计二桶，桂花露计一箱，玫瑰露计一箱，蔷薇露计一箱，泉酒计一坛。"

二说买。有的东西，官府出钱，铺行采买，却常赊账。"买于京师铺户，价直不时给，市井负累。"（《明史·食货六》卷八十二）关于宫廷采买的花费，有两个小故事。

明隆庆帝有一天想吃果馅饼，第二天御膳房做面食的、剥干果的、制糖的等开支50两白银，这个数接近一位知县一年的工资。隆庆帝笑

道："只须银五钱，便可在东华门口买一大匣也。"原来他在做皇子的时候，早就知道市面上果馅饼的价钱。(《两般秋雨盦随笔》)

清乾隆帝有一天召见大学士汪由敦，问道："卿昧爽趋朝，在家亦曾用点心否？"汪答："臣家计贫，每晨餐不过鸡子数枚而已。"乾隆帝愕然道："鸡子一枚需十金，四枚则四十金矣，朕尚不敢如此纵欲，卿乃自言贫乎？"汪由敦不敢直言，就巧辩地回答：市面卖的鸡子，都是残破的，臣买的便宜，每个只几文钱。(《春冰室野乘》)事情不独有偶。光绪帝每日必吃四个鸡蛋，而御膳房开价是白银三十两。(《南亭笔记》)

三说种。明嘉靖帝在西苑（今中南海）种田，清康熙帝也在西苑种田。他在西苑丰泽园，辟一片水田，种植稻谷，每年收获。他在避暑山庄也有田种庄稼。讲一个故事。六月的一天，康熙帝在西苑稻田边走，时稻子刚抽穗，忽见一棵高出众稻之上，籽粒饱满，他掐下稻穗，收回宫里。来年播下，此种先熟。于是将稻穗掐下再种。年复一年，生生不已。这种稻米，色微红而粒长，气香郁而味美，一岁两熟，称作"御稻米"。(玄烨《几暇格物编·御稻米》)康熙帝说："四十余年以来，内膳所进，皆此米也。"在皇宫，在热河，吃的都是自己种的御稻米。清在玉泉山开辟水田，种御稻。这就是"京西稻"的来源。后康熙帝命官在天津推广，改良碱地，获得成功。这是天津"小站稻"的来源。当然，宫廷御园种稻，只是象征而已。

食器。俗话说："美食不如美器。"宫廷食器，极其精美，价值昂贵，种类繁多，如金、银、铜、锡、

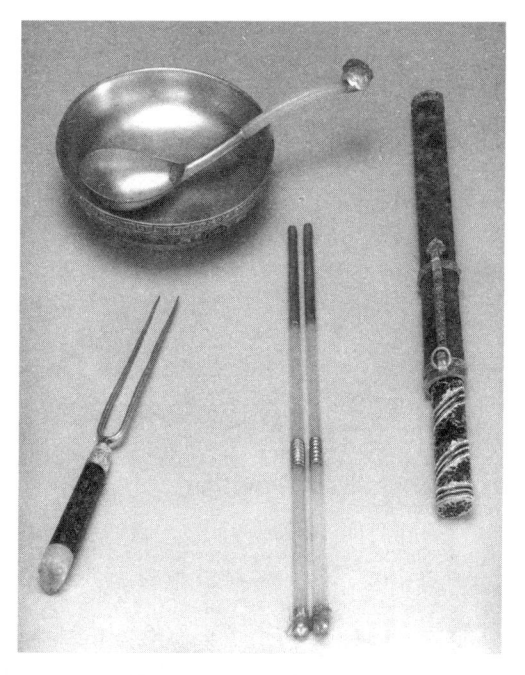

御膳精美，宫廷食器也不乏珍宝，图为乾隆年间五件套餐具

瓷、漆、玉、角等器皿，又如珐琅、象牙、翡翠、玛瑙、玻璃等质料。其中如明宫膳食器皿，有南京工部烧造三十万七千，还有江西饶州烧造金龙凤白瓷诸器，内廷烧造朱红膳盒诸器等。（《明史·食货六》卷八十二）如皇帝用的金壶、金杯、金盘、翡翠碗、玛瑙碗等。还有五件套的餐具：（1）铜胎镀金掐丝珐琅万寿无疆碗，（2）青玉柄金羹匙，（3）青玉镶金箸（筷子），（4）金镶紫檀把果叉，（5）乾隆款金胎珐琅柄鞘刀。（《清宫生活图典》）上述餐具，可见一斑。

御厨。明宫的厨役，洪熙时6300余名，成化时近8000名。（《明史·食货六》卷八十二）最多时达9400多人。清宫厨师，比明少些。厨师规矩，非常严格。如明制："造御膳，误犯食禁，厨子杖一百；若饮食之物不洁净者，杖八十；拣择不精者，杖六十；不品尝者，笞五十。"（正德《大明会典》卷一百二十九）清朝宫廷厨师，来自四个方面：其一是"从龙入关"带来的满洲厨师，他们多子承父艺，为清宫厨师的主体。其二是沿袭明宫的山东厨师。其三是康乾南巡时带回的淮扬、苏杭的南方厨师。后乾隆帝指名要某人做某饭菜。其四是帝后依饮食爱好选用的厨师。如乾隆帝的维吾尔族香妃，特为她招募回族厨师，做清真膳。清末民初溥仪御膳房十几名厨师中，烹饪厨师郑大水和主食厨师郑恩福，是从北京著名饭庄召来的。

二 宫廷进膳

天下美味食品进入宫廷，清帝享受美食佳肴文化。宫廷帝后是怎样用膳的呢？本节分开来讲。

御膳时间。明帝用膳，一日三餐，日出而作，日落而息，这是农耕文化的三餐习俗。明帝重视晚餐，晚餐吃饭、饮酒、赏乐、观舞等外，钦点侍寝的宫眷一同用膳。清帝用膳，一日两餐，这源于其先祖日出上山，过午回家，这是渔猎文化的两餐习俗。清帝用膳，时间固定。清帝每天有早、晚两膳，早膳卯正（6时）二刻，晚膳午正（12时）二刻。

(《养吉斋丛录》)御膳时间，随季变化。夏、秋季，昼长夜短，早、晚膳则提早半个时辰；冬、春季，昼短夜长，早、晚膳则推后半个时辰。特殊情况，也有变通。除正餐外，随时需要，另行承应。

御膳地点。雍正以前，皇帝用膳地点主要在乾清宫及其附近，而后经常在养心殿东暖阁进膳。但饭随帝走，地点不固定。皇帝走到哪儿，传膳就跟到那里。皇帝身边总有几个"背桌子"的侍从。皇帝想吃饭，一声"传膳"令下，侍从立即将三张膳桌一字摆开。传膳太监手捧膳盒，从御膳房到皇帝用膳的地方，一溜小跑，鱼贯而入，把御膳房已准备好的饭、菜、粥、汤等摆在膳桌上。宫外露餐，有图为证。如清宫廷画家绘制的雍正帝《行乐图》，纵206厘米，横101.6厘米，色彩鲜艳，布局和谐。描绘在春暖花开的季节，雍正帝及众皇子等人在苑囿中游乐，正要摆膳的情景。右边山石上放着盛食品用的提盒、捧盒、果盒、执壶、酒杯、茶壶及碗、箸（筷子）等。叠石间盛开着玉兰、海棠、牡丹等，寓意"玉堂富贵"。(万依主编《清宫生活用具》)皇帝进膳有膳单，就是食谱、菜谱，御膳所用食品及烹调厨师，逐日开单，具稿画行。每日用膳前，膳单要写明某菜为某厨师烹制，以备核查。膳单汇总，月成一册。

御膳特色。明宫以鲁菜、苏菜、皖菜为主。清宫饮食特点，主要有五：（1）满洲风味为主，（2）兼采南北之长，（3）蒸炖煮烧居多，（4）康熙后有西餐，（5）忌吃牛肉狗肉。总之，兼采满汉、南北、中西之长，体现出清廷融合多元饮食文化的情怀。

满洲风味为主　满洲属于东北森林文化，其祖先生活于白山黑水之间，习惯于吃猎捕的飞禽（如飞龙、野鸡、山雀），走兽（如鹿、狍、熊掌、獐子、野猪），鱼类（如鲟鳇鱼、鲤鱼），采摘的山珍（如蘑菇、木耳）等。《北京竹枝词》写道："关东货始到京城，各路全开狍鹿棚。鹿尾鲤鱼风味别，发祥水土想陪京。"满洲崛起之后，吸收汉人食品。清帝入主中原，吸收关内食品。满洲风味菜肴，溥仪出宫之后，故宫厨师传厨艺到今北海仿膳和颐和园听鹂馆等餐馆。

蒸炖煮烧居多　主食以面、副食以肉为主。烹饪以煮、炖、蒸、烧、烤、炸为主。如乾隆帝晚年一次早膳，有燕窝烩糟鸭子热锅一品，燕窝挂炉鸭子热锅一品，燕窝鸭丝热锅一品，燕窝白鸭子一品，口蘑拆肉一品，托汤鸭子一品等。这么多的火锅，是因为关外气候寒冷，又便于加热保温，特别是冬天可以在炉火上或在热水中长时间煨着，方便帝后随时传膳。

南北风味兼取 原明宫厨师有山东人、江南人等，清初帝后尝到鲁菜和苏菜的美味。鲁菜如全聚德烤鸭进入宫廷。清朝康熙帝和乾隆帝各六次南

火锅便于帝后随时传膳，是御膳的重要组成部分，图为清宫银火锅

巡，地方官员接驾，呈进淮扬菜、苏杭菜品尝。回京后，康熙帝"改燔炙为肴羹"（《清史稿·礼志七》卷八十八），烹饪方法，有所改变。器皿既有大碗大盘，也有小碗小碟。乾隆时御膳房有"苏州厨役"张成、张东官、宋元等人，做淮扬、苏杭佳肴美味。从此，清宫御膳，南北兼味。

加进西餐元素 耶稣会士来华，西餐影响宫廷。法国传教士张诚等在京，康熙帝在畅春园款待他们，所赐食品有"堆成金字塔形的冷肉"，有"用肉冻、豆荚、菜花或菜心拼成的冷盘"。康熙帝还邀请传教士一起用除夕晚膳，赐给他们"年饭"十二盘菜肴，二十一种果品。菜肴、果品一改满洲烹制方法，中西餐结合。乾隆帝吃过西餐。乾隆十八年（1753年），命先后制作"西洋叉子"、西洋小刀、西洋布垫单。晚清和民初，溥仪对西餐感兴趣。他让厨师郑大水向外国厨师学做西餐和摆饰餐桌，还在紫禁城丽景轩设置西餐饭房。

御膳两大禁忌。一是不吃牛肉（可用牛奶），二是不吃狗肉。

为什么不吃牛肉呢？清在关外，重视农耕。耕牛奇缺，明又禁卖。所以清初规定，除重大祭祀等外，不准宰杀耕牛。入关后，就是萨满祭

祀的耕牛也不宰杀，而是卖掉，形成不吃牛肉的习俗。

为什么不吃狗肉呢？相传清太祖努尔哈赤在危难之时，被犬救了性命。所以，满洲习俗，不吃狗肉，不穿狗皮。

清帝的膳食，举几个例子。

康熙帝尚节俭。康熙帝鉴于明因奢而亡的教训，戒奢华，行节俭。他平日两膳，每膳一味，不食兼味，多余部分，赏赐他人。两膳之后，"夜不可饭食，遇晚则寝"。提倡多蔬食，"每兼菜食之则少病，于体有益"。对于鲜果及菜蔬，不可过贪，略尝而已。他不主张吃反季节蔬果，"必待成熟之时始食之，此亦养身之要也"。（《庭训格言》）在外巡幸时，遇到当地官民供献吃食，仅"取米一撮，果一枚"，不可贪食。康熙帝提倡节俭，"明光禄寺每年送内用钱粮二十四万余两，今每年只用三万余两"，为明代八分之一。康熙帝说："朕之调摄，惟饮食有节，起居有常，如是而已。"（《清圣祖实录》卷二百三十）雍正帝也注意不浪费饭菜，谕膳房：剩饭剩菜不可抛弃沟渠，可与服役人吃；人不能吃，可喂猫狗；再不可用，就晒干以饲禽鸟。（《清雍正二年六月谕旨》）

乾隆帝重养生。乾隆帝吃饭重养生，讲究荤素、贵贱搭配。满洲入关，已过百年。关外人常食含热量高的鹿肉、熊掌，湿热相搏，容易得病。乾隆帝对饮食结构进行调整，并规定皇帝、太后、皇后标准：每次进膳用全份膳48品；每天用盘肉16斤、汤肉10斤、猪肉10斤、羊2

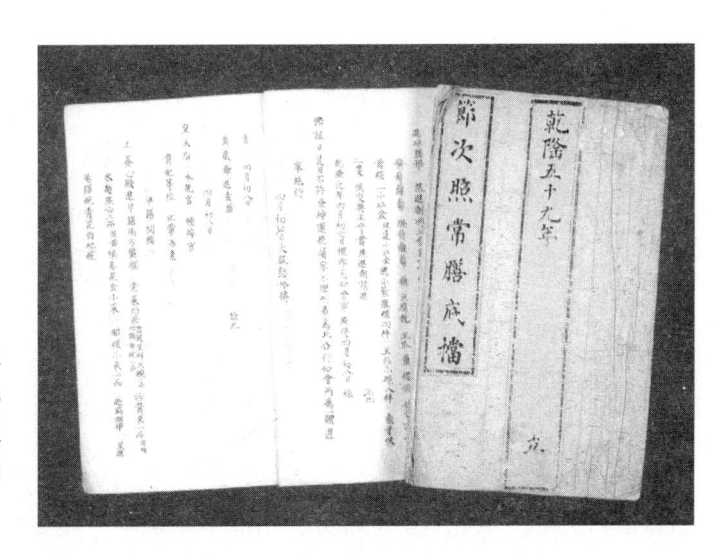

清宫忌食牛肉、狗肉，从帝后到妃嫔都有具体膳食标准，图为乾隆膳底档

只、鸡5只、鸭3只、蔬菜19斤、萝卜60个、葱6斤、玉泉酒4两、青酱3斤、醋2斤和米、面、香油、奶酒、酥油、蜂蜜、白糖、芝麻、核桃仁、黑枣等。皇后以下妃嫔等，按等级相应递减。

乾隆帝89岁高寿，他除习武狩猎、嗜好书法、注重健身外，还注重食医保健。每年春季，他要清宫食榆钱饽饽、榆钱糕、榆钱饼。他自己吃，还以此祭祖，表示不忘本。初夏食碾转儿（嫩麦制作），端午吃粽子，重阳吃花糕。随季节，吃蔬菜——黄瓜蘸面酱、炒鲜豌豆、蒜茄子、芥菜缨、酸黄瓜、酸韭菜、秕子米饭等。乾隆帝在避暑山庄如意洲的一顿晚膳很有意思：这顿御膳既有鸡、鸭、猪、羊、狍五种肉食，又有白菜、萝卜、扁豆、茄子、鲜蘑五种蔬菜；主食还加大枣、豆馅，并点了两道农家素菜——拌豆腐和拌茄泥。这种荤素搭配、粗细兼顾、粮菜互补、食品多样的合理膳食，有利健康，有益长寿。（李国荣主编《清宫档案揭密》）

道光帝太抠门。 道光帝时，财政窘困，入不敷出。他简朴得出奇，如夏天觉得吃西瓜贵，令太监"取消西瓜，只供水"。道光帝一年四季每日早晚两膳，都以"五品"为限，就是主、副食各五品；道光七年（1827年）除夕晚膳和翌晨正旦早膳，也是各五品。他宣谕："朕居阿哥所时，自奉极约，每晚只买烧饼五个，朕与孝穆皇后各食二个，余其一给大阿哥食之。"他规定嫔侍非庆典不得食肉。（《清宫述闻》）

三 宫廷节令

宫里重视过节，除了三大节（元旦、中秋、万寿）之外，一年四季，不同节令，宫廷都有不同过节饮食。（刘若愚《酌中志》）

元旦节 明宫正月初一日，五更起床，饮椒柏酒，吃水点心，就是饺子。饺子里包着钱，图讨个吉利。明宫还吃"百事大吉盒"，把柿饼、荔枝、桂圆、栗子、红枣等装在一个盒里，大家共食，分享吉祥。后来北京过年吃"杂拌儿"，有人认为是由此而来的。清宫元旦早4时起，皇帝到堂子、奉先殿行礼后，回乾清宫进奶茶，后到西侧弘德殿，进吉祥饽饽，就是吃饺子。其中一个饽饽内包小银锞，放在表面，一口咬住，象征吉利。

元宵节 宋以来有在元宵夜吃煮浮圆子的习俗，所以上元节又称元宵节。明宫自正月初九起，要逛灯市买灯。十五日，吃元宵。元宵的制法是用核桃仁、白糖、玫瑰做馅，洒水滚糯米细面而成，与现在的元宵相似。清宫在正月十五日前后，帝后、妃嫔等在晚膳中都有"元宵一品"，乾隆帝在南巡路上也是如此。

二月二 明宫各宫门撤出所设之彩妆（门神），各家吃油炸黍面枣糕，或吃黍子煎饼，名曰"薰虫"。是时吃河豚，饮芦芽汤，以解毒火。

清明节 坤宁宫后院及东西六宫，"皆安秋千一架"。（《酌中志》卷二十）烙春饼，吃寒食。民间吃香椿芽拌面，柳叶拌豆腐，这也影响到宫廷的饮食。

四月四 牡丹盛开过后，即设席赏芍药花。初八日进不落夹，即用苇叶包糯米，长可三四寸，阔一寸，味与粽子相同。是月内还尝樱桃，为本年诸果新味之始。吃笋鸡，吃白煮猪肉。又以各样精肥肉、姜、葱、蒜，搓如豆粒大小，拌在饭里，以大莴笋叶裹食之，名曰"包儿饭"。四月末，取新麦穗煮熟，剥去芒壳，磨成细条食之，名曰"稔转儿"，为尝本年五谷新味之始。

端午节 明宫端午时，饮朱砂、雄黄、菖蒲酒，吃粽子，吃加蒜过水面。夏至后伏日，戴草麻子叶，吃"长命菜"，即马齿苋。清宫五月初一到初五，帝后、妃嫔等用膳时，都有粽子，并用粽子供神敬祖。

三伏日 明宫每年六月初六日吃过水面，宣武门外要洗象。初伏、中伏、末伏日，也吃过水面。吃银苗菜，即藕之新嫩根。初伏日造曲，以白面用绿豆黄加料和成晒之。末伏前立秋之日，吃莲蓬、藕。天启帝爱吃鲜莲子汤，又好吃鲜西瓜子，微加盐焙熟用之。

中秋节 明宫自八月初一日起，即有卖月饼者，加以西瓜、藕，互相馈送。西苑也采藕。到中秋节，供月饼瓜果，待月亮上升，焚香之后，大肆饮宴，有时彻夜，始散宴席。中秋蟹肥，用蒲包蒸熟，大家五六成群，攒坐共食，嬉嬉笑笑，自揭脐盖，细细挑剔，蘸醋蒜以佐酒。或剔蟹胸骨，八路完整如蝴蝶式者，以为最巧。食毕，饮苏叶汤。另有大石榴，大玛瑙葡萄，此时剪下，封存缸内，可存到正月，尚鲜甜可口。清宫中秋节，由皇帝拈香行礼，再由后妃等行礼；若在避暑山庄，就在烟波致爽院内摆月供，有月饼多种，祭毕分赐宫内众人。随往山庄的妃嫔、阿哥等，每位各有自来红月饼一盘。

重阳节 明宫自九月初一日起，吃花糕。初九日为重阳节，皇帝到万岁山或兔儿山登高，吃迎霜麻辣兔，喝菊花酒。是月，

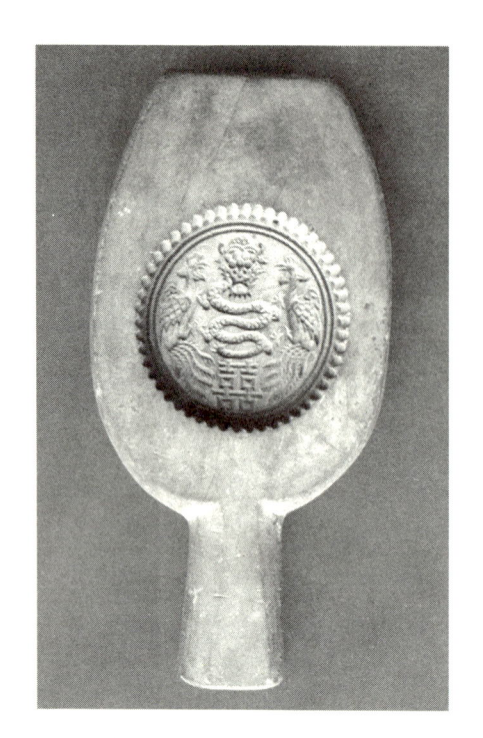

中国农耕文化重视节令饮食，宫廷亦不例外，图为清宫月饼模具

还要吃龙眼、糟瓜茄，喝牛奶等。王世贞《弘治宫词》云："雪乳冰糖巧簇新，坤宁尚食丰慈纶。"

腊八节 明清宫廷自十二月初一日起，便吃灌肠、油渣卤煮猪头、烩羊头，火碟铁脚小雀加鸡子，清蒸牛乳白、酒糟蚶、糟蟹、火碟银鱼、醋溜鲤鱼。钦赏腊八杂果粥。初八日吃腊八粥。粳米、白果、核桃仁、栗子、菱米煮粥，供佛、圣前，及户牖、园树、井灶之上。举家皆食，亦互相馈赠。清宫腊八粥用料为黄米、白米、江米、小米、黍米、紫米、薏仁米、菱角米等，外加桃仁、杏仁、瓜子仁、花生仁、榛仁、松子、莲子、栗子八样等。

中国农耕文化，重视二十四节气，每个农历节日，都有文化含义。

皇帝的饮食，虽享受天下美味，但缺乏监督、缺乏科学、缺乏节制、缺乏平衡。这是帝王多短寿的一大原因。

第五十五讲 宫廷造办

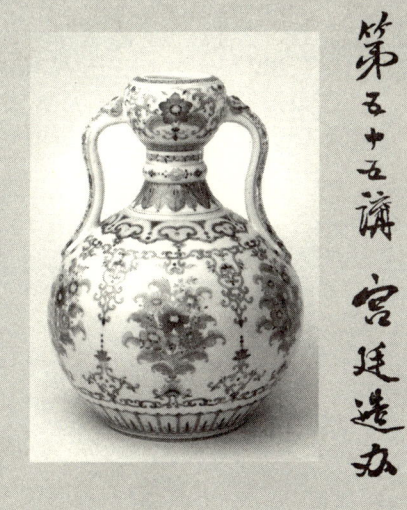

清康雍乾时期，为古代瓷器工艺的高峰；虽都华美，但有不同。瓷如其人，人如其政——康熙瓷器质朴，雍正瓷器雅重，乾隆瓷器华丽。这和康雍乾三帝之为人、行政，何其相似乃尔！

第五十五讲　宫廷造办

清宫造办处是内务府下属负责宫廷器物制造、维修和贮存的机构。宫廷造办器物，既可见帝王生活之华奢，又可见各行匠师之智巧。

一 内府造办

内府早有造办机构，如宋内苑造作所，明御用监，都下设作坊。清康熙时设养心殿造办处和武英殿造办处。前者，包括养心殿内、慈宁宫内和白虎殿后的房屋300余间。武英殿造办处后来以修书为主，为武英殿修书处。造办处在地方有分支机构，如江宁、苏州、杭州织造局和江西烧造瓷器处等。

造办处下设机构，乾隆中期，调整为七类四十二作：一类有匣作、裱作、画作、广木作四作，二类有木作、漆作、雕銮作、镟作、刻字作五作，三类有灯作、裁作、花儿作、绦儿作、穿珠作、皮作、绣作七

造办处隶属内务府，负责宫廷器物制造、维修、贮存，图为总管内务府银印

作，四类有镀金作、玉作、累丝作、錾花作、镶嵌作、牙作、砚作七作，五类有铜作、鋄（jiǎn, 又作 wǎn）① 作、杂活作、风枪作、眼镜作五作，六类有如意馆、做钟处、玻璃厂、铸炉处、炮枪处、舆图房、弓作、鞍甲作、珐琅作、画院处等十作，七类有盔头作、摆锡作、香袋作、大器作等，以上共有四十二处工艺作坊。每作派库掌、催长等，负责视察活计，领办

---

① 鋄：《王力古汉语词典》读 wǎn，马冠，马头上的装饰物；又读 jiǎn，在铁器上錾阴文，捶入金银丝。另与"鋄"字近似的"鋑"字，读作 sōu，意镂刻。

玻璃厂属于造办处七类四十二作中第六类，图为乾隆年间磨花玻璃杯

钱粮，互相稽核。

造办处既造皇帝家使用和赏赐的器物，还制作军需用品。如"舆图作"绘制军用地图，"炮枪作"制造数以万计的枪炮及弹药。其中雍正七年（1729年）二月，一次制造火枪一万一千三百杆、铜炮一千门、火箭筒一万个，"锭子药作"还制作大量官兵用的丸散膏丹等中医成药。

造办处虽为"局级"单位，却为"部级"序列，对各部和督抚行文用"咨文"。设总管内务府大臣（二品），有时特命管理造办处大臣，由亲王或一品大臣担任，如怡亲王允祥、庄亲王允禄等，便于皇帝直接指挥。其中以怡亲王允祥审美力高，信任度大，权力也重。

造办处的匠役，主要类别有三：一"旗匠"，是从内务府三旗内挑选的，为内务府包衣（奴仆），所占人数最多。他们每月食一二两钱粮和每日半份口分银，是养家糊口的钱粮。他们承办活计没有工价银（计件工资）。二"南匠"，是从广东、江宁、苏州、扬州、杭州等地选送的工匠。他们技艺高超，有工食钱粮银、春秋衣服银。三"民匠"，是从各地召募的南北手工艺人。如玻璃厂每年八月开窑熬炼玻璃，用山东博山县人。还有"画师"等。他们属特殊工匠，赏给住房和原籍安家银。匠役人数不固定。如嘉庆四年（1799年），自有匠役426名，借用内务府其他各处匠役383名，共809人。《京师偶记》里载述了一个聪明匠人的小故事：康熙时朝廷需用裱匠，苏州特送来四人，刚一到就接活，要裱糊细腰葫芦的里面。这位"南匠"沉思良久，想出主意——将葫芦去其蒂，装入碎碗碴，几个人轮流摇晃，使其极光洁，然后把白棉纸用水浸一夜，调匀灌入，随即倒去，干了再灌，如是数次，然后呈上。皇帝打开葫芦一看，葫芦里面有纸，没有补缀痕迹。（引自《清宫述闻》）

造办处的主官为"监造"，靠近皇帝，权力很大。我介绍两个重要的监造，一个是赵昌，另一个是唐英。先说赵昌。

二　小臣赵昌

赵昌（1657—1731年），与康熙帝大体同时。作为宫廷造办处监造的赵昌，有三种身份：康熙帝的小臣、近臣、能臣。

一是小臣。赵昌出身内务府包衣，"包衣"是满语音译，汉意是"家内奴仆"，身世卑微，地位不高。许多同时期有名的内务府包衣（如曹寅等），都任过内务府属旗的佐领（牛录章京）或包衣大。"包衣"已解释，"大"也是满语音译，汉译是"头儿、首领"。赵昌没有任过佐领或包衣大之类的职务。到康熙中期，赵昌升为养心殿总监造，自然不能算是显贵，而只是皇帝身边的一个小臣。

二是近臣。赵昌比康熙帝小三岁，从发小就和康熙帝在一起，是康熙帝的哈哈珠子。"哈哈珠子"是满语音译，汉意是"阿哥的随侍男童"，就是侍童，跟班男童。耶稣会士徐日升在一封信中说："赵（昌）是皇帝最早的侍童。"耶稣会士冯秉正（法兰西籍）在报告赵昌受洗信中，谈到赵昌时说："当他很年幼时，便是宫中业绩最佳者之一——他成了那些人们最早选出来的青年皇帝的陪伴人之一。"赵昌因离康熙帝太近，经常传达圣旨，而成为皇帝近臣。赵昌的一个特殊任务，是在康熙帝与耶稣会士之间，做联络，传信息。

第一个例子。耶稣会士在宫廷讲解西方科学知识，从事工艺制造，编译西方图书，参与美术创作，他们在武英殿和养心殿附近，因此赵昌就以宫廷造办处监造身份，做康熙帝同耶稣会士的传话即联络工作。如康熙帝上谕所说："养心殿、武英殿等处，管制造、带西洋人事，并传谕旨事。"这里的重要人物之一就是赵昌。(《与罗马使节关系文书》)康熙二十三年（1684年）、二十八年（1689年），康熙帝两次南巡，赵昌都随驾，负责联络传教士。据耶稣会士苏霖报告说："皇上南巡的时候……每次路经有我们传教士的地方，都会派两个特使请他们拜见皇上，对他们恩待有加，巡抚与地方官吏不敢再为非作歹。"其中一位特使就是赵昌。康熙帝这样做的一个目的是了解传教士与地方官的信息。

第二个例子。康熙帝再次南下时，赵昌与传教士的关系更为融洽。在济南天主堂与传教士柯若瑟"叙话待茶"；在南京时，毕嘉、洪若翰两位传教士，留赵昌等在教堂待茶谈叙，直到饭后才去。康熙帝离开南京前，赵昌告诉毕、洪二人，御舟离开的时间以及路线，使他们得以"至扬州湾头恭候送驾"。在康熙帝回銮到济南时，传教士利安宁（西班牙籍）携带方物四种要见康熙帝。康熙帝起初不肯接受他的礼品，也是因赵昌劝说，康熙帝才改变主意接受的。这件事情的原委是，利安宁所敬献的礼物，康熙皇帝不忍心收下，但对其心意深表感谢。见此情景，那位对天主教颇有好感的侍卫开了口："皇上，济南府之臣民未能赶上陛下龙船已伤心不已，若陛下拒纳其赠礼，恐其不悦也。"侍卫的话感动了康熙帝，他捡了两个水晶小瓶收下，并对利安宁说："朕谨收此物，以示纪念。"这个侍卫也是赵昌。

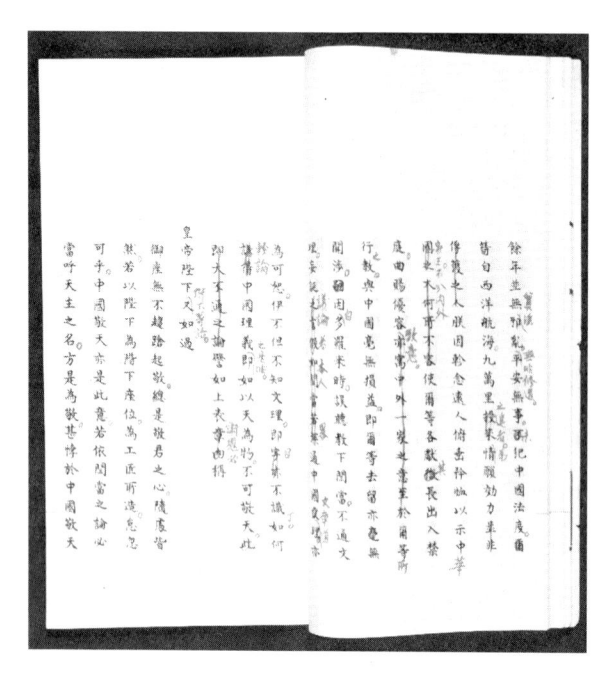

侍从赵昌负责康熙帝与耶稣会士的联络，图为《与罗马使节关系文书》

三是能臣。赵昌在养心殿造办处，不仅负责联系耶稣会士，还负责管理火器等事务，表现出他被信用，以及勤慎多能。举三件事例。

第一件。康熙二十一年（1682年），耶稣会士利类思（意大利籍）在东堂病重，赵昌向康熙帝奏报："利类思年老久病，甚是危笃。"77岁的利类思病故后，康熙帝特赐银二百两、缎十匹，并派侍卫护送灵柩到墓地。

第二件。法国使团"国王数学家"张诚等一行五人，于康熙二十六年（1687年）七月到宁波时，浙江巡抚金鋐不让他们进入。他们通知了南怀仁。南怀仁"于9月15日写信给在热河的赵昌"，"使皇帝知道这些人是他的耶稣会同伴，带来了珍贵的科学仪器和书籍"。这批"国王数学家"得以入京，并于康熙二十七年（1688年）二月二十一日，在乾清宫叩见康熙皇帝。"徐日升俱为代奏，天颜喜悦，赐茶优待，各赐资银五十两，遣侍卫赵（昌）同回天主堂寓所"。

第三件。值得注意的是赵昌为促成康熙三十一年（1692年）"容教令"施行所做的努力，为此他还被苏霖誉作是"中国教会的功勋元老"。这一年，浙江兰溪地方官禁止天主教，接着扩大到整个浙江。礼部支持浙江巡抚的做法。在这次交涉中，传教士的想法与情绪通过赵昌顺畅地传达给康熙帝。这次事件中，赵昌作为康熙帝身边的包衣，凭借对康熙帝的了解——康熙帝对传教士的同情与理解——从而给他以影响，进而促使朝廷最终做出了对耶稣会士包容的决定。赵昌还管理火器。史书记载："如放炮放鸟枪及扛抬鹿角者，俱系八旗汉军，从前内府佐领下那尔泰、赵昌善于放炮放鸟枪，皇考（指康熙）因交与那尔泰、赵昌管辖。"

（《上谕内阁》卷二十）

赵昌是康熙帝身边的小臣、近臣和能臣，服侍康熙帝一生，任事并无大错，仕途也没有大的波澜。赵昌凭借皇帝的赏赐，以及西洋人的馈赠，积聚了不少家产。康熙帝在一份满文朱批中称："赵昌、王道化等人，俱系名富，众人皆知。"赵昌获罪，雍正帝查抄赵昌家产，满文档案

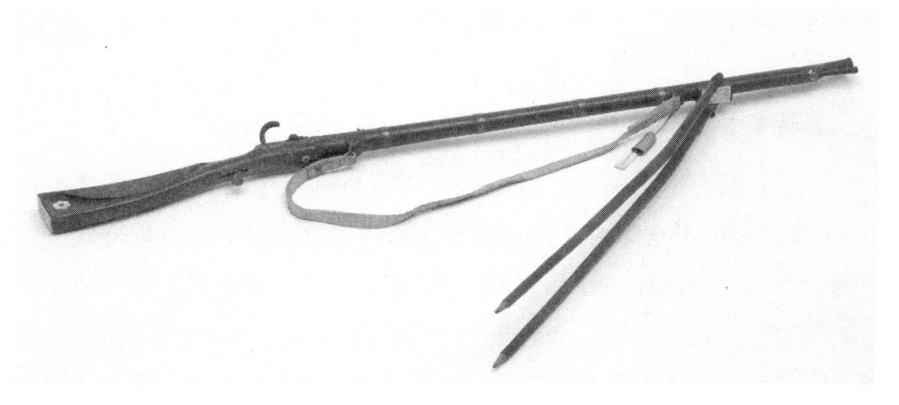

宫廷造办处监造赵昌担任着管理火器的重要工作，图为康熙帝御用火枪

记载：男女大小（含包衣）共219口，房屋共505间半，田地56顷76亩，庄田汉子约189人，共有马、骡、驼、牛153头匹，有银3190两，借出银4919两，皮衣帽等269件，玻璃器皿205件，西洋物品174件，又有各种甲、盔、腰刀、枪、鸟枪、钟表、玻璃器皿、西洋药、东珠、手镯、银器皿、珠子、宝石、元狐皮、貂皮、人参、书画等。(《内务府奏查赵昌家产事折》) 赵昌获罪下狱的政治原因是什么？

获罪原因 雍正元年（1723年）正月初六日，赵昌获罪，锒铛入狱，籍没家产。罪名是：其一，借欠内库银五千两。凭赵昌的家财，补还欠款不是难事。其二，利用职务安插亲人。其三，私给废太子允礽之子弘晳制作火镰。康熙五十五年（1716年）十一月，赵昌和养心殿其他主管应弘晳的要求，让养心殿工匠华色为他制造逾制的珐琅火镰（打火器）。事发，工匠华色被流放，而赵昌也与养心殿的另一位监造王道化一并受到处罚。以上三件小事，纯属小题大做，借题发挥。雍正帝一上台就收拾赵昌，主要是政治原因——知康熙帝私密太多，离废太子允礽太近，从而引起疑心太重的雍正帝怀疑。赵昌于雍正九年（1731年）在狱里，由一位奉教的看监武官给他代洗，入天主教，教名"若瑟"，那年他75岁。不久，赵昌就死在狱中。赵昌以康熙帝起，以康熙帝没。还是应了《左传》那句话："君以此始，必以此终。"

三　唐英烧瓷

说清宫造办，必说景德镇；而说景德镇，又必说唐英。

景德镇瓷，历史悠久。明宫在江西饶州府（今上饶市）属浮梁县（今景德镇属）景德镇大量烧造瓷器，始于明宣德初年。宣德帝派太监张善到江西饶州督造，后改巡道，督府佐司其事，烧造奉先殿几筵龙凤文白瓷祭器。正统元年（1436年），浮梁民进贡瓷器五万余件（套）。此举，既给景德镇迎来发展机遇，也给景德镇带来巨大灾难。此期，禁民间烧造黄、紫、红、绿、青、蓝、白地青花诸瓷器，违者罪死。接着，三大殿重修告成，命造九龙九凤膳案诸器等。大太监王振以瓷器有璺（wèn，裂纹），遣锦衣指挥杖责提督官，敕太监前往监督重造。成化间，遣太监到景德镇，烧造御用瓷器，数量多，时间久，费用大，任务急。自弘治以来，烧造未完者 30 余万件（套）。嘉靖三十七年（1558 年）造内殿醮坛瓷器 3 万件（套）。隆庆时，诏江西烧造瓷器 10 余万件（套）。万历十九年（1591 年）命造 15.9 万件（套），又增加烧造 8 万件（套）。（《明史·食货六》卷八十二）仅以上五批，竟达 67 万余件（套）。

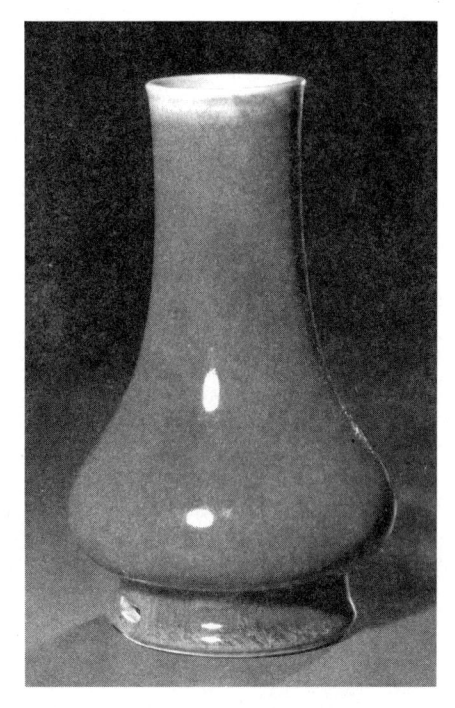

江西巡抚郎廷极督造的瓷器名闻天下，图为康熙年间郎窑红釉瓶

明亡清兴，清初因之，设立官窑。康熙中，郎廷极为江西巡抚，督造瓷器，精美有名，以"郎红"、"郎绿"为极品，世称"郎窑"。尔后，御窑大兴，陶器盛备，朝廷派官，督造瓷器。年希尧曾奉使督造瓷器，既精又美，世称"年窑"。希尧赋诗有云："陶熔一发天地秘，神功鬼斧惊才雄。文章制度虽各别，以今仿古将毋同。"（《清宫述闻》）雍正六年（1728 年），唐英受命继年希尧后，监督景德镇窑务，历监粤海关、淮安关。乾隆初，调九江关，仍监督窑务，形成淮安关遥管、内务府官驻办景德镇的烧瓷制度。（乾隆《浮梁县志》卷五）唐英所制之瓷，又称"唐窑"。

采办数量 景德镇官窑每年秋冬二季，雇船解送圆、琢器皿六百余桶到京。岁例：盘、碗、钟、碟等上色圆器，由一二寸口面，到二三尺口面的，一万六七千件。其选落之次色，尚有六七千件，一并装桶解京，以备赏用。其瓶、罍、樽、彝等上色琢器，由三四寸高，以至三四尺高，大者亦岁例二千余件。尚有选落次色二三千件等，一并装桶解京，以备赏用。（《陶成纪事》）每年两万八千余件（套）清宫烧造瓷器，却要地方买单。嘉庆四年（1799年）十二月，九江关烧造瓷器，每年动支该关盈余项下银一万两，以后每年以五千两为率，道光时再减到二千两。(《钦定总管内务府现行则例》）缺口太大，百计填补。

唐英任事 唐英（1682—1756年），字俊公，汉军旗人，生于沈阳，16岁入直内廷，后为内务府员外郎，直养心殿。为人聪慧，博学强记，酷爱书画，颇有造诣。接触王原祁等大画家，讲求"趣味在有意与无意之间，彩泽含若隐若现之际"，追求"意托于画，画写于意"的境界，主张"笔外求笔，墨外求墨"的风格。唐英到景德镇，自己茫然不晓，唯从工匠意旨。陶督唐英，在学言学，在工言工，"杜门谢交游，萃精会神，苦心戮力，与工匠同食息者三年"，成为既有文化艺术修养，又懂陶瓷工艺制作的瓷器专家，可谓是"冠盖陶人，风尘学者"！唐英讲求陶法，于泥土、釉料、坯胎、色彩、火候，亲自指挥，颇有心得。撰《陶成纪事碑》，备载经费、诸色釉彩，仿古采今，凡五十七种。自宋大观，明永乐、宣德、成化、嘉靖、隆庆、万历诸官窑，及哥窑、定窑、钧窑、龙泉窑、宜兴窑、西洋、东洋诸器，都有仿制。其釉色，有白粉青、大绿、米色、玫瑰紫、海棠红、茄花紫、梅子青、骡肝、马肺、天蓝、霁红、霁青、鳝鱼黄、蛇皮绿、油绿、欧红、欧蓝、月白、翡翠、乌金、紫金诸种。又有浇黄、浇紫、浇绿、填白、描金、青花、水墨、五彩、锥花、拱花、抹金、抹银诸名。奉敕编《陶冶图说》[①]，唐英所督造官窑瓷器，世称"唐窑"。(《清史稿·唐英传》卷五百五)

唐英督窑，困难亦多。如乾隆二年（1737年）正月，一次钦烧宫廷用瓷四万七千一百二十件，工程紧，任务重。完成后运往北京，上面挑错：花纹远逊从前，运输器有破损，严加御责，甚至补赔银二千余两。乾隆八年（1743年）冬，命唐英烧造各款各色鼻烟壶。时值泥土凝冻，岁例停工，各种工匠，都已回家，诸窑炉火，亦皆停歇。唐英便派人到

---

① 唐英等《陶冶图说》二十篇并图：采石制泥，淘炼泥土，炼灰配釉，制造匣钵，圆器修模，圆器拉坯，琢器做坯，采取青料，炼选青料，印坯乳料，圆器青花，制画琢器，蘸釉吹釉，镟坯挖足，成坯入窑，烧坯开窑，圆琢洋采，明炉暗炉，束草装桶，祀神酬原。各附详说，备著工作次第，后之治陶政者取法焉。

各匠家传集工匠，烘化冻泥，制坯彩画，亲自指点，茅柴烧制，星夜彩画，赶制四十件，派家人恭进宫廷。

唐英视陶事近三十年，半官半野，半士半工，一饮食，一寝兴，一俯仰，一交游，都贯穿着陶人之心，成为中国陶瓷史上既有理论著作，又有精美作品的一代陶瓷大师。唐英自制或题款的瓷器，如唐英制粉彩山水诗文方笔筒、青花缠枝莲唐英书款花觚（一对）、唐英自制仿汝釉竹节诗文方笔筒、唐英制珊瑚红釉粉彩缠枝诗文卧足碗等流传至今。(《乾隆皇帝与督陶官唐英》)另一瓷器名家是刘源。

刘源，字伴阮，河南祥符（今开封市）人，隶汉军旗籍。康熙中，官刑部主事，供奉内廷，技巧绝伦。曾绘功臣像，镌刻行世。在宫廷殿壁画竹，风枝雨叶，极为生动。又能制清烟墨，在"寥天一"、"青麟髓"之上，视为佳品。在一笏上刻《滕王阁序》、《心经》，字画崭然。刘源在景德镇的御窑，参古酌今，发挥新意，绘画人物、山水、花鸟，呈瓷样数百种，争奇斗胜，过于明窑。(《清史稿·刘源传》卷五百五)

珐琅彩瓷器 康、雍、乾三朝，景德镇御窑的瓷器，物华天宝，精美至极。唐英驻厂督造的珐琅彩瓷器，主要在造办处珐琅作烧制，数量很少，尤为珍贵。康熙年间，用9种颜色的西洋珐琅料开始创烧，到雍正，有发展，有创新。首先是怡亲王命柏唐阿宋七格、邓八格试烧珐琅料9种，烧炼成功，又自炼烧成9种西洋料所没有的色料。这一时期，珐琅彩瓷器的器型、胎骨、釉色，画面的山水、人物、花卉等，丰富多彩，境界高雅。

清宫烧瓷，数量很大，仅康熙十九年（1680年）到二十五年（1686年），就烧造共152 000余件。

康熙年间始用9种颜色的珐琅料创烧瓷器，图为雍正年间珐琅彩双鸟瓷瓶

负责督造官窑的唐英文化修养与陶瓷工艺俱佳，图为乾隆年间唐窑各色大瓶

乾隆四十三年（1778年），命拨送避暑山庄乾隆年款圆器20 000件。四十四年（1779年），又命拨送盛京康熙年款圆、琢器35 000件，雍正年款圆、琢器25 000件，乾隆年款圆、琢器40 000件。以上三项共120 000件。康、雍、乾瓷器，制造之富，可想见矣。而后，清宫库存官窑瓷器，据档案记载：乾隆四十六年（1781年）闰五月，清查瓷库实存康熙年款圆器149 251件、琢器5747件，雍正年款圆器92 125件、琢器5013件，乾隆年款圆器150 182件、琢器12 833件、珐琅圆琢瓷器148件。（《内务府奏销档》）以上康雍乾三朝共实存瓷器415 299件。

清朝后期，内府瓷器，库存太多，每隔数年，发出变卖，流入民间。史书记载，道光五年（1825年），奏准瓷库变卖瓷器，计乾隆年款、嘉庆年款各色盘碗等共10 000余件。（《内务府奏销档》）售价多少？档案记载：乾隆年款各色盘1087件，每件银四分；各色碗2722件，每件银三分；各色酒盅200件，每件银一分；各色樽13件、瓶91件、壶41件、罐128件，每件银一钱五分；各色靶钟1000件，每件银三分；各色供托61件，每件银六分等。卖出的旧瓷器，有明代瓷器，其式样之工，颜色之鲜，质地之美，工艺之精，"往时外人难得一具，必将珍为古玩，今乃为酒席之用。每一庖人且备至数十席"。（《竹叶亭杂记》卷二）

清康雍乾时期，为古代瓷器工艺的高峰；虽都华美，但有不同。瓷如其人，人如其政——康熙瓷器质朴，雍正瓷器雅重，乾隆瓷器华丽。这和康雍乾三帝之为人、行政，何其相似乃尔！

第五十六讲 御医御药

名医多非御医，御医多非名医。清代医学，重于考据，没有解剖学。康熙帝的人体解剖学著作，尚不能出版，遑论他人？名医王清任夜间解剖死刑者尸体，参证兽畜，著《医林改错》，为中国人体解剖学开山之作。后唐宗海推广发挥，著《中西汇通医经精义》。"两人之开悟，皆足以启后者。"

第五十六讲　御医御药

明清帝后看病吃药是什么样的？皇家医院太医院是怎么回事？本讲《御医御药》，来做简单回答。

一 皇家医院

清太医院初设在北京正阳门内东江米巷，今东交民巷西口路北附近。太医院大门悬挂"太医院"匾。大门前左为"土地祠"，右为"听差处"。太医院有大堂五间，悬挂康熙帝御赐名医黄运的诗文："神圣岂能再，调方最近情。存诚慎药性，仁术尽平生。"医生讲求"诚慎仁术"四字。大堂左侧南厅，是御医办公厅堂，右侧为北厅。后为先医庙，供奉伏羲、神农、黄帝的塑像，有康熙帝御书"永济群生"匾。先医庙里有铜人像，庙外有药王庙，庙连接大堂的是二堂、三堂。

光绪二十七年（1901年）《辛丑条约》后，东交民巷划为外国驻华使领馆区。翌年，太医院迁到新建衙署，在今地安门东大街113号院，

太医院兼有卫生部、总医院、医学院、保健局四种功能，图为清末太医院旧址

大堂东西3间，进深3间，现基本保存。东院为药房。今前院有28户居民，后院为五中分校使用。太医院在宫内上驷院北，设有待诊、休息的处所，旧称"他坦"①，岁月流失，现已无存。

明清的太医院，兼具卫生部、总医院、医学院和保健局四种功能。《明史·职官志·太医院》记载：院使（院长）一人，正五品；院判（副院长）二人，正六品；其属，御医四人（后增到十八人），正八品。生药库、惠民药局，各大使（主任）一人，副使（副主任）一人。清朝略同，但有变化：其一，设管院事王大臣一人（满人）。其二，分为院使和院判、御医、吏目、医士、医生五个等级。其三，院使后为正四品，院判后为正五品，都是汉一人。其四，所属御医十三人，后为正六品，吏目三十人，后为七品八品，医士二十人，给从九品冠带，医生三十人。清康熙朝，太医院的御医，每日轮流值班一百一十一人，总数达到一百二十五人。（《清史稿·职官志·太医院》卷一百十五）

太医分科 明依照传统，分为十三科：大方脉、小方脉、妇人、疮疡、针灸、眼、口齿、接骨、伤寒、咽喉、金镞、按摩、祝由。② 清朝则合为九科：大方脉、小方脉（含痘疹）、伤寒科、妇人科、疮疡

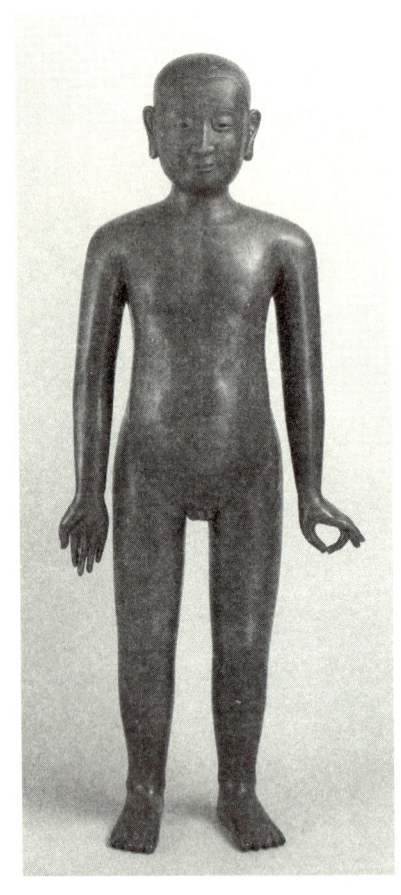

太医院里将刻着经络、穴位的铜人称为"铜神"

---

① "他坦"，又作"塌潭"，为满语音译，汉意是"住屋、住所"。
② 大方脉科，诊治成人杂病；小方脉科，即小儿科；祝由科，治病不以医药，而以符咒。分见《南村辍耕录》和《中文大辞典》。

科、针灸科、眼科、咽喉科（含口齿）和正骨科（含按摩），取消祝由科。其实，还有"食医"。《周礼·天官·冢宰》将食医与疾医、疡医等并列。汉郑玄注："食有和齐药之类。"可见古人对"食医"的重视。康熙间西药进入宫廷，后引进西医、西药。康熙三十二年（1693年）五月，康熙帝因患疟疾，服用法国传教士洪若翰等进的金鸡纳霜（奎宁）而病愈。光绪二十四年（1898年）九月初四日，法国驻华公使馆多德福医生曾为光绪帝诊病开药。但是，太医院始终是以中医中药为主。

御医职掌 主要八项：侍直、进御、扈从、奉差、储药、祭先医、诊视狱囚、施药等。其侍直，各以专科，分班轮值，在宫中称宫直，在外廷称六直。宫直在御药房及各宫外班房值班，六直在外直房（如畅春园、圆明园）值班。扈从，皇帝出巡，御医或奉旨点用，或按班轮直，都给夫马、车辆装载药材，还给账房需用等物。此外，王府、公主府、文武大臣等，太医奉旨前往。还给监狱囚犯、瘟疫患者等治病。所以，御医不一定都能给皇帝看病，给皇帝看病的不一定都是御医。

考选迁转 太医院的御医，来自全国各地，从民间医生以及举人、贡生等有职衔的人中，挑选精通医理，情愿为宫中效力的人，量才录用。如康熙年间，北京同仁堂创始人乐显扬曾任太医院吏目一职，其子凤鸣承袭父业，雍正年间同仁堂供奉御药房的宫廷药材，前后八代，一百八十八年。太医院还设有教习厅，培养医务人才。经历六个寒暑，通过考试合格，才能录用为医士或医生。(《光绪大清会典事例》卷一千一百五) 他们的晋升，六年考试一次，成绩合格，没有差错，一次升补。考试受八股文影响，如一次考题为"知者乐水，仁者乐山"，还看重书法。太医开药方，要字迹端好。这项人事录用和晋升制度的优长是：第一，将考选、迁转限制在院内，调出、调入均少，利于人才队伍稳定；第二，御医、吏目、医士等采取考试方式选拔，择优录用，利于业务水平提升。

薪资待遇 太医院的院使月银三两，左右院判、七品御医均月银二两二钱，吏目、医士月银一两五钱。(《光绪大清会典事例》卷二百五十) 雍正元年（1723年）规定：医士月给公费饭银一两五钱、米九斗。而一个普通太监月银二两，可见御医的俸银是偏低的。

御医给皇帝看病要共同选药、煎药、尝药，图为清代御药房的药柜与药袋

御医治病　《明史·职官志》记载，给皇帝看病六要：一要组成班子，院使、御医和内臣三方共责，相互监督。二要会诊，共同诊断。三要共同选药，联名封记药剂。四要共同监视煎药。五要共同尝药，就是每二剂合为一，煎熟，分作二器，一份御医、内臣先尝，一份进御。清朝比明朝尝药更为严格：一器由御医、院判、内监依次尝药；另一器进御。（《光绪大清会典事例》卷一千一百五）六要脉案方剂存档备查。

药房　设药库储存药材。药材按定例给价，由药商采办，内药房医生切造炮制。清宫药房名目繁多，如御药房、寿药房、东药房、西药房、内药房、外药房、乾清宫药房、武英殿露房、长春宫药房、永和宫药房等。有储药、煎药、配制药品等职能。

二　明宫御医

明宫出现许多名医，前面讲过太医许绅。下面再介绍几位名医。

戴思恭，字原礼，浙江浦江县人。洪武中，征为御医，治疗立效，洪武帝爱重之。燕王朱棣患瘕（jiǎ），就是蛊胀病。洪武帝派思恭往治，见他所用的药都对，但为何不见效，便问燕王好吃什么，回答："嗜生芹。"（喜欢吃生芹菜）。思恭说："得之矣！"《明史》记载："投一剂，夜暴下，皆细蝗也。"（《明史·戴思恭传》卷二百九十九）于是，燕王病愈。晋王朱㭎病，思恭给治愈。不久，复发死。洪武帝大怒，逮治王府诸医。思恭从容进道："臣前奉命视王疾，启王曰：'今即愈，但毒在膏肓，恐复作，不可疗也。'今果然矣！"诸医由是免死。洪武帝不豫，少间，出御右顺门，惩治侍疾诸御医无效者，独慰思恭曰："汝仁义人也，毋恐。"不久，洪武帝死，建文帝立，惩治诸御医，唯独思恭没受惩罚，还提升他为太医院院使。永乐初，又征入，免其拜。后病卒，年八十二。

盛寅，江苏吴江（今苏州市）人。永乐初，为医学正科。一位太监腹胀危重，盛寅投药，药到病除。恰好永乐帝在西苑校射，这位太监前往侍随。永乐帝遥见，愕然道："谓汝死矣，安得生？"太监以实情奏告，因称赞盛寅，召入便殿，令其诊脉。寅奏，上脉有风湿病，帝大然之，进药果效，遂授御医。一日，盛寅与同官在御药房下棋。永乐帝突然驾到，两人收拾棋盘，伏地请罪。命下完棋，且坐以观，盛寅三胜。永乐帝喜，命赋诗，立就。帝益喜，赐象牙棋盘并词一阕。永乐帝晚年要出塞，寅以帝春秋高，劝毋行。不纳，果然死于途中的榆木川。洪熙帝在东宫时，妃张氏经期不至者十月，众医以怀孕祝贺。寅独谓不然，说出病状。张妃遥闻之说："医言甚当，有此人何不令早视我！"及疏药方，乃破血剂。皇太子怒，不用。数日后，病加重，命寅再视，疏方如前。张妃令进药，而皇太子虑堕胎，寅戴枷锁，以待结果。不久，血大下，病旋愈。盛寅被系后，阖门惶怖曰："是殆磔死。"三日后，红仗前导，送还邸舍，赏赐甚厚。（《明史·盛寅传》卷二百九十九）

吴杰，江苏武进人。以善医术，征至京师，礼部考试，列为高等。故事，高等入御药房，次等入太医院，下等遣还。杰对尚书说：诸医被征，待在都下，已十余载，一旦遣还，流落可悯，愿辞御药房，与同人入院。获准。正德帝得病，吴杰一药而愈，即擢御医。一日，帝射猎还，急甚，感血疾。服杰药愈，进一官。此后，每愈帝一疾，就进一官，积至太医院院使，其他赏赐，极为丰厚。帝每行幸，必以杰扈行。帝欲南巡，杰谏曰："圣躬未安，不宜远涉。"帝怒，叱左右掖出。返驾到清江浦，溺水而得病。到临清，急召吴杰。时佞臣江彬怕担责任，力请幸宣府。吴杰担忧，语近侍说："疾亟矣，仅可还大内。倘至宣府有不讳，吾辈宁有死所乎！"近侍害怕，百方劝帝，始还京师。甫还而帝崩，江彬伏诛，中外晏然，杰有力焉。（《明史·吴杰传》卷二百九十九）

凌云，浙江归安（今浙江湖州市）人。为诸生，弃学，北游泰山，在古庙前遇病人，气垂绝，遇一道人，用针刺其左股，立愈。这位道人教授凌云针灸术，治病无不效。乡里人病嗽，绝食五日，众投以补剂，更加严重。凌云说："此寒湿积也，穴在顶，针之必晕绝，逾时始苏。"命四人分牵其发，使勿倾侧，乃针，果晕绝。家人皆哭，凌云言笑自如。一会儿，气渐苏，复加补，始出针，呕积痰斗许，病即除。淮阳王病风三年，请于朝廷，召四方名医，都治不好。凌云用针灸，不过三天，行步如故。金华豪富妇人，少年守寡，得了狂疾，裸形野立。凌云令二人扶持病人，用凉水喷面，用针刺之，果然病愈。吴江一位临产妇人，胎儿三日不下，产妇苦叫，呼号求死。凌云施以针灸，小儿出生。弘治帝闻凌云之名，召他到京，命太医官出铜人，蔽以衣而试之，所刺无不中，乃授御医。年七十七，卒于家。海内称针法者，曰归安凌氏。（《明史·凌云传》卷二百九十九）

三　清宫御医

清宫帝后看病，有新的特点：一是皇帝多懂点医药知识，二是西医西药传入，三是汉医、蒙医、西医在交流。下面讲几个名医故事。

绰尔济，墨尔根氏，蒙古族。天命中人，善医创伤。时白旗先锋鄂硕临战，中矢垂毙，绰尔济为拔镞，敷良药，伤寻愈。都统武拜身被三十余矢，已经昏死，绰尔济令剖白驼腹，置武拜其中，很快苏醒。有患臂屈不伸者，令先以热镬熏蒸，然后斧椎其骨，揉之有声，即愈。（《清史稿·绰尔济传》卷五百二）蒙古医士，长于外科，跌打损伤，有独到处。

伊桑阿，清乾隆中期，以正骨起家。伊桑阿教授徒弟的方法是，将

清朝皇帝基本都懂一些医药知识，图为清御药房的银药锅

清朝时西医西药传入，汉医、蒙医、西医交流也更多，图为清宫旧藏药材

笔管削为数段，包在纸里，打乱摩挲，使其节节都相接合。他用这种方法接骨，屡有奇效。故事，选上三旗士卒中懂骨法者，每旗十人，隶上驷院，名为"蒙古医士"。他们平时不在太医院，而分布在各旗里。凡内廷人员有跌打损伤的，命其医治，限日报愈，如果逾期，则受惩治。礼部侍郎齐召南坠马，伤首，脑出。蒙古医士以牛脬（pāo，膀胱）蒙其首，其创立愈。时有秘方，能立奏效。在蒙古医士中，以伊桑阿最为著名。（《清史稿·觉罗伊桑阿传》卷五百二）

又一例。耶稣会士马国贤，在前往热河途中，从马上摔伤，头部伤势严重。康熙帝派蒙古医士去治疗。蒙古医士对他头上伤口，用填塞烧焦棉花治好。对摔伤的肋骨处，突然泼冰水，促使其肋骨复位。对重伤的头骨，用带子绑头震动，使头部错位处复位。结果治愈了马国贤的病。

（转引自关雪玲《清代宫廷医学与医学文物》）

吴鉴,安徽人。雍正中,官太医院判。雍正帝苦头风病,御医们束手无策,吴鉴一药而愈。赏赐他,不接受。问他要什么,愿子孙以此为业,允许。(《医宗金鉴》外科一门)

徐大椿,江苏吴江(今苏州市)人,为人聪明,长身广颡,精慧过人。为学生时,探研易理,好读黄老与阴符家书,无不通究,尤精于医。他给人治病的故事,民间广泛流传。乾隆二十四年(1759年),大学士蒋溥病,乾隆帝命征召海内名医,大椿被荐入都。徐大椿奏蒋溥病不可治,乾隆帝嘉其朴诚,命入太医院。不久请求归里。后二十年又被召到京,已七十九岁,后卒于京师。(《清史稿·徐大椿传》卷五百二)

皇帝是天下最难对付的患者。这种困难体现在三个方面:保密性严,疗效性高,风险性大。

第一,保密性严。举一例。**商景霨**,浙江淳安人,明大学士商辂(lù)十世孙。商辂在乡试、会试、殿试中都是第一名。"终明之世,三试第一者,辂一人而已。"(《明史·商辂传》卷一百七十六)景霨精医学,任太医院院判,医术高,多奇效。清礼亲王昭梿说:"予尝鼻衄(nù,鼻出血),出血数升,公曰:'督脉未绝,尚可医治。'煮参数两,饮之立愈。性直悫,抚诸弱弟甚友爱,所蓄医金,尽为其弟盗用,殊不较也。供奉大内数十年,不泄漏禁中事,有询之者,惟曰'圣躬万安'而已。有某太医性便佞,好与仪、成藩邸交接,公立劾罢,曰:'是人心术不纯,不可侍上左右。'"(《啸亭续录》卷四)嘉庆帝赏他五品衔,以示荣宠。

第二,疗效性高。宫中治病,首重疗效。如疗效不佳,常受申斥,甚至受到严惩。如康熙四十五年(1706年)十一月二十四日,太医院院使孙之鼎等,奉旨治疗领侍卫内大臣颇尔盆痔漏复发症,病势发展到臀部,浓血每天可流一碗,散发恶臭,病情严重。御医束手无策,只得如实奏报。康熙帝对此不满,在孙之鼎奏折上朱批:"庸医误人,往往如此。"不满之情,跃然折上,御医得如,心惊肉跳!乾隆二十年(1755年),太医院院使刘裕铎领旨治疗领侍卫内大臣伯依勒慎伤寒发疹之症,经过治疗,病情加重,刘裕铎急忙呈奏皇上。乾隆帝闻讯不满,降旨内务府大臣:你去守着他们,看其如何治病。又如光绪帝死前一年,因为病情复杂,太医久治不愈,而光绪帝心情烦躁,常对御医发泄不满。光绪三十四年(1908年),他谕示:"近来耳堵鸣响,日甚一日,几不闻声,屡服汤药,寸效全无,名医伎俩,仅止如此,亦可叹矣!"医治疗效果不佳,受到严厉申斥。(《清宫档案揭秘》)

第三,风险性大。一药误投,生死所系,出了事故,要遭不测。御医入诊,视为危途。发生医患矛盾,有时性命难保。如明刘文泰任右通政,管太医院事,以药剂不当导致成化帝丧命,受到参劾,降为院判。弘治十八年(1505年)夏,弘治帝本来患热病,文泰误投大热之剂,弘治帝病加重,烦躁不堪,以至病死。正德帝继位,廷臣以"文泰一庸医,致促两朝圣寿"(《万历野获编·刘文泰》补遗卷三)。奏请斩首,后改遣戍。清帝多以知医自诩。如康熙四十二年(1703年)七月十三日,康熙帝在御医张献等人治疗宗室赫世亨疾病奏折上朱批:"理气健脾丸药,有补脾助消化之效,着每日早晨将一钱药以小米汤同时服下,想必有益。着由御药房取药试用。除此之外,禁止服用其他补药及人参等。"皇帝开方,敢

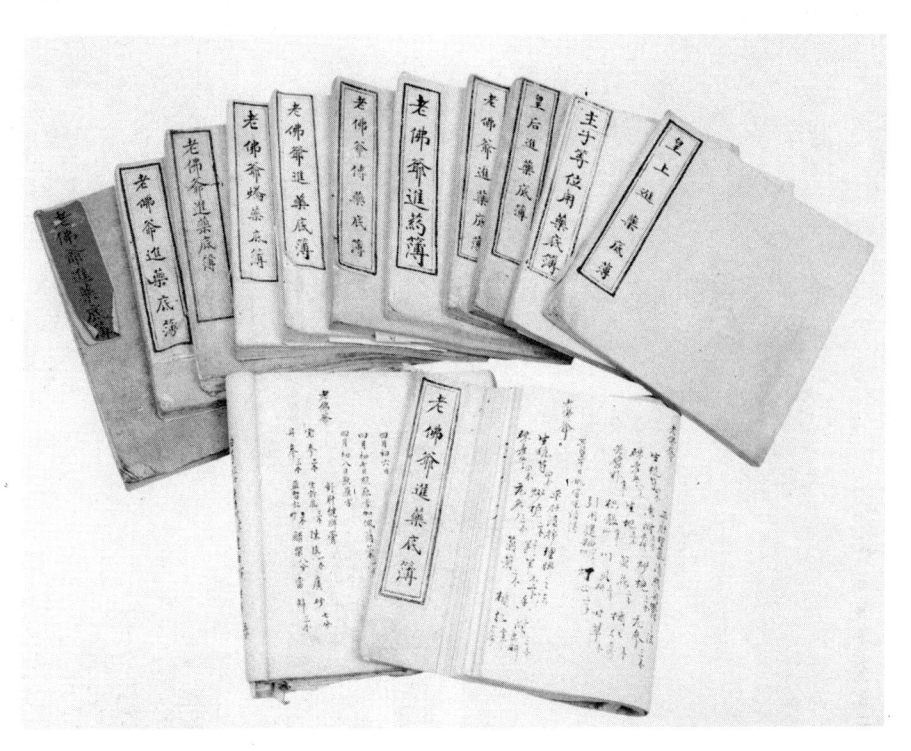

御医是天下工作压力和风险最大的医生,图为慈禧、光绪进药底簿

不照办！如乾隆十九年（1754年）闰五月初九日，乾隆帝得知大臣梁九功额头生有一个黄豆大的疮，朱批："着速用黎峒丸。"不久，梁九功就痊愈了。再如光绪三十三年（1907年）八月的一天，光绪帝在御医给他开的处方上写道："若常用热剂一味峻补，恐前所发之恙复见于今。尚宜斟酌立方，如生地、元参、麦冬、菊花、桑叶、竹茹等清凉养阴之品，每日稍佐两三味，以防浮热时常上溢。"不管用药是否对症，御医也需遵旨照办。（《清宫档案揭秘》）

明清帝王对御医也有恩遇。雍正七年（1729年）三月二十三日，太医院院使刘裕铎治好了侯陈泰的伤寒病，雍正帝降旨：侯陈泰病症难为，经刘裕铎诊治痊愈，著赏记功一次。给慈禧太后治过病的薛福辰又是一例。薛福辰本是江苏名医，慈禧患病，应召入京。经精心治疗，效果颇佳。慈禧病愈后，特赐"职业修明"匾给薛福辰。大功告成，本应回籍，但"老佛爷"却不准他出京，还须旧恙全无，方许报安。不料，其间小女竟在家染病身亡，薛福辰悲言难诉。（《清宫档案揭秘》）

《明史·方技传》载医生十九人，其中御医六人。《清史稿·艺术传》载医生四十五人，其中御医三人。名医多非御医，御医多非名医。清代医学，重于考据，没有解剖学。康熙帝的人体解剖学著作，尚不能出版，遑论他人？名医王清任夜间解剖死刑者尸体，参证兽畜，著《医林改错》，为中国人体解剖学开山之作。后唐宗海推广发挥，著《中西汇通医经精义》。"两人之开悟，皆足以启后者。"（《清史稿》卷五百二）

第五十七讲 皇家敬畏

明君有畏,昏君无惧。做帝王将相,做平民百姓,常敬常谦,日勤日慎,都是应当去做的,也是很难做到的。人,不可没有敬畏之心。学点历史,以此共勉。

第五十七讲　皇家敬畏

古往今来，人有敬畏。有人问：皇帝有敬畏吗？有。"国之大事，在祀与戎。"（《左传·成公十三年》）祭祀是古代国家和帝王的大事。皇家敬畏，分开来讲。

一　敬天敬祖

明清皇家祭祀形成了一套完整的国家坛庙体系，祭祀大体分为三类：一是"奉天"，如祭祀天、地、日、月等；二是"法祖"，如太庙、奉先殿、孔庙、历代帝王庙之祭等；三是"宗教"，如祭祀佛、道等。俗称"九坛八庙"。"九坛八庙"指的是什么？有不同说法。其中的一说，"九坛"是指天坛、地坛、日坛、月坛、社稷坛、先农坛、先蚕坛、神祇坛和太岁坛，"八庙"是指太庙、孔庙、历代帝王庙、堂子、雍和宫、奉先殿、传心殿和寿皇殿。这些坛庙的祭祀，清朝礼制，分为三等——大

明清皇家祭祀分奉天、法祖、宗教三类，图为法祖祭祀所在地太庙

奉先殿为帝王的家庙，图为后殿内部旧影，该殿内部陈设现已无存

祀十三、中祀十二、群祀五十三，共七十八祀。大祀由皇帝（或遣官）主祭。皇帝亲祭天地、宗庙、社稷（或遣官告祭）等，其他或亲祭，或遣官。如祭先农，本来是中祀，但雍正帝在位13年，亲祭12次。

"九坛八庙"七十八祀太多，我着重讲中轴线上的"左祖右社"和"左天右地"。

"左祖"是宫左前祭祀皇帝祖先的太庙（今北京市劳动人民文化宫）。太庙前殿后寝，翼以两庑，黄琉璃瓦顶。四季孟月（每季第一个月）及岁末共五次祭祀。皇宫里还建了一座皇帝家庙——奉先殿。奉先殿前为正殿，重檐黄琉璃瓦庑殿顶，后为寝殿，中间以穿廊连接，呈"工"字形，坐落在汉白玉石须弥座上。凡遇朔望、万寿、元旦、冬至及国家大庆等祭仪，皇帝都要到奉先殿举行告祭礼。

家庙所供物品，各月不同，每日不同，所谓"月荐新，日供养"，而且都是新鲜上好的食物。明清两代皇帝家庙每月荐新：

月份	明代	清代
正月	韭菜、生菜、荠菜、鸡子、鸭子	鲤鱼、青韭、鸭蛋
二月	芹菜、苔菜、蒌蒿、子鹅	莴苣菜、菠菜、小葱、芹菜花、鳜鱼
三月	鲤鱼	黄瓜蒌、蒿菜、云台菜、茼蒿菜、水萝卜
四月	樱桃、杏子、青梅、王瓜、雏鸡	樱桃、茄子、雏鸡
五月	桃子、李子、茄子、小麦、嫩鸡	杏、李、蕨菜、香瓜子、鹅桃、桑葚
六月	莲蓬、甜瓜、西瓜、冬瓜	杜梨、西瓜、葡萄、苹果
七月	枣子、葡萄、梨、鲜菱、芡实	梨、莲子、榛仁、藕、野鸡
八月	藕、茭白、嫩姜、粳米、粟米	山药、栗实、野鸭
九月	橙子、栗子、小红豆、沙糖、鱼	柿、雁
十月	柑子、橘子、山药、兔、蜜	松仁、软枣、蘑菇、木耳
冬月	鹿、雁、荞麦面、红豆、沙糖	银鱼、鹿肉
腊月	菠菜、芥菜、鲫鱼、白鱼	蓼芽、绿豆芽、兔、鲟鱼

"**右社**"是宫右前祭祀土地和五谷的社稷坛（今中山公园）。社稷坛祭祀的是土地和五谷。社稷坛中心为五色土——中为黄，东为青，南为红，西为白，北为黑。小时候不知是为什么，大些了知道五行说，再大些走万里路时看到：黄河中原土地为黄色，东方土地色发青，南方云贵土地为红色，北方黑龙江土地为黑色，而西方呢？我到伊犁河去考察，看到土地是白色。所以，社稷坛上的五色土是中华大地五方土地颜色的缩影与象征。

"**左天**"是中轴线南端左面的天坛。天坛周围十里，主要建筑有圜丘、祈年殿、皇穹宇和斋宫等。记得有一次我同几位法国教授谈话，我问：你们认为北京哪儿最好？他们共同的回答是：天坛的圜丘和祈年殿。后来我又求证中国和外国朋友，也是同样的回答。天坛就其建筑艺术与哲学理念，是中华传统文化的精粹。

"**右地**"是中轴线南端与天坛对应的先农坛（今北京古代建筑博物馆）。先农坛周围六里，主要建筑有太岁殿、先农坛、观耕台等。先农坛的一亩三分地，是皇帝的亲耕田。皇帝行耕藉礼，表示重视农业。

我国古代，"国以民为本，民以食为天"。苍天之下，土地之上，农民辛劳，种植五谷，所以需要"五敬"——敬天时、敬土地、敬五谷、敬先农、敬祖宗。这是农耕文明敬畏的集中体现。

祭祀要敬诚。一次，孝庄太皇太后病，康熙帝往白塔寺进香。出宫之前，大雨如注，近侍奏请稍后雨小再行。康熙帝说"近因圣祖母偶尔违和，朕心深切忧虑"，为示诚敬，遂冒雨行。（《清圣祖实录》卷一百二十二）乾隆帝敬祀时自责道："罪不在官，不在民，实臣罪日深"，"惟予小子，临民无德"等。乾隆帝可能言行不一，但总比文过饰非为好。

皇家敬畏，礼制完备。宗教祭祀方面，主要是佛与道。

二　奉佛奉道

在紫禁城里有大量宗教建筑，佛堂、藏传佛教佛堂、道观等，一年四季，祭祀不断。皇宫礼佛念经的殿堂，有西北角的英华殿，东北角的景福宫，呈犄角形，建筑对称。

英华殿为明万历帝生母李太后礼佛所建，是故宫仅存的明建佛堂。后为清皇太后及太妃、太嫔们礼佛之处。英华殿区东西70米，南北104米，占地7280平方米，建筑慈严，环境肃幽，内苍松翠柏，外宫墙环护。英华殿大佛堂建筑规格高，为面阔五间黄琉璃瓦歇山顶，左右垛殿，各为三间，前出月台，经甬道与英华门相接。门两侧有琉璃影壁，仙鹤灵姿，欲飞欲落。院内有两株菩提树，为李太后手植。盛夏开花，为淡黄色，有菩提子，色黄莹润，可做念珠，乾隆帝为此

故宫佛堂英华殿内有万历帝生母李太后手植的菩提树，图为菩提子做的手串

题诗立碑，并建御碑亭。清沿明旧，太皇太后、太后太妃们常在殿里，拈香礼佛，诵经祈愿。

景福宫是皇宫东北角一处独立宫院。康熙二十八年（1689年），康熙帝为孝惠太后建造了这座礼佛殿堂。前为景福门，门内为景福宫，后有两座供佛的楼阁：佛日楼和梵华楼。康熙帝在景福宫建成后写了一首颂诗："慈颜懿教，祇奉铭箴。福祉灵寿，遐龄喜深。松筠玉树，绕彻清音。淑德纯嘏，萱枝茂林。挥毫敬颂，永日葵心。"乾隆帝也在诗文中说，此宫是"我皇祖奉孝惠太后所居也"。乾隆帝晚年，喜得五世同堂，对景福宫重新修葺，书写"五福五代堂"匾，悬挂在景福宫。此后景福宫又被称为"五福五代堂"。

佛堂 分布内廷各处，至今保留原状。藏传佛教自13世纪传入内地，得到元朝皇帝的敬奉。明清皇帝都奉行扶植藏传佛教的政策。清帝更把扶植藏传佛教作为治理蒙藏地区、巩固皇权的重要国策，故藏传佛教的佛堂在宫内逐渐增多。清康熙年间，特设专门管理宫中藏传佛教事务的机构"中正殿念经处"，主办宫中喇嘛念经、造办佛像、法器、供器等事务，将佛事活动作为一项制度列入《大清会典》。乾隆帝师从三世章嘉呼图克图活佛，学习密宗佛法，今见宫中各处众多的佛堂大都是乾隆朝所建，为宫内佛堂专门制作的神像、神器、唐卡，都是精美华丽的艺术佳作。

中正殿一组建筑是宫中佛教活动的中心，位于内廷西六宫的西侧，共有建筑十余座，从南到北依次为雨花阁、宝华殿、香云亭、中正殿（已毁）、延春阁，最后为建福宫花园等。中正殿供奉无量寿佛，念诵无量寿经，祝福皇帝长寿，是皇帝做佛事的佛殿。殿前香云亭内设大小金塔7座，金佛5尊，又称为金塔殿，极为精美，可惜中正殿、香云亭、淡远楼等在1923年毁于建福宫花园的一场大火。今建福宫花园、延春阁等已经复建。

宝华殿是一座三间小殿，供奉释迦牟尼像。清宫每年在这里举办大型佛事活动"送岁"，由喇嘛表演"跳布扎"，俗称"打鬼"。在宫中表演这种带有浓郁的西藏风格的宗教舞蹈，浓烈隆重，极有特色，皇帝也

雨花阁是我国现存最完整的藏密四部神殿，也是汉藏建筑合璧的经典

常亲临观看。与宝华殿同期建造的有雨花阁。

雨花阁为明三暗四——外观三层、内里四层的楼阁式建筑，带有浓厚的西藏佛教建筑特点。雨花阁是目前我国现存最完整的藏密四部即事部、行部、瑜伽部、无上瑜伽部的神殿，严格按照藏密的四部设计。一层称"智行层"，悬挂着乾隆帝御书匾额"智珠心印"，供奉无量寿佛，乾隆十九年（1754年）添做的三座精美珐琅坛城，至今保存完好。二层为夹层，称"奉行层"，供佛9尊，中为菩提佛，左右供佛母、金刚各4尊，墙壁挂满唐卡，夹层祥淡光线，衬映佛堂神秘。三层供奉瑜珈部五尊佛像，又称"瑜珈层"。四层为"无上层"，供奉密集、大威德、胜乐佛三尊，为双身像，即"欢喜佛"，青铜铸造，精美绝伦，为佛像中之精品。雨花阁不仅是一座神秘的佛楼，而且是一座汉藏建筑合璧的典型作品。雕龙穿插枋、柱头上的兽面装饰、鎏金铜喇嘛塔宝顶、四条金龙飞跃脊上等，都具有鲜明的藏式建筑风格。再衬以蓝琉璃瓦，建筑形制，精巧独特。从保和殿往西北看，红墙黄瓦的宫殿建筑群中，雨花阁光彩绚丽，格外夺目。

阁西北的梵宗楼，三间，两层，供奉宫中高1.72米的最大青铜佛像，称大威德怖畏金刚，以威猛降伏恶魔，是重要的护法神。乾隆帝将自己用过的盔甲、衣冠、兵器供奉在佛像前。

雨花阁前东西配楼，乾隆年间曾供奉三世章嘉呼图克图和六世班禅的影像，表达了乾隆帝对藏传佛教，对班禅六世和章嘉国师的崇敬。

清宫的佛堂多，佛事多。如中正殿全年365天都有喇嘛念经，雨花阁、养心殿、慈宁宫花园等佛堂每月有固定的天数念经。由于佛堂设在内廷，念经的喇嘛也多由太监充任。

清宫有大量佛教用品，如供器、供品、唐卡、佛像等。这些用品多为清宫造办处、中正殿念经处承做，制作精美，气派高雅，大多完好地保存下来，成为藏传佛教艺术珍宝，更是中华珍贵文化遗产。

明清宫廷祭祀，皇宫内外，既有佛堂，也有道观。

道场 大家都知道唐朝皇帝姓李，道教始祖老子也姓李，所以唐高宗李治时，以老子为李氏祖先，尊为"太上玄元皇帝"，州郡设道观。宋朝大建宫观，在太学设《道德经》、《庄子》博士，道教大盛。元帝也尊崇道教。全真教创始人丘处机，山东登州栖霞（今烟台栖霞）人，远达阿姆河，与成吉思汗对话——问为治之方，答："敬天爱民为本。"问长生之道，答："清心寡欲为要。"被赐"神仙"，尊为"大宗师"，住大都白云观。明朱元璋是和尚出身，但他的子孙永乐帝、弘治帝、嘉靖帝、万历帝等都尊崇道教。

燕王朱棣起兵，据说得到真武大帝佑助，取得皇权，北兴皇宫，南建武当，大尊道教。在紫禁城建钦安殿，供奉真武大帝，保佑江山平安。钦安殿坐落在紫禁城中轴线北端，重檐盝顶，面阔5间，进深3间，有汉白玉石须弥基座，前出宽敞月台，四围望柱栏板，上设鎏金宝顶，造

钦安殿内供奉着据说是燕王朱棣"保护神"的真武大帝塑像

型别致，宫中仅见。后嘉靖帝在钦安殿外，增筑燎垣（围墙），建天一门，自成院落。在 2004 年大修钦安殿时，发现宝顶内珍藏三千余卷佛经，后回归原位。

永乐帝在兴建钦安殿时，又敕建武当山道观（在今湖北省十堰市境内）。武当山气势雄奇："气吞秦华银河近，势压岷峨玉垒高。"（徐霞客语）"七十二峰接天青，二十四涧水常鸣"，形势险峻，山峦崎岖，溪涧四布，山峦险处，高筑城墙，太和金顶，海拔 1612 米，构建金殿，重檐庑顶，伟丽壮观，灿烂辉煌。金殿的全部铜件，在京铸造，运到武当，上山安装，犹如"皇冠上的宝珠"。殿外檐下悬挂鎏金匾额"金殿"。五百年来，香火不断，出现"五里一庵十里宫，丹墙翠瓦望玲珑"的道界盛景。武当山宫观被列入"世界文化遗产"名录。武当宫观至今六百年。有曰："不到名山武当，人生白来一趟。"在武当山还有张三丰的故事。

张三丰 辽东懿州（今辽宁省黑山县一带）人，名全一，号三丰。

武当山金殿的全部铜件在京铸造，运到武当，犹如"皇冠上的宝珠"

因不修边幅，外号张邋遢。寒暑一衲一蓑，吃饭升斗辄尽，或数日一食，或数月不食。喜游荡，善嬉谑，口如悬河，旁若无人。尝游武当山，跟人说："此山异日必大兴。"明洪武帝闻其名，派官寻找，没有找到。后居陕西宝鸡金台观。一日，自言当死，果然死了，被装棺入殓。葬时，棺内有声，打开棺材，人复活了。三丰再入武当，行踪奇幻莫测。永乐帝派给事中胡濙偕太监朱祥携带玺书香币往访，遍历山川，数年不遇。永乐帝命工部侍郎郭琎等，督丁夫三十余万人，大营武当宫观，费以百万计。既成，赐名大岳太和山，设官铸印以守。这竟符合了张三丰的预言。(《明史·张三丰传》卷二百九十九) 武当山九宫八观之一的遇真宫，相传是张三丰结庵修道处而敕建，至今六百年。现存遇真宫山门和东西宫门，因丹江水库工程所需，在原地整体提升15米，成为中外文物保护的一段佳话。

明嘉靖帝重道，在紫禁城外西北建道教殿阁一区，大高玄门里，前为大高玄殿，中为"九天应元雷坛"，后为乾元阁——楼阁式，外观二层，内部三层，上圆（蓝琉璃瓦）下方（黄琉璃瓦），造型独特，国内仅见。嘉靖时，道士炼丹药，官员写青词，道香缭绕，斋醮不断，求长生不老，祈羽化成仙。

清雍正帝既礼佛，也重道。他在圆明园炼丹药，求长生。但道教在宫中地位远不如佛教。体现明清皇帝敬畏的重要仪式，是在斋宫斋戒。

三 斋宫斋戒

祭祀是宫廷的重要典礼，凡是皇帝亲祭，则要先期斋戒。祭祀与斋戒，是对受祭者诚敬的一种礼仪，表达对所祀之神的自省，也是对敬祀者的一种约束。斋戒时要外净其身（沐浴），内净其心（修省），讲"三斋五戒"。"三斋"是大祀斋戒三日，"五戒"是不饮酒、不吃荤、不作乐、不理刑名、不近女色，以示敬诚。斋戒时进铜人，明制铸铜人高一尺五寸，手执牙简，大祀书"斋戒三日"，中祀书"斋戒二日"。据传"铜人"是以唐朝著名谏臣魏征的形象铸造的。

明帝斋戒在文华殿（或武英殿）。斋戒时，皇帝白天在文华殿的东室斋居，西壁上写有"正心诚意"字样，门楣上写有"敬一"字样，晚上在西室斋宿。当时文华殿西北有"省愆居"，为简陋木制小屋，地基高三尺，木墙下不接地，好似大囚笼，国家逢大祀和遭大灾时，皇帝要在这里修省。崇祯年间，内外乱事不断，崇祯帝多次来省愆居修省。

说到斋戒，必讲斋宫。

天坛斋宫，坐西面东，由两

皇帝祭祀前要先斋戒，并进铜人

天坛斋宫是中国祭祀斋戒建筑的杰作，图为无梁殿

重宫墙、两道御河围护，平面呈"回"字形①，有前正殿、后寝殿、钟楼、值房等建筑。斋宫正殿为无梁殿，建于明永乐十八年（1420年），高约18米，绿琉璃瓦庑殿顶，五间，殿内为砖券拱顶，没有梁柱，殿前月台，崇基石栏。无梁殿是皇帝白天斋戒场所，殿内陈设朴素，悬乾隆帝御笔"钦若昊天"匾。斋宫布局严谨，环境典雅肃静，是中国祭祀斋戒建筑的杰作。斋宫后寝殿，也是五间。乾隆帝《斋宫诗》云："引仗青旗出禁城，祥凝楼雪晓风轻。祈辛预日斋宫宿，又得新诗纪上庚。"（《日下旧闻考》卷五十七）先农坛斋宫在东外坛，围墙护卫，清中期改为庆成宫。

宫内斋宫：雍正九年（1731年）在紫禁城内建斋宫，将斋戒仪式改在宫中进行。斋宫位于乾清宫东、毓庆宫西、景仁宫南，为独立宫院。斋宫门内，两进院落。前院正殿，斋宫5间，内悬"敬天"匾，为乾隆帝御笔。宫内藻井，雕悬蟠龙。东暖阁为书屋，西暖阁为佛堂。后院为寝殿，初名"孚颙殿"，后改为"诚肃殿"，寝殿5间，黄琉璃瓦歇山顶。东西配殿，各为3间。规定祭天、祈谷、常雩（求雨）等大祭，祭

---

① 清乾隆帝建斋宫后寝殿时，将内御沟西面填平，呈"冂"（jiōng）字形。

前三日，皇帝御大内斋宫斋戒；祭地、太庙、社稷等中祀，祭前二日，在养心殿斋戒。养心殿东暖阁后室东一间小室，无窗，内有仙楼，为供佛之处，室内有床，为皇帝在殿内斋戒时寝室，有乾隆帝《御制养心殿斋居诗》为证。

雍正帝于1731年在紫禁城内建斋宫，并将斋戒仪式放在宫中进行

清帝宿斋宫斋戒时，进铜人。自雍正十年（1732年）始，致斋之日，皇帝与王公大臣、宫中行走人员，都佩戴斋戒牌（胸牌）。《清会典》载："斋戒牌木制，饰以黄纸，以清、汉文书斋戒日期。"斋戒牌，宽一寸，长二寸，形状质地，各有不同，有方形，也有圆形，有银、玉、木、象牙质地等，悬于衣襟之前（类似胸牌）。遇斋日，宫眷不得在其附近行走。斋戒期内，宫中各门额均悬挂斋戒木牌，结束后撤去。如遇祭天，斋戒三日，皇帝在斋宫只住两日，第三日住天坛斋宫。

天坛斋宫西为神乐署（神乐观），是祭祀乐队联合演习的场所。里面的鼓，有两面、四面、六面和八面等，笙箫管籥（yuè，古乐器），中和韶乐。

到天坛祭祀，明朝最勤的皇帝是成化帝和弘治帝，每年都亲祭；最懒的是万历帝，在位48年，仅去天坛祭祀4次。清朝皇帝最勤的是康熙帝（87次）和乾隆帝（158次）；较懒的是咸丰帝（12次）。

开头我提出：皇帝有敬畏之心吗？有。我举两个史例。康熙帝一次在宫中设坛祈祷,长跪三昼夜,日惟淡食,不御盐酱,到第四日,步诣天坛,大雨如注,水满两靴,衣尽沾湿,步行回宫。其敬诚之心,诸臣莫不感动。(《清圣祖实录》卷二百七十五)唐太宗说:"朕每思出一言,行一事,必上畏皇天,下惧群臣。"(《贞观政要·谦让》)所以,唐太宗时以"常谦常惧,日慎一日"自警。然而,明君有畏,昏君无惧。总之,**做帝王将相,做平民百姓,常敬常谦,日勤日慎,都是应当去做的,也是很难做到的。人,不可没有敬畏之心。学点历史,以此共勉。**

【附　录】

明朝皇帝天坛祭祀年表

年号	在位年数	天地合祭	祈谷	冬至祭天	祈雨祈雪谢雨谢雪	告祭
永乐	22	4				
洪熙	1	1				3
宣德	10	9				
正统	14	10				3
景泰	8	7			1	
天顺	8	6				3
成化	23	23			1	
弘治	18	18				
正德	16	15				
嘉靖	45	9	1	7	5	3
隆庆	6			4		
万历	47			3	1	
泰昌	1					
天启	7			1		
崇祯	17		2	5	2	
14位	243	102	3	20	10	12

注:明英宗两次登基,年号分别为正统和天顺。

清朝皇帝天坛祭祀年表

年号	在位年数	孟春祈谷	冬至祀天	常雩 大雩	其他（告祭等含遣官告祭）
顺治	18	3	10	2	4
康熙	61	38	44	5	5
雍正	13	12	11		1
乾隆	60	58	60	40	1
嘉庆	25	25	25	25	
道光	30	27	27	29	
咸丰	11	7	5	8	
同治	13	2	2	3	
光绪	34	19	19	18	
宣统	3				1
10位	268	191	203	130	12

注：表格由天坛公园管理处于辉副主任提供。

第五十六讲　庙学联珠

疾风知劲草，秋霜见柿红。以李时勉、涂元梦、王懿荣、蒋衡等为代表的明清正气士人，明志笃学，坚韧挺拔，功成而败，败而再成，学绩卓越，风节高亮，一代楷模，后人景仰。

第五十八讲　庙学联珠

北京东城区安定门内的成贤街（国子监街），被誉为中国第一历史文化名街，街的东西竖立着四座牌坊。街中左庙（孔庙）右学（太学即国子监），坐北面南，彼此相邻，庙学联珠，蔚为壮观。北京孔庙和国子监是元明清六百多年间国家最高文化教育的殿堂。

一　三大殿堂

孔庙和国子监既彼此为邻，又各成院落。孔庙的大成殿，国子监的辟雍和彝伦堂，是其典型的、精美的历史文化殿堂。

孔庙是祭祀儒家学派创始人、大思想家和大教育家孔子的庙堂。早在成吉思汗起兵初，攻城略地，掳掠焚杀，耶律楚材向蒙古大汗谏言，

孔庙是中华传统文化的象征，体现中华儒家文化之魂，图为大成殿

要尊儒，被采纳，也尊儒学为国学。孔庙建成于元大德十年（1306年），后经明、清改建和重建，成为现在的格局，占地22 000平方米，建筑面积7400平方米，院内苍松翠柏，古树参天。①

大成殿 孔庙中轴线上有三进院。大门（先师门）内为第一进院，东西有碑亭等，院内布列进士题名碑。大成门内为第二进院，主体建筑大成殿，面阔9间，进深5间，建在2.24米高的露台上，露台三出陛，四周有石护栏。大成殿通高33米，殿内有孔子塑像、神位，上悬康熙帝御书"万世师表"匾。殿前东西庑对称，各19间，长80米，宽13米，面积1040平方米。②从祀先贤先儒156人。崇圣门内为第三进院，有祭祀孔子先人的崇圣祠5间，上覆绿琉璃瓦。雍正五年（1727年）二月初七日谕："定八月二十七日，先师诞辰，官民军士，致斋一日，以为常。"（《清史稿·礼志三》卷八十四）这是清代的"孔子节"。孔庙是中华传统文化的象征，体现中华儒家文化之魂。③

清朝对孔庙做了重大礼制提升举措：

其一，**称谓**。"大成至圣先师孔子"，孔子由"文宣王"，被尊为"继尧舜禹唐文武"后的"至圣先师"。

其二，**殿瓦**。大成殿原是灰瓦，明万历二十八年（1600年）下诏换成绿琉璃瓦。清乾隆二年（1737年），命孔庙"大成门、大成殿，著用黄瓦"。（《清高宗实录》卷五十）

---

① 触奸柏：今孔庙有古树108棵，国子监有古树43棵，其中孔庙内最大的一棵柏树，相传是元代国子监祭酒许衡手植，近七百年树龄，繁枝盘错，挺拔苍翠。传说明朝严嵩代嘉靖帝祭孔时，行至树下，树枝揭掉了他的乌纱帽。几年后又长出了一个树瘤，横看似一个龙爪抓住了一个人头。人们便认为柏树有知，能够辨别忠奸，因此称之为"触奸柏"或"辨奸柏"。

② 中国书店于1961年4月到1964年4月，将专家服务部及部分内柜书迁到孔庙东庑营业，那时我常去看书，中午带个窝窝头，书店先生极为热情，供应开水。有时也到其西院国子监的首都图书馆善本部看书。孔庙的书，全部开架，阅读方便，获益良多，至今铭记。

③ 砚水湖：北京孔庙中的一眼古井，因坐落在德胜门至安定门内地带的水线上，井水常溢到井口，水清澈而甘洌。相传进京科考举子在孔庙拜谒后，如饮井中"圣水"，便能文思泉涌，笔下生花。以井水磨墨，会浓墨喷香，落笔如神。清乾隆帝特赐其名为"砚水湖"。

其三，**殿顶**。大成殿的殿顶，为最高建筑等级的庑殿顶。与皇宫的太和殿、奉先殿、皇极殿同为庑殿顶。其大小枋额，用和玺彩画。曲阜孔庙的大成殿，也为黄琉璃瓦庑殿顶。

其四，**大祀**。以孔子"德配天地，万世师表"，著由中祀，升为大祀。(《清德宗实录》卷五百六十六) 祭孔子的文庙，同祭天、地、宗、社等并列为大祀。

在国内，山东曲阜的孔庙，则是孔子的家庙。各府州县都有孔庙（今存约509座）。在台湾，清台湾府（今台南市）也建有孔庙。今台北市孔庙保护完好，大成殿内高悬康熙帝御书"万世师表"匾。

在国外，越南、日本、韩国都有孔庙。越南河内孔庙（文庙），有900多年历史，占地24 500平方米，内有进士题名碑82通，镌刻1306名进士的姓名和籍贯。日本东京的孔庙曾是国家文庙，今足利孔庙仍供奉木雕孔子坐像，今长崎孔庙巍然屹立。韩国成均馆是"前（文）庙后（太）学"的布局，也有与中国孔庙同名的大成殿等建筑。

国子监 明永乐迁都北京后，在北京设国子监。明朝国子监有两处，在南京的叫南监，在北京的叫北监。监的正堂为明伦堂（彝伦堂）。国子监的贡生、监生分别在率性、修道、诚心、正义、崇志、广业六堂中学习。太学设施齐全，有会馔堂（餐厅）、厨房、库房、浴所，还有监生的集体宿舍，叫作"号房"。带家属的监生要在外边居住，每月发给定额白米作为生活费。

清代国子监生员有满、蒙、回、汉等族学生，还有朝鲜、暹罗（今泰国）、安南（今越南）、俄罗斯、日本和琉球的留学生。在监生员多时有一万人。如琉球曾先后派遣8批共30多名留学生，来国子监学习。清对琉球学生更为优待，设"琉球学馆"，供应他们每人每日鸡1只，肉2斤，茶5钱，豆腐1斤，椒、酱、油、菜具备。乾隆朝又给每位留学生增加黄酒1瓶，菜1斤，盐1两，油2两。春秋发锦缎袍褂，纺丝绸、靴袜、凉帽各一；夏天赐纱袍褂、罗衫裤各一；冬季赐缎面细羊皮袍、棉袄棉裤各一，貂皮帽、鹿皮鞋、绒袜、被褥、席枕俱全；文房用品每月给银一两五钱，人人有份。

国子监太学门内，有琉璃牌楼，牌楼北就是辟雍。

辟雍 国子监全部建筑的中心是辟雍。辟雍是一座方殿，面阔16.96 米。为乾隆四十九年（1784 年）修建，高 22.44 米，屋檐四角攒尖顶，上盖黄色琉璃瓦，最高端为铜胎鎏金宝顶，高 32 米。它坐落在圆形水池中央，四面有四座石桥，白石护栏围饰，这就构成了天圆地方、辟雍环水的建筑格局。为什么叫辟雍呢？环形碧水，如古玉璧，故为"辟雍"。辟雍为一座高大和谐、雍容华贵的仿周代形制的礼制建筑。雍正、乾隆帝到国子监讲学，讲坛就设在辟雍。

辟雍是国子监的中心，雍正、乾隆曾在此讲学，图为雍正帝讲学图（局部）

乾隆五十年（1785 年）春天，75 岁高龄的乾隆帝在辟雍举行盛大的"临雍讲学"典礼。他讲的内容是《大学》中的名言："为人君，止于仁；为人臣，止于敬；为人子，止于孝；为人父，止于慈；与国人交，止于信。"王公大臣，国子监师生，都要跪着听，仅听讲学生就有 3088 人，再加上各级官员、朝鲜使臣等，总数不下四五千人。那时没有麦克风,通过"传胪"官员,层层传声。讲后国子监师生到成贤街跪送。

辟雍东西两侧各有檐廊周房 33 间,每 11 间为一堂,设置为东、西六堂。东为率性、修道、广业三堂,西为诚心、正义、崇志三堂,是国子监分班肄业的场所。晚间要上晚自习,"传柝三更静,挑灯六馆明",是对学生们苦读经书的真实写照。

彝伦堂 悬挂康熙帝御书"彝伦堂"匾。彝伦堂具有朝参、临雍、会讲等作用:清朝国子监"堂期"逢一、六日(十六日改为十五日)向祭酒和司业行朝参礼仪。在辟雍兴建之前,皇帝临彝伦堂执经进讲。新科进士在庙学行释褐(hè)礼①,"始为士"(才开始成为士)。

辟雍兴建前,皇帝把彝伦堂作为讲学之地,图为康熙帝御书匾额

国子监官员品级不高。清国子监祭酒(大学校长)满、汉各一人(从四品),司业(副校长)满、汉、蒙各一人(正六品),博士(相当于教授)二人(从七品),助教若干人,还有其他教学与管理人员。国子监官员虽然官品不高,但国师的人品与学品,时至当今,令人尊敬。

---

① 释褐礼:新科进士一甲三名已受职、服顶戴、挂朝珠,率二、三甲均常服的进士,先谒孔庙行释菜礼,再向国子监祭酒行脱去布衣换上官服的释褐礼,开始为士。(《国子监志》卷二十九)

二 三大国师

　　国子监祭酒是国子监的一把手，也是德高望重的国学大师。国子监祭酒极少有贪官污吏、道德败坏者。他们多展现出一代大师风范。

　　李时勉（1374—1450年），江西安福人。家境贫寒，童时读书，天气寒冷，身上裹着被子，脚放在热水桶里，诵读不已。永乐中进士，官翰林侍读。李时勉性格刚鲠，志愿宏大，以天下为己任，但四蒙大难。

　　永乐一难。永乐时上疏，触犯了帝意，疏被扔在地上，复取后再读，多被采纳。不久，被谗下狱，关押年余。是为李时勉一难。

　　洪熙二难。永乐帝死，洪熙帝立，李时勉又上疏。洪熙帝大怒，把李时勉召到便殿，时勉不屈答对。洪熙帝命武士将李时勉扑倒，以金瓜痛打，打断三根肋骨，拖出殿外，奄奄一息。明日，改为交阯道御史，命一天重审一名囚犯，一天上言一件要事。李时勉三上奏章，又被下狱。因他曾对锦衣千户某人有恩，这位官员秘密召来医生，给他治病，得以不死。是为李时勉二难。

　　宣德三难。洪熙帝临终前，对尚书夏原吉说："时勉廷辱我。"当晚，帝崩。宣德帝继位后，听说李时勉得罪先帝皇父的事，大为震怒，立命使者："缚以来，朕亲鞫，必杀之。"（把李时勉抓来，我亲审，定杀他！）一会儿，又下令王指挥："我不见他，立即逮捕，斩于西市！"很巧，王指挥从西门出，前使者捆着李时勉从东门进，没有相遇。宣德帝遥见李时勉，骂道："尔小臣敢触先帝！疏何语？趣言之。"（你都说了些什么，快说给我听。）李时勉叩头说："臣言先帝不宜近妃嫔，皇太子不宜远左右。"宣德帝听后，气消些。令全说，回答道："臣惶惧不能悉记。"又问："草安在？"（草稿在哪里？）对曰："焚之矣。"宣德帝叹息，称赞李时勉忠心，立命赦免，官复原职。等王指挥回来，见李时勉已冠带整齐站在殿前。是为李时勉三难。

　　正统四难。后李时勉参与修纂《明成祖实录》告成，迁侍读学士。

宣德帝到史馆，撒金钱赐诸学士。诸学士都俯身拾取，唯独李时勉正立不屈。宣德帝便取出余下的钱赐给他。后与修《明宣宗实录》成，升内阁学士，兼经筵讲官。正统六年（1441年）为国子监祭酒。时大太监王振奉命到国子监，祭酒李时勉待王振没有格外奉承。王振记恨在心，伺机报复。一件小事被王振利用：彝伦堂前树木旁枝下垂，妨碍师生走路，便下令修剪。王振借此上纲上线，诬奏：李时勉擅伐官树入家。他派锦衣卫到国子监，时勉正在阅生员考卷，被押到院里，在师生前，戴枷示众。时值酷暑，戴枷三日，折磨不堪。千余生员跪在宫前请愿——"诸生圜集朝门，呼声震彻殿庭"。助教李继感于时勉旧恩，请于太后父亲孙忠，孙忠又转请太后，太后给皇帝说了，时勉才被释放。是为李时勉四难。

正统九年（1444年），正统帝到国子监视学。李时勉进讲《尚书》，辞旨清朗，气宇轩昂，皇帝大悦。连疏三年，方允退休。朝臣及国子监

国子监的负责人往往德高望重，展现出一代大师风范，图为国子监辟雍

师生三千人，在都城门外为祭酒饯行。有的远送，舟发才去。

景泰元年（1450年）李时勉病故，年七十七。李时勉一生，蒙四难，历五朝，为祭酒六年，训励严格，学风醇正，督令读书，灯火达旦，吟诵声不绝。他教育学生：重诚正，崇廉耻，抑奔竞（跑关系），别贤否。培养出一批杰出人才。贫穷生员，不能婚葬，他节省餐钱，给予补助。李时勉生前受到敬重——英国公张辅暨诸侯伯奏请，到国子监听讲。时勉升师席，诸生以次立，讲"五经"各一章。讲毕，设宴，诸侯伯谢让道："受教之地，当就诸生列坐。"以学生身份入座。诸生歌《鹿鸣》之诗，宾主雍雍，尽暮散去。李时勉身后受到称赞："以直节重望为士类所依归者，莫如时勉。"（《明史·李时勉》卷一百六十三）

徐元梦（1655—1741年），字善长，舒穆禄氏，满洲正白旗人。康熙十二年（1673年）进士，年十九，改庶吉士，后充日讲起居注官。徐元梦以讲学负声誉，大学士明珠要笼络他，但他一次也不登权相明珠的大门。他的好友德格勒对明珠送衣服笼络，也予拒绝。徐元梦虽没有做国子监祭酒，但任翰林院掌院学士，为一代大儒，受三大坎坷。

一大坎坷。康熙二十六年（1687年）夏，康熙帝御乾清宫，召陈廷敬、汤斌、徐乾学、耿介、高士奇等及德格勒和徐元梦入试，题为《理学真伪论》。刚起草稿，传旨诘责德格勒和徐元梦二人。德格勒在文后申辩，徐元梦卷未答完。康熙帝看完卷，命同试官互校，太子师傅汤斌仍称徐元梦的文章为好。不久命徐元梦授诸皇子读书。

二大坎坷。同年秋，康熙帝御瀛台，教诸皇子射箭。徐元梦因不能弯强弓，康熙帝不高兴，谴责徐元梦。徐元梦奏辩，康熙帝更怒，命扑倒杖责，创伤很重，并籍其家，戍其父母。当夜，康熙帝气消，派御医给他治疗创伤。第二天，命元梦照旧教诸皇子读书。徐元梦请求赦免父母，时他父母遣戍已经在路上，派官追还。

三大坎坷。同年冬，翰林院掌院学士库勒纳奏劾日讲起居注官德格勒私抹《起居注》，并捎带说德格勒与徐元梦互相标榜，命将德格勒夺官下狱。（《清史稿·德格勒传》卷二百八十二）二十七年（1688年）春，狱上，拟德格勒立斩，徐元梦绞。康熙帝命免徐元梦死，荷校（戴枷）三月，鞭一百，入辛者库（奴仆，或罪人家属）。

康熙帝经考察，徐元梦很忠诚。康熙三十二年（1693年），命直上书房，仍授诸皇子读书。徐元梦学问醇厚，品德优秀。康熙五十年（1711年），康熙帝谕："徐元梦翻译，现今无能过之。"他的满语、满文应是清定都北京后水平最高的。翌年，任会试考官。康熙五十二年（1713年），升为内阁学士（副部级），仍回归原旗。翌年，任浙江巡抚。行前，受赐《御制诗文集》及鞍马。在任期间，疏请赈灾，缓征额赋。又修复万松岭书院，康熙帝赐"浙水敷文"榜，因名敷文书院。康熙五十六年（1717年），任左都御史和翰林院掌院学士，后任工部尚书。康熙六十年（1721年），康熙帝病中赐诗给徐元梦，诗前有小序："病中偶尔问及工部尚书、翰林院掌院学士，乃同学旧翰林，康熙十六年以前进士，再无一人矣。率赋一律，以遣闷怀。"诗曰："七旬彼此对堪怜，病里回思一慨然。少小精神皆散尽，老年岁月任推迁。常怀旧学穷经史，更想余闲力简编。诗兴不知何处至，拈毫又觉韵难全。"雍正帝即位，徐元梦仍直上书房，授诸皇子读书。雍正元年（1723年），徐元梦署大学士，充明史总裁，后两次夺官。

乾隆帝即位，徐元梦奉诏与鄂尔泰等纂辑《八旗满洲氏族通谱》。不久，乞休，命解侍郎职，拿尚书俸，领诸馆编书事。徐元梦年虽逾八十，仍在供职。乾隆六年（1741年）秋，发病，遣御医诊视。十一月，病重，乾隆帝谕："尚书徐元梦，人品端方，学问优裕，践履笃实，言行相符。历事三朝，出入禁近，小心谨慎，数十年如一日，谓之完人，洵可无愧。"（《钦定八旗通志》卷一百六十）病危，乾隆帝遣使问有什么话要说。徐元梦伏枕流涕曰："臣受恩重，心所欲言，口不能尽！"使出，呼曾孙取《论语》检视良久。第二天病故，年八十七。（《清史稿·徐元梦传》卷二百八十九）他的孙子舒赫德，官武英殿大学士，以军功图形紫光阁。《清史稿》论道："朱轼以德望尊，徐元梦以忠謇重。世宗谴允禵、允䄉，徐元梦言：'二人罪当诛，原上念手足情缓其死。'二人者既死，吏议奴其子，轼言：'二人子实为圣祖孙，孰敢奴之？'世宗皆为动容。谅哉，古大臣不是过也。古所谓大人长者，殆近之矣！"

王懿荣（1845—1900年），福山（今山东烟台市）人。祖巡抚，父道台，少聪颖，学勤奋。光绪六年（1880年）进士，后为翰林，直南书房。甲午战起，日据威海，又陷荣城，登州大震，王懿荣请归练乡团。和议成，回北京，为祭酒。凡三任，共七年，为人师表，诸生咸服。

　　国子监祭酒王懿荣，为后人永久记忆的是其学问与人品两件事。

　　其一，学问。王懿荣泛涉书史，酷嗜金石，"笃好古彝器、碑版、图画"，历时19年，撰成《汉石存目》、《南北朝石存目》、《天壤阁藏器目》等书，成为著名的金石文字学家。他"平日不问家人生产，至购买书画古器，则典衣质物亦所不计"。他不仅几乎花尽了俸禄，甚至把妻子的嫁妆也拿去典卖得钱购买文物。他作诗说："廿年冷臣意萧然，好古成魔力最坚。隆福寺归夸客夜，海王村暖典衣天。从来养志方为孝，自古倾家不在钱。墨癖书淫是吾病，旁人休笑余癫癫。"王懿荣的重大贡献是，他最先发现了甲骨文。光绪二十五年（1899年），他在中药"龙骨"中首先发现甲骨文刻辞，并断为古代文字，是我国第一位甲骨文学家。

　　其二，人品。光绪二十六年（1900年），八国联军入侵，任团练大臣。王懿荣面陈："拳民不可恃，当联商民备守御。"时事已不可为。七月，八国联军攻东便门，王懿荣率勇抵拒，不胜。回家说："吾义不可苟生！"家人环跪泣劝，但死意已决。仰药未即死，在墙壁上题《绝命词》："主忧臣辱，主辱臣死。"掷笔投井死。妻谢氏等同殉。太学生捐钱埋葬之。（《清史稿·王懿荣传》卷四百六十八）王懿荣自杀殉国，舍身成仁，体现士人的高风亮节。

三　三大石刻

　　在孔庙和国子监里，有西周石鼓、进士题名碑和十三经刻石三大石刻。

　　石鼓　石鼓是西周宣王（一说为秦）文物，共10个，每个重约一吨，被誉为中国"石刻之祖"。唐出土于陕西凤翔。北宋运汴京（今开封)。金陷汴京，运到燕京（今北京）。金亡元兴，列在孔庙大成门内左右。(《钦定国子监志》卷六十一)明清依然。抗战前夕，文物南迁，石鼓随行。八年抗战胜利，石鼓回到北京，现藏故宫博物院。现存大成门外石鼓，是乾隆朝复制品。还有清书法家张照书韩愈《石鼓歌》等石碑两通。

现藏故宫博物院的石鼓为西周（一说为秦）文物，被誉为"石刻之祖"。

进士题名碑 明清科举每三年举行一次会试。明从永乐十三年（1415年）乙未科开始在北京举行会试、殿试，到崇祯十六年（1643年）癸未科，共有77科，22 649人在北京成为进士。清代共举行会试、殿试114科，有26 840人在

元明清金榜题名者的姓名刻在孔庙石碑上，成为珍贵的文化遗产

北京成为进士。光绪九年（1883年），应会试考生16 000余人。会试考生年龄最小者16岁，最大者103岁。

北京元明清金榜题名者的姓名刻在石碑上，立于孔庙，这就是进士题名碑。明代则常将元代进士题名碑上的文字磨去，刻上当时进士的姓名，所以元代进士题名碑保存较少。孔庙内今存元明清进士题名碑198通，其中元碑3通，明碑77通，清碑118通，上面记载51 624名进士的姓名、籍贯和名次，是一份珍贵的文化遗产。

蒋衡写经 蒋衡（1672—1743年），江苏金坛人，初名衡，改名振生，字拙存，号湘帆。祖、父皆精书法，幼承家学，自小临摹，尤工行楷，苦练有成。非历磨炼，难以大成。蒋衡科试不第，转意游学，浪迹江湖，寻师访友，切磋书艺，足迹半海内。史书记载："先生好远游，既不遇，遂东诣曲阜、谒孔林，至会稽，涉西江，历嵩少，导荆楚，登黄鹤矶，过大庾岭，升白鹤峰，访东坡故宅，抵琼海，观扶桑日出，登雁门山，历井陉，逾龙门，为终南岳之游，浴骊山温泉，登慈恩寺雁塔，纵观碑洞金石遗刻，所至以笔墨自随，赋诗作画，或歌哭相杂，至不能自止。"（《国朝耆献类征·蒋衡传》初编，卷四百三十三）。

他在长安观摩碑林时，痛觉唐代《开成石经》出于众手，杂乱不齐，于是发愿重写"十三经"①——《周易》《尚书》《毛诗》《周礼》《礼记》《仪礼》《春秋左传》《春秋公羊传》《春秋穀梁传》《论语》《孟子》《孝经》和《尔雅》。决心下定，矢志不移。雍正四年（1726

---

① 中国有刻石经的传统，重要的有七次：
  第一次是《熹平石经》，东汉，收入七经，刻于46块石碑上，20余万字。蔡邕以当时通行的隶书写，"及碑始立，其观视及摹写者，乘日千余辆，填塞街陌"。
  第二次是《正始石经》，三国魏正始年间（240—249年）刻成。
  第三次是《开成石经》，唐大和七年（833年）至开成二年（837年）立。五代雕版印刷第一部监本《九经》以此为底本，今存于西安碑林。
  第四次是《广政石经》，后蜀广政七年（944年）于成都开始镌刻，后相延，直到宋，历时百年，有千余石。
  第五次是北宋《嘉祐石经》，今杭州尚存44枚残石。有残拓本流传。
  第六次是南宋《绍兴石经》，今杭州尚存44枚残石。
  第七次是清朝《乾隆石经》，即蒋衡书写的"十三经刻石"，存国子监。

年）授英山教谕，自称才疏，力辞不赴。他书成一半时，上司又催促就职，他仍以老病为由，上书求免，并抱病亲到官衙求情，终于获准。他在扬州琼花观即番釐（fān xī）观（今扬州市文昌中路360号）专心写经。当年琼花观内，亭台楼榭，轩坊花石，几焚几建，遗韵犹存。今扬州以琼花为市花。蒋衡在扬州琼花观，青灯相伴，中正灵静，握管不辍，笃志写经。自雍正四年（1726年）至乾隆二年（1737年），"键户十二年，写十三经"（《清史稿·蒋衡传》，卷五百三），62万余字，书写工整，前无古人。乾隆中，进上，后乾隆帝命刻石国学，授衡国子监学正，终不出。大成垂名，常在身后。蒋衡所书"十三经"，身后五十年，乾隆帝命将蒋衡所书的"十三经"刻石，贞珉工竣，御制序文，立于太学，以垂万世。

蒋衡书写"十三经"的成功，得到三位贵人相助：

第一位是扬州富商马日管。马氏出资两千金，将蒋衡手书"十三经"装裱成三百册，五十函册。（《清史列传》，卷七十一）这才有可能进献给乾隆帝。

第二位是江南河道总督高斌。乾隆五年（1740年），高斌将蒋衡手书装裱成册的"十三经"正文，进呈乾隆帝。收藏在大内懋勤殿。① 清赏给蒋衡国子监学正（正八品）职衔，但终未出山。

第三位是乾隆帝。蒋衡手写"十三经"进呈后，乾隆帝先要将其雕版印刷，但受阻未果。乾隆五十六年（1791年），命以蒋衡手书"十三经"为底本，刻石太学，定名"乾隆石经"。乾隆五十九年（1794年），石碑刻成，立于国子监东西六堂。全部石碑189通，加上告成表文"谕旨"碑1通，共190通，现藏于北京孔庙和国子监博物馆。

蒋衡手书、乾隆刻石的"十三经刻石"即"乾隆石经"，其规模之宏大，楷法之工整，笔力之雄健，毅力之坚韧，学志之专一，价值之珍贵，国内仅有，世界无双，从而成为中国，也成为世界文化艺术宝库中

---

① 《蒋衡书十三经墨迹》（七箱），三百册，五十函，现藏台北故宫博物院。经该院林天人研究员测量示知：《蒋衡书十三经墨迹》本叶宽19厘米，高33厘米。另有拓本两套，叶宽14.5厘米，高28厘米。

图为中国现存最完整的十三经刻石，也是世界文化艺术宝库中的稀世珍品

的稀世珍品。1956年，将石经移至孔庙与国子监之间的夹道内专存。1981年在夹道上加盖屋顶。2011年重修，遮挡风雨，恒温恒湿，妥为保护。这是中国现存最完整的十三经刻石。

此外，今扬州大明寺东墙外"淮东第一观"五个大字，为蒋衡手书。蒋衡死后葬于扬州大明寺外斜坡下，有《蒋衡书十三经墨迹》《拙存堂诗文集》《拙存堂临古帖》《书法论》等传世。

疾风知劲草，秋霜见柿红。以李时勉、徐元梦、王懿荣、蒋衡等为代表的明清正气士人，明志笃学，坚韧挺拔，功成而败，败而再成，学绩卓越，风节高亮，一代楷模，后人景仰。

第五十九讲 宫外三宫

"纣之迹，周之鉴。"宫外三宫是一面镜子，将正统帝、正德帝和嘉靖帝后宫的纵淫放荡、胡作非为、专制滥权和丑恶灵魂，映现得淋漓尽致。皇权应当被约束，君权必须受监督。

第五十九讲 宫外三宫

明朝皇宫之外，还有三组宫院。哪三组宫院呢？就是正统的南宫、正德的豹房和嘉靖的西宫。下分三节，简略介绍。

一 正统南宫

南宫位于今北京东城区南池子一带，清初为摄政睿亲王多尔衮的府邸，后为普渡寺，今有殿宇遗存。

明英宗朱祁镇，在正统十四年（1449 年）土木堡之役中被俘。① 弟郕王朱祁钰继位，改年号为景泰，是为景泰帝。景泰元年（1450 年）八月，正统帝被放回北京，称太上皇，住在南宫。天顺元年（1457 年）正月，英宗复辟，重新登上皇位，这就是"南宫复辟"。明英宗南宫复辟，既有深层原因，也有直接原因。

普渡寺前身为明代的南宫，明英宗朱祁镇曾在此过着形同囚徒的生活

---

① 《万历野获编·英宗即位日期》记载："英宗在位，前十四年，后八年。先以正统十四年八月十五日壬戌车驾北狩，至次年八月十五日丙戌还京，凡蒙尘恰一年，不差一日。自是居南宫者七年。以天顺元年正月十七日壬午复辟登极，至天顺八年正月十七日己巳晏驾，前后不差一日。岂运会偶尔相值，抑果如术家所云，星命必然之数耶！"

深层原因是"天无二日"。当时天上有两个"太阳":景泰帝朱祁钰和太上皇朱祁镇(年龄差一岁)。他们兄弟矛盾的焦点是皇位。景泰帝将太上皇软禁在南宫,派兵驻守,正旦、生日,不许朝贺,形同囚犯。太上皇起码的生活得不到保障:"膳馐从窦入,亦不时具。"(《万历野获编·南内》卷二十四)人身也受到威胁:增高南宫城墙,伐去城边大树,宫门之锁灌铁,派兵严加戍守,加强防御,以备非常。太上皇尝憩于树荫,城边大树砍伐后,便问其故,内臣实说,心里大惧。既有朝廷两个"太阳",便有朝臣两派势力。景泰帝不予重用的,或有野心的大臣,站在太上皇一边,同气相投,秘密谋划,寻找机会,发动政变。

直接原因是废立太子。明英宗有九个儿子。皇长子朱见深已立为太子。景泰三年(1452年)五月,景泰帝废皇太子朱见深为沂王,出京就藩。景泰帝只有一个儿子朱见济,他要立见济为皇太子,"恐文武大臣不从,乃分赐内阁诸学士金五十两,银倍之"(《明史纪事本末》卷三十五),笼络朝臣,兼作收买。新太子朱见济立后,第二年就死了。那么,再立谁呢?有人主张复立被废的皇太子沂王朱见深。礼部郎中章纶、御史钟同等,上疏力倡立朱见深,被下诏狱,严刑鞠讯,残酷折磨,体无完肤。立太子之事悬而未决,景泰帝患病不能上朝,这就为明英宗南宫复辟提供了时机和条件。

密谋 景泰八年(1457年)正月十五,景泰帝朱祁钰因病,免文武百官宴贺。他实际上因病已经三天不上朝了。景泰有病,群臣汹汹。太上皇势力在暗做准备:如内臣司礼监曹吉祥,文臣副都御史徐有贞(珵),武官都督张軏(yuè),武将石亨等,在密室策划,谋迎太上皇复位。十四日夜,会聚徐有贞家。有贞大喜,说:"须令南城知此意。"(就是让太上皇知道我们的意思)石亨、张軏说:"一日前已阴达之矣。"(一天前已秘密奏达)让太监曹吉祥入宫告白孙太后。十六日夜,诸人又在徐有贞家聚会。有贞登上屋顶观看天象,说:"事在今夕,不可失矣!"这时恰有边警,以此为名,兵入大内,谁敢阻拦!计定,有贞焚香祝天,与家人诀,说:"事成,社稷之利;不成,门户之祸。归,人;不归,鬼矣!"(《明史纪事本末》卷三十五)凌晨,发动南宫复辟的政变。

政变 正月十六日深夜，石亨掌管宫门锁钥，夜四鼓，开长安门，进兵千人。入门后，即关门，理由是"以遏外兵"。另一股兵，赶到南宫。宫城大门锢锁，叩门不应。徐有贞命众取巨木悬之，数十人举起撞门。又令勇士翻墙入，与外兵合毁墙垣，垣坏门开，亨、轨等入南宫。太上皇掌灯出来问是怎么回事，有贞等俯伏请登大位，遂呼请太上皇进舆。兵士惶惧，不能举舆。众俯伏合辞说："请陛下登位。"有贞率诸人，帮助挽行。到了东华门，守门不让进。太上皇说："朕太上皇帝也！"开门进入，到奉天门（太和门）。众掖升奉天殿。时黼座尚在殿隅，众挪到正中，遂升座，鸣钟鼓，启诸门。十七日晨，百官入候景帝视朝。有贞出列，号于众说："太上皇帝复位矣！"（《明史·徐有贞传》卷一百七十一）有贞等常服拜贺，呼"万岁"。众官跪拜。徐有贞即日入内阁，参预机务。明日加兵部尚书，后兼华盖殿大学士，掌文渊阁事。废景泰帝为郕王。郕王朱祁钰废后七日薨。(《明史·英宗后纪》卷十二)葬西山。

图为明南宫高台遗址，明英宗在此"咸鱼翻身"，重新夺回政权

事后 诏逮兵部尚书于谦、大学士王文等下狱。这理由呢？徐有贞向英宗直前奏："不杀于谦，今日之事无名。"罪名是"意欲"迎立外藩。① 王文不服，目如火炬，争辩不已。于谦笑道："辩什么？没有用。他们不讲事实有无，就是要我们死耳！"明英宗决定，将于谦和王文等斩于东市，妻子戍边。景帝尝赐谦甲第，于谦辞谢，不许。于是在屋里放置景泰帝前后所赐玺书、袍铠、弓剑、冠带等，加上封条，岁时拜视。于谦以国务繁忙，寓宿直房，夜不回家。谦既死，抄其家，无余赀，萧然仅书籍耳。而正室锁钥坚固，打开一看，皆帝赐也。谦死之日，阴霾翳天，行路嗟叹，天下冤之。（《明史·于谦传》卷一百七十）当年，徐有贞等内讧，被谪戍金齿（今云南保山境），后死。有贞，初名珵，在正统帝被俘国难当头时，主张都城南迁。于谦当众斥责："言南迁者，可斩也！"珵不敢再言。朝廷官员常借此取笑徐珵，因改名有贞。又数年，石亨下狱死，曹吉祥被族诛。后于谦事平反，有《于忠肃集》传世。

余说 南宫复辟，多有评论，同情景泰者多，赞同正统者少。但是，可从另一侧面，思考历史经验。正统帝的错误在于杀害大功臣于谦、王文，景泰帝的错误在于举措失度，其主要表现在视界窄和视野短。前者如太子废立，废朱见深，立朱见济，属情有可原，但朱见济死后自己没有儿子，又不立皇兄之子朱见深，属视界窄；后者如太上皇处置，只看到高墙内软禁的孤家，没看到高墙外旧臣的势力，可谓妇人之仁，幼稚之见。对太上皇，只有两条：留则敬之以礼，否则祭之以鬼；既不敬，又不祭，自招祸，天难救。此外，英宗后八年，他毕竟受过大难，吃过大苦，见过大世面，做过大思考，是经过政治磨炼的人。史称明英宗释建文帝相关人的囚禁，罢宫妃殉葬，则为"盛德之事，可法后世者矣"。（《明史·英宗后记》卷十二）

---

① 是指迎立"外藩"即襄王。襄王，为洪熙帝第五子朱瞻墡，时封地在襄阳。英宗被俘，上书"请立皇长子，令郕王监国"；英宗回居南宫，又上书"景帝宜旦夕省膳问安，率群臣朔望见"等。（《明史·诸王四》卷一百十九）所以，于谦"意欲"迎立"外藩"是为诬陷。

二　正　德　豹　房

正德帝是明朝洪武、建文、永乐、洪熙、宣德、正统、景泰、成化、弘治之后，第十任皇帝。15岁继位，性聪颖，不读书，好骑射，喜巡游，是位玩儿皇帝。豹房呢？不在皇宫，而在宫外。正德二年（1507年）八月"作豹房"（《明史·武宗本纪》卷十六）。约在今北海公园以西地方。为什么叫豹房呢？开始以养豹而得名。豹房占地大，建筑多，如建太素殿、天鹅房、船坞，又别建禁苑，筑宫殿，造密室，勾连栉列，暗室连通，后来成为正德帝宫外之宫的"安乐窝"。他自称为"新宅"、"家里"。正德帝在位16年，大体来说，前一半住在皇宫，后一半住在豹房。正德帝在豹房做些什么呢？

第一，乐舞。正德帝日召教坊乐人到豹房演戏。敕礼部发文，取河间等府乐户，到教坊承应。于是官员押送伶人，日以百计，会聚京城。到京后，选拔其技艺精湛者，给口粮，给建房。正德帝夜间微行到教坊司，观看诸乐人乐舞及演奏。正德帝还在豹房游玩，"日率小黄门为角觝蹋鞠之戏，随所驻辄饮宿不返，其入中宫及东西两宫，月不过四五日"。（《武宗外纪》）宫词云："花帽监丞一两行，西华门外冷秋霜。绛纱车仗吹香过，去伴銮舆宿豹房。"（《冬青馆古宫词》卷三）豹房佞臣有钱宁。钱宁，以秘戏进帝。正德帝在豹房，恣声伎为喜，纵淫欲为乐。后钱宁事发，被裸体绑缚，籍没家产，得玉带二千五百束、黄金十余万两、白金三千箱等。后磔钱宁于市。其养子十一人全斩首，子永安6岁为都督，年幼免死，妻妾发功臣家为奴。（《明史·钱宁传》卷三百七）

第二，荒淫。正德帝15岁登极，在豹房设浣衣局，豢养女宠，蓄集乐工、美女、太监等，朝夕处此，不居内廷。（《武宗外纪》）佞臣进献能歌善舞的回女十二人入豹房，歌舞达昼夜，犹以为不足。后来正德帝经常微服出宫，甚至到外地巡幸。巡幸所过，阅选美女，充浣衣局，数字不清，仅每年用柴炭即高达十六万斤。车驾所至，近侍先掠民女，以充幸御，至数十车。各地处女寡妇，闻听皇帝要来游幸，纷纷择配，有的抢鳏夫强作婚配，一夕殆尽。正德帝游幸时，命备大车数十辆，里面杂坐和尚与妇女，每车数十人，车盖悬球，迅疾驰行，悬球与僧头相碰，和尚与妇女相拥，帝视大笑，以为取乐。下举三例。

马美女，为闲住将官马昂之妹，长得美艳，已婚怀孕，谄媚贡献，送到豹房。马氏善骑射，长乐舞，尤会西域乐舞，还会民族语言，受到绝幸。马氏一门，鸡犬升天。无论大小，皆赐蟒衣。并在太平仓赐第，熏灼动京师。正德帝尝从数骑过其第宴饮。言官吕经等言："今马姬专宠于内，昂等擅权于外，欲祸机不发，得耶？"俱不报。有的御史以妹喜伐夏、妲己伐商、褒姒伐周为例，冒死进谏说："积夏、商、周、汉、晋、唐之患于一时也。"仍不报。（《胜朝彤史拾遗记》卷四）正德帝后得刘美人，而马氏宠衰。

刘美人，为晋王府乐户的名妓。正德十二年（1517年），正德帝幸大同，遍索女乐于太原。刘美人偕众妓杂进，正德帝遥见美人，悦其色，载以归，命为美人，大见宠幸。初居豹房，受到专寝。饮食起居，必与相偕，言事辄听。左右或触上怒，阴求刘美人，辄一笑而解。大太监骄横贵倨，但见刘美人，触地叩头，事若生母，呼为"刘娘娘"。正德帝要南征，秘密移送刘美人到潞河（今通州），约定大驾先发，而后他船迎美人。刘美人脱一簪赠帝行，并说："见簪而后赴。"正德帝藏簪在衣服里，过卢沟桥，驰马失簪。及到临清（距京近千里），遣内官太监召美人，美人辞道："无信物，不敢行！"正德帝于是单独乘船，昼夜疾航，回到通州亲迎刘美人，偕行而南。（《胜朝彤史拾遗记》卷四）正德帝的南行，廷臣舒芬等上疏谏止，下令杖之，一意孤行。

王浣衣，名满堂，霸州（今河北霸州）民王智之女，因貌美参选淑女，落选回家，不肯嫁人。她一天做梦，梦中示意有赵万兴来聘，方可成婚。乡里一位和尚出入王家，知道此梦，话传出去。一位道士听说，便改名易姓，贿赂那位和尚，让他前一天到女家说："尔家明日当有大贵人至。"翌日，果然来一人，问其姓名，答："我赵万兴也。"阖家罗拜，遂以成婚。这人后来在牛栏山一带举事，被捕，斩于西市。正德帝特降

旨，勿杀王满堂，没入浣衣局，入侍豹房，大获宠幸。嘉靖帝嗣位，放出浣衣局。人称"王浣衣"。(《胜朝彤史拾遗记》卷四)

第三，玩武。正德帝好玩武。后江彬等以边将幸入豹房。又立内教场。选佞幸之人，赐国姓（朱），为义子，其中正德七年（1512年）九月，一次就"赐义子一百二十七人国姓"。(《明史·武宗本纪》卷十六)设什么"四镇兵"、"外四家兵"，以佞臣江彬兼职统领，为总管。正德帝自领阉人善骑射者为一营，称中军。晨夕下操，呼噪鸣炮，火炮之声，达于九门。时诸军都衣黄罩甲，就是金绯锦绮，必加罩于甲上。正德帝亲自检阅，称为"过锦"，就是眼观如锦。内军在遮阳帽上披戴靛染天鹅翎，以示尊贵——大者拖三英，次者拖二英。尚书王琼得赐一英，戴着下教场，以此为殊荣。后巡狩所经之地，侍郎、巡抚、御史等也如此穿戴，叩见正德帝。(《武宗外纪》)这真是一场大闹剧！

第四，养兽。明朝皇帝喜欢养兽，有虎房、豹房、鸟房、鹰房、狗房、猫房等，算是皇家动物园。里面有虎、豹、犬、象、犀牛、白水牛、海豹、番狗（藏獒）、貂鼠、猞猁狲、长颈鹿等，百鸟房里则专门畜养珍禽异鸟，如孔雀、白鹤、文雉、金钱鸡、五色鹦鹉等。畜养动物的数量，史书记载："至天顺年间，二万三百余个只；弘治年间，二万九千四

明代皇家宠物待遇极高，耗费巨大，图为"随驾养豹官军勇士"铜牌（拓片）

百余个只；正德年间，二万九百三十余个只。"（《殊域周咨录》卷十一）明朝对这些动物的管理，虎、豹、犀牛、大象等，各有职秩，有品科，如虎食将军俸禄，象食指挥使俸禄等。畜养动物，耗费巨大。嘉靖时，豹房养土豹一只，"至役勇士二百四十名，岁廪二千八百石，占地十顷，岁租七百金"。（《万历野获编补遗·内府畜豹》卷三）正德帝玩虎、赏豹，一次"帝狎虎被伤，不视朝"，玩虎受伤，不能临朝。

第五，酗酒。正德帝嗜饮，经常随行带着酒杯、酒勺、酒罂（yīng，瓮），走到哪儿，喝到哪儿，醉到哪儿，睡到哪儿。有书记载："所至辄醉，醒即复进，日以为常。"（《武宗外纪》）一次，正德帝到宣府（今河北宣化），"命群臣具彩帐、羊酒郊迎，御帐殿受贺"。（《明史·武宗纪》卷十六）这座帐殿为"铺花氍毹，百六十二间，制与离宫等，帝出行幸皆御之"。大明皇帝，醉卧帐里。佞臣江彬，导引皇帝，多次夜入人家，强索妇女，纵酒淫乐，忘记回宫，夜宿民宅，而称作"家里"。正德帝与江彬，联骑铠甲，君臣难辨，入豹房，同卧起。（《明史·江彬传》卷三百七）正德帝在豹房，常醉枕钱宁，酣睡不醒。百官候朝，到了傍晚，不见帝影。

第六，西巡。苏州才子尤侗作《威武大将军》，描述正德帝巡游云："旌旗猎猎向北驻，楼船摇摇望南渡，豹房家里乐未终，更觅春江花月处。"（《池北偶谈·明史乐府》卷十八）正德九年（1514年），正德帝开始出游。这年元宵节，乾清宫大火。正德帝说："好一棚大烟火也！"为重建乾清宫，"加天下赋一百万"。（《明史·武宗纪》卷十六）而后，正德帝开始微行。正德帝去过山西、陕西一带三次。一次，深夜微服出德胜门，到居庸关，被拦回。他更换守关人，又出关，幸宣府，自称总督军务威武大将军总兵官。为此，调拨白银一百万两到宣府。正德十三年（1518年）正旦，在宣府过年。后正德帝常以宣府为家。西巡之外，还有南巡。

第七，南巡。正德十四年（1519年）四月，宁王朱宸濠反叛，攻陷九江。王守仁率军收复南昌，寻擒获宸濠。捷报奏京，秘不公开。八月，正德帝御驾亲征。十二月，次扬州，到南京。时淮阳大饥，人相食。正德帝心血来潮，通谕各地，因朱与猪同音，于猪"三禁"：禁喂养，禁宰杀，禁买卖。违者全家老少发往极边充军。民间纷纷宰猪腌肉。(《万历野获编·禁宰猪》卷一) 十五年（1520年）正月，正德帝在南京过年。八月，在江西献俘宸濠。令设广场戎服，树立大纛，环以诸军。释囚，去桎梏，伐鼓鸣金，重新擒之，加以囚械，班师北返。正德帝北还时，令朱宸濠之舟与正德帝之舟，首尾相衔，连接而行，正德帝欲把宸濠放到湖里，自己亲自擒获。众谏乃止。九月，还到清江，幸太监张杨第。驻留三日，自乘小舟渔于积水池，舟覆，溺水。随侍大恐，争入水中，掖之而出。正德帝受到惊吓，又呛了水，由是患病。

第八，暴死。"帝既南巡，两更岁朔。"正德南巡，时近两年。正德十五年（1520年）十二月，正德帝回京师。他杀宸濠，告祭南郊。不久在举行告捷大典时，突然咯血，满地殷红。礼未毕，遂大渐。正德十六年（1521年）三月十四日，崩于豹房，年三十一。死时只有两个太监在身旁。太监将噩耗报到朝廷，上下震悼，放豹房僧人、妇女及教坊乐人。时灾异频仍，人民困苦，兵戈相寻，储蓄空虚，疮痍满目，疲敝极矣。接这个烂摊子的是正德帝的堂弟朱厚熜，就是嘉靖帝。

三　嘉靖西宫

嘉靖帝在西苑兴建永寿宫，因在皇宫之西，又称"嘉靖西宫"。嘉靖帝四十五年的君主人生，以嘉靖二十一年（1542年）"壬寅宫变"为分界，大体说来，前一半居住在皇宫，后一半居住在西宫。

嘉靖皇帝有个怪癖，就是"四好"——好大兴土木工程，好改变原有规制，好大搞道教崇奉，好祈求长生不老。

永寿宫原为燕王的旧宫，嘉靖帝改名永寿宫。"壬寅宫变"，嘉靖帝差点儿被宫女勒死，惊魂难定，想移宫外。于是，搬到永寿宫。自西苑肇兴，寻营永寿宫于其地，未几而玄极、高玄等宝殿继起。以玄极殿为拜天之所，当正朝之奉天殿；以高玄殿为内朝之所，当正朝之文华殿。

大高玄殿为明清规格最高的皇家道教建筑群，图为大高玄殿乾元阁

又建清馥殿为行香之所。后建斋宫、紫宸宫、万法宝殿等。嘉靖帝既迁西苑，不再临朝听政，惟日夕事斋醮。凡入直撰玄诸侫臣，皆附丽其旁，就是内阁大臣，也昼夜供事，不再到文渊阁。于是，君臣上下，崇奉道教，朝真醮斗，几三十年，与嘉靖社稷相终始。直到隆庆帝继位，将永寿宫夷为牧场，督农官被裁去。(《万历野获编·帝社稷》卷一)

到嘉靖四十年（1561年）十一月二十五日，夜火大作，宫宇陈设，乘舆服御，先朝异宝，尽付一炬。这是天火吗？不是，是人祸。相传这天夜里，嘉靖帝与尚美人，在貂帐里，新幸饮酒，玩耍烟火，半痴半醉，半梦半幻，半睡半醒，半昏半迷，引发火灾。其中有数年才能得到八两的龙涎香，也煨烬于火。到嘉靖四十五年（1566年）八月，命拜未被册封的宫御尚氏为寿妃，赠其父为骠骑将军、右军都督金事。封妃之日，距嘉靖帝六十寿诞仅二日。据一位宫中太监说，尚氏承恩时，年仅十三，至册封妃，则已十八矣。(《万历野获编·万寿宫灾》卷二十九)

永寿宫火灾后，嘉靖帝暂住玉熙殿，又迁玄都殿，但都不宜帝居。时严嵩为相，请移驻南宫，就是明英宗为太上皇时所居住的地方。英宗

复辟后，将南宫修饰完整，华美壮丽，胜过永寿宫。但是，嘉靖帝以当时英宗逊位受锢之宫，认为不祥，心里厌恶，不愿入住。当时正兴皇宫三大殿工程，于是分拨建材，兴筑永寿宫。嘉靖帝大悦，不到三月，宫殿告成，即日徙居，赐名万寿。嘉靖帝死后，宫殿残破，断垣坏础，蔓草丛生。(《万历野获编·斋宫》卷二) 嘉靖在西苑，有佞幸故事。

袁炜佞幸，人皆恶之。嘉靖帝在西苑永寿宫养猫，名叫狮猫。一天，狮猫死，嘉靖帝十分难过，为表示对爱猫的深情，命制作金棺，葬于万寿山之麓。又命儒臣为狮猫撰写悼文，荐度超升，进入天界。诸臣以题目难作，故意推辞，拖延时间。唯有礼部侍郎袁炜，阿谀为文，内有"化狮成龙"等语，嘉靖帝御览，龙颜大悦。(《万历野获编·贺喧鸟兽文字》卷二) 袁炜性行不羁，包孝疏劾，帝宥不罪。主编《承天大志》，掠人之美，贪为己功。袁炜官阶直升，到户部尚书、礼部尚书、武英殿大学士、建极殿大学士。袁炜品性差，无他能，善阿谀，犯众怒，积怨多，患病归乡，中途死亡，年五十八，人皆恶之。(《明史·袁炜传》卷一百九十三)

明嘉靖帝追求长生、崇奉道教，图为明宫道教印章"紫极真仙之宝"

还有王金，为国子监生，杀人罪当死，畏罪逃亡，隐匿在通政使赵文华家。王金以仙酒献赵文华，文华又献给嘉靖帝。一日，嘉靖帝要秘殿扶乩，各地派人，采集灵芝。四方献灵芝，汇聚在御苑。王金贿赂太监，得灵芝万株，聚为一山，号万岁芝山。王金又伪为五色龟进献。嘉靖帝大喜，遣官告祭太庙，袁炜也上表祝贺，并授王金为太医院御医。王金又伪造《诸品仙方》、《养老新书》，与所制金石药并进。嘉靖帝服用，稍感精神较好。没多久，帝大渐，遗诏归罪王金等，命正典刑，下狱论死。后宥王金等死，编口外为民。（《明史·王金传》卷三百七）

　　"纣之迹，周之鉴。"宫外三宫是一面镜子，将正统帝、正德帝和嘉靖帝后宫的纵淫放荡、胡作非为、专制滥权和丑恶灵魂，映现得淋漓尽致。皇权应当被约束，君权必须受监督。

第六十讲 西苑三海

元大都宫城与苑囿的布局是："太液为主，宫殿为客。"明则相反："宫殿为主，太液为客。"究其根因，在于文化：蒙古草原文化，牛羊为衣食之源，牛羊赖草，草则靠水，水是草原生命之源。明永乐帝生长在农耕文化的江南水国泽乡，安全为重，水则次之。草原文化与农耕文化的不同，导致元明宫城与苑囿布局的主客关系不同。

第六十讲　西苑三海

在皇宫西面，有西苑三海，就是南海、中海、北海，又称"太液池"，今称"中南海"和"北海"。皇宫与西苑，东西两门，仅隔一街，相距246米。这是明清宫城外、皇城内最大的皇家宫苑。①

一　南海之悲

南海，从宝月楼（今新华门）以北，到蜈蚣桥以南，因在西苑海子（太液池）的南部，所以称作"南海"。人们从长安街经过，一眼就看到新华门。新华门的门楼，清朝叫宝月楼（俗称"望月楼"）。

宝月楼，清乾隆二十三年（1758年），乾隆帝建宝月楼。今中南海南门新华门，原有宝月楼，倚皇城墙而建。民国初年，在宝月楼下皇城墙挖门洞，辟为新华门，宝月楼就成为新华门的门楼。宝月楼上

民国时在宝月楼下皇城墙挖门洞，辟为新华门，宝月楼成为新华门的门楼

---

① 本讲一、二节参考吴空先生《中南海史迹》，紫禁城出版社。

下两层，面阔7间，朱柱黄瓦，气派壮丽，相传是乾隆帝为香妃而兴建的。香妃就是容妃，出身于新疆维吾尔贵族。一次清军在南疆的战争中，香妃的叔父和兄长立下功勋，受封为公爵等，留居北京。香妃入宫后，人品贤淑，姿色秀美，善于骑射，很受宠爱。据说她身上溢放香味，因称"香妃"。香妃久居深宫，思念家乡。乾隆帝命在皇城南面，按回部习俗，建筑房屋，迁民居住（今东安福胡同），并建礼拜寺，对面修宝月楼，以为望乡之阁。乾隆帝《宝月楼诗》说："冬冰俯北沼，春阁出南城。宝月惜时记，韶年今日迎。屏文新芾（fú，福）禄，镜影大光明。鳞次居回部，安西系远情。"登楼望月，为了安定对西部疆域的月圆一统。

瀛台，宝月楼（今新华门）以里，明朝时有一小片平地，地上筑台，在太液池之南，称作"南台"。明代的南台，是永乐年间开挖南海，在南海一隅建立的一个小岛。清顺治、康熙时对瀛台加以修葺，兴建楼阁，使它成为一座水上宫殿，宛如古代传说中的瀛洲仙境，所以改名为"瀛台"。瀛台在清初为皇帝御政和避暑的胜地。康熙御门听政，夏天常在瀛台。康熙二十一年（1682年）六月，康熙帝下谕旨说，为了慰赏参加听政的诸大臣，于瀛台桥畔设罾网，大臣们奏事完毕后，可在水边钓

瀛台在清初是皇帝御政、避暑的胜地，清末却成为光绪帝的囚笼

鱼，携回府邸。所谓钓鱼，并不是真正的垂钓竿，而是事先由太监张网捕鱼，将捕到的鱼，用细丝线系鱼口，一串串挂在桥畔水中，大臣经过时，提丝得鱼，人必有获。有一首清宫词（夏仁虎作）描述这件事情说："高槐大柳傍宫墙，入奏瀛台趁早凉。举网得鱼归去乐，不须割肉羡东方。"瀛台建筑，错落有致，自北而南，依次为翔鸾阁、涵元殿、迎薰亭，还有流杯亭等。

翔鸾阁，为康熙年间建，正殿7间，左右延楼各19间。要登数十台阶才能上翔鸾阁。整个岛上山光水色，凌檐翘顶，林木葱茵，奇石峭壁，十分秀丽。**涵元殿**是瀛台的主要建筑，原名香扆（yǐ）殿，乾隆六年（1741年）改为涵元殿。殿东西有庆云殿和景星殿、藻韵楼和绮思楼，均为两层6间的楼阁。涵元殿南有蓬莱阁。蓬莱阁南，东西又有春明楼和湛虚楼。最南面的为迎薰亭，建于水中，有桥与岸相连。

两幕悲剧，明清两代的末世悲剧，都同南海相关。

第一个是明天启帝。先是，元顺帝曾在内苑制作大龙舟，舟长36米，高6米，舟行时龙的首眼口爪尾全动，用水手多人，在海里戏游。顺帝还命在太液池上建起浮桥，饰以锦绣，以宫女16人，表演十六天魔舞。顺帝荒淫，元朝灭亡。明朝天启帝又历史重演。天启五年（1625年）端午节那天，天启帝到西苑泛舟戏游。魏忠贤和客氏乘一条大船饮酒作乐，天启帝和两个小太监划一条小船戏游。骤然风起，浪涌船翻，天启帝和小太监都落入水中。两个小太监被淹死，天启帝被另一大太监托出水面。《天启宫词》戏云"须臾一片欢声动，捧出真龙水面来"，说的就是这件悲情故事。两年后，天启帝英年早逝，仅23岁。

第二个是清光绪帝。瀛台涵元殿，南对宝月楼，海上荡漾碧波，四面环境幽美。然而，瀛台涵元殿在清末竟成为一座水上孤岛监狱。清光绪二十四年（1898年），慈禧太后发动"戊戌政变"，光绪帝被幽禁在瀛台涵元殿。光绪三十四年（1908年）十月二十一日，在瀛台涵元殿，一代悲剧皇帝载湉，以相传被毒死的悲局，结束了悲剧的一生。

明清两朝末世，明天启帝和清光绪帝的悲局，都与太液池有着悲情关系。这或许为历史巧合，也含有历史的玄机。

二　中　海　之　雄

中海，从蜈蚣桥以北，到金鳌玉𬯎（dōng）桥（今北海大桥）以南，因在西苑海子（太液池）的中部，所以称作"中海"。中海主要分为南、西、东三个宫苑区板块。

南岸宫苑　西苑门里，与瀛台隔池相望的是勤政殿，曾为康熙帝御门听政处。殿西为丰泽园，为康熙年间所建。《大清会典事例》记载："丰泽园在中海，有稻田十亩一分，内演耕地一亩三分。"康熙帝建丰泽园是为劝课农桑，扶犁耕作，以农为本。取名丰泽，寓意是风调雨泽、五谷丰登。康熙帝曾在这里试种新水稻种，邀集大臣前来观看并赐宴。园东南有小屋数间，是康熙帝养蚕之处。园后种植桑树。丰泽园内主体建筑为崇雅殿。乾隆七年（1742年）在此赐宴宗室王公，并赋诗联句，叙宗亲情谊，因此改名惇叙殿。光绪年间，因给慈禧太后祝寿而改名颐年殿。民国时改名颐年堂，袁世凯曾在此办公。1949年后，颐年堂是毛泽东、周恩来等开会的高端会议厅。颐年堂东为菊香书屋，系康熙年间建，曾为书房。后毛泽东主席曾在此办公、居住，今为"毛泽东同志故居"。菊香书屋后为澄怀堂，康熙帝在此听文臣进讲。园内还有春藕斋，这里凿池堆山，亭阁错落，林木浓阴，景色迷人。斋北为海晏堂，楼房二层，西洋式样，是慈禧太后招待女宾的地方。民国初年袁世凯改为居仁堂（现无存）。

西岸宫苑　紫光阁在中海西岸偏北，明代这里为一座四方高台，皇帝在台上看骑射、观龙舟。后改台为阁，称紫光阁，面阔7间，前抱厦，庑殿顶，绿瓦黄剪边（绿瓦镶黄瓦边）。清帝照例在这里阅试武进士，观八旗校射。清乾隆帝仿唐朝麟阁绘形之制，将所谓"十全武功"（平准噶尔二，定回部一，扫金川二，靖台湾一，降缅甸、安南各一，受廓尔喀降二），四次共135名功臣，"写图表迹，永示千秋"（《日下旧闻考》卷二十四），图像挂在紫光阁。最著名的阿桂和海兰察，各四次图形紫光阁。

紫光阁是清朝皇帝第一次正式接见外国使领馆官员，递交国书之地

名列前五十位者，乾隆帝亲作像赞。乾隆帝还在阁内赐宴蒙古王公、回部伯克等，并请他们观冰嬉、看歌舞。这批功臣像和战图，在八国联军进入北京后，"紫光阁功臣像多为敌人窃去，或剪以糊壁"（胡思敬《驴背集》）。紫光阁后为武成殿，以抄手廊连接阁殿的通道，形成独立院落。回廊的额枋上用江南苏式彩画加以点缀，楼阁端庄典雅，体现皇家气派。紫光阁还是晚清接见外国使臣的殿堂。清同治十三年（1874年），同治帝在紫光阁接见日、俄、美、法、荷、英六国使臣，并接受各国使臣呈递国书（这是清帝第一次正式接见外国使领馆官员递交国书）。紫光阁门前有宽敞的平台，以白石栏杆围以栏板，望柱雕龙。现在的紫光阁建筑，基本上是清乾隆时的格局。

仪鸾殿（怀仁堂），原在紫光阁南中海西门内，曾做过西太后"颐养"的宫殿。光绪十一年（1885年），慈禧太后懿旨由醇亲王奕譞督建仪鸾殿，并整修三海。仪鸾殿建在春耦斋后，正殿5间，外周围廊；后殿一座，殿前东西配殿二座，每座5间；还有后罩楼一座19间、亭式垂花门及转角游廊等。仪鸾殿两旁有跨院，东跨院为寿膳房、茶房、药房等，西跨院为四居所，每所正房5间，东西配房各5间。光绪二十六年

八国联军头目在南海合影，中立者为住在慈禧寝宫仪鸾殿时差点被烧死的瓦德西（1901年）

（1900年）八国联军侵入北京，慈禧太后出走西安。西苑成为八国联军总司令部驻地，联军统帅瓦德西就住在慈禧寝宫仪鸾殿。侵略者夜间，脱下衣服，从洞中钻入，窃取文物，小件装在怀里，大件如瓷瓶等，用大衣包藏窃出。第二年二月二十九日深夜，仪鸾殿起火，化为灰烬。瓦德西仓皇逃出，仅以身免，联军参谋长被烧死在殿内。后来查明起火原因，据载："系由于铁炉之火延烧壁上之木皮纸面所致。"（瓦德西《拳乱笔记》）慈禧太后回銮后，修复仪鸾殿，参用西式，改名海晏楼。另择址费银10万两建成了新的仪鸾殿，更名为佛照楼，民国初改名为怀仁堂。

东岸万善殿，明清中元节（七月十五日），都在这里做法事。佛教故事说，释迦牟尼弟子目连，看到亡母在地狱中受饿鬼包围，求佛救度。释迦牟尼要他在中元节准备百味饮食，供奉十方僧众，可使母亲解脱。这一天称作"盂兰盆会"①，办道场，设鬼棚，念经文，放焰口，燃河

---

① "盂兰盆"为梵语音译，是"救倒悬"的意思。

灯，布列两岸，数以千计。太液池浮灯万盏，灿如繁星。清初派太监在殿中削发为僧，焚香礼佛。顺治帝常到万善殿，同憨璞聪、玉林琇、木陈忞、茚溪森等，彻夜交谈，论经说禅。顺治帝剃发的故事就发生在这里。殿西有亭，称水云榭。亭中立乾隆帝御书"太液秋风"石碑，为燕京八景之一。① 从今北海大桥南望，可以看见。

冰嬉，就是滑冰表演。西苑冰嬉，明朝就有，清更盛行。军队专设"冰靴营"。皇帝观看冰嬉时，太液池冰场四周搭彩棚，挂彩旗，悬彩灯。表演时，按八旗每旗200人，共1600人，分为两队：一队领队穿红马褂，队员穿红马甲；另一队领队穿黄马褂，队员穿黄马甲。队员背上分别插着不同旗色的小旗，膝部裹皮护膝，脚穿装冰刀的皮靴。冰场上搭三座彩门，两队分别从门中穿行，形成两个云卷形大圈，滑行飞快，十分壮观。当时的冰鞋，在木板下镶铜条或钢片，绑在鞋下即成。有单刀式和双刀式。溜冰项目，主要有五：一是速度滑冰，有扁弯子式、大弯子式、大外刃式、跑冰式等。乾隆帝用"列子驭风"、"夸父追日"等形容滑冰快速。二是花样滑冰，如"大蝎子"、"金鸡独立"、"哪吒探海"、"鹞子翻身"、"仙猴献桃"等姿势，还有双人滑的"双飞燕"。三是杂技滑冰，有飞叉、耍刀、弄幡、缘竿、使棒、倒立、叠罗汉等名目。四是溜冰射箭，多彩多姿，技艺非凡。五是冰球表演："冰上蹙鞠，皇帝亦观之，盖尚武也。"（《帝京岁时纪胜》）有时帝后坐在冰床上，由太监们拖着冰床在冰上戏游。御制诗"冰床声里过长湖，远岸人们似画图"的诗

乾隆时期宫廷画家所绘《冰嬉图》，展现了宫廷"花样滑冰"的盛况

---

① 燕京八景除西苑"太液秋风"、"琼岛春阴"外，还有"卢沟晓月"、"金台夕照"、"蓟门烟树"、"西山晴雪"、"玉泉趵突"和"居庸叠翠"。

句，就是这种情景的描述。清代乾隆宫廷画家的《冰嬉图》（现藏故宫博物院），形象地反映了宫廷"冰嬉"的盛况。

清光绪十四年（1888年），西苑有两个现代科技的火花：一是建只有20马力的西苑电灯公所，两年后正式发电照明，这是在北京建立的第一个发电厂，也是清宫采用电灯照明的开始。二是建紫光阁铁路，南起中海瀛秀门外，沿中海、北海西岸，至镜清斋（静心斋）站，总长为2300多米。在一段时间里，慈禧太后偕光绪帝，每日在勤政殿御政后，乘坐小火车至北海镜清斋（静心斋）用午膳。因西太后怕火车轰鸣声败了禁城风水，小火车由太监牵绳曳引而行，行车时还有太监持仪仗开路。

三　北海之秀

北海，因在西苑海子（太液池）的北部，所以称北海（今北海公园）。先有太液池，后有北京城。早在金大定六年（1166年），建大宁宫。金章宗曾偕宠妃游幸于此，二人对诗。帝出上联曰："二人土上坐。"妃对下联曰："一月日边明。"元以太液为中心，建立皇宫。明以此为基础，兴建新皇宫。清沿明旧，加以发展，成今格局。北海亭台楼榭，山石树木，碧波荡漾，景色绚丽，为三海秀色之冠。

团城玉瓮，北海正门西南有团城，即圆城，本是琼华岛南一个小屿。屿上承光殿为团城中的主体建筑，殿内供奉高1.5米的玉佛，用一整块玉石雕刻而成。八国联军入侵北京，玉佛左臂被砍伤，至今留有伤痕。团城现有古树40株，其中最著名的是两株古松："遮荫侯"和"白袍将军"。传说一次乾隆帝到团城游览，时值酷暑，松下坐息，清风拂面，暑汗全消，即封这株油松为"遮荫侯"，并写《古栝行》诗抒怀。后又封南侧古白皮松为"白袍将军"。如今两棵古树依然屹立在团城之上。团城的玉瓮，俗称"大玉海"，重300多公斤，数十名工匠历时五年雕成，至今已七百多年。初置于广寒殿。明万历七年（1579年），广寒殿倒塌，移存真武庙。清乾隆帝"命以千金"从真武庙道士手中购得，放置团城。并在瓮膛内刻"御制玉瓮歌"三首，八百余字。

白塔山，因琼华岛上有白塔而得名。琼华岛是辽代瑶屿行宫，金代大宁离宫，元、明广寒殿及清白塔的所在地。清顺治八年（1651年），在山上建覆钵式白塔，塔顶高112米（塔高35.9米），塔肚最大直径14米，为全城最高点。白塔内有一根通天柱，高28.8米，柱顶放置金盒，内装舍利子。塔上设立号杆、龙旗、灯笼、信炮，一旦有警，白天悬旗，夜间挂灯，并发信炮，以传警报。1976年唐山大地震后，维修时发现一个铜鎏金圆筒形舍利盒，内藏舍利子19颗。后将此盒重新放进塔内。为什么要建白塔呢？

早在清崇德七年（1642年），达赖喇嘛派活佛到盛京沈阳，拜谒皇太极。清定都北京后，五世达赖要来京觐见顺治帝。顺治八年（1652年），顺治帝为迎接五世达赖喇嘛来京，在北海建永安寺白塔，并在安定门外兴建黄寺。翌年十二月，达赖五世一行到京，顺治帝在南苑、在太和殿，接见五世达赖喇嘛，（《清世祖实录》卷五十五）并颁给刻有满、汉、藏文的金册、金印，册封达赖为"西天大善自在佛领天下释教普通瓦赤喇怛（dá）喇达赖喇嘛"，是为达赖喇嘛受中央政府册封之始。后重建拉萨布达拉宫。

白塔以西的庆霄楼，居高临下，清朝帝后在此观赏冰嬉。山北太液池畔，有延楼25间，呈半月形，左右围抱，这就是阅古楼。楼内壁镶嵌《三希堂法帖》石刻495方，包括从魏晋到明末百余位著名书法家的300多件作品。乾隆帝诗云："借问延楼何以名？三希古迹聚精英。"因以阅古名楼。阅古楼石刻是中国现存最完整的古代书法石刻集成。它的支持和总监为雍正帝第五子和亲王弘昼。雍正帝有10个儿子，其中6个儿子早死。雍正帝继位后，还剩下4个儿子，其中皇三子削宗籍后死，皇六子弘曕（yàn）过继给果亲王允礼，实际上只有皇四子弘历和皇五子弘昼。雍正十一年（1733年），封弘昼为和亲王。乾隆帝登极后，只有弘昼一个皇弟，封为议政王。弘昼少年骄抗，一次皇兄弟言语相撞，在正大光明殿监试八旗子弟考试，日晡（申时，下午3—5时），弘昼请乾隆帝退食，未许。弘昼说："上疑吾买嘱士子耶？"明日，弘昼上朝谢罪。

北海庆霄楼毗邻永安寺塔，居高临下，是清代帝后观看"冰嬉"的地方

乾隆帝说："使昨答一语，汝齑粉矣！"（要是你昨天多说一句话，就会把你碎成粉末）但对弘昼相待如初。弘昼喜欢财货，雍亲王邸旧资，都赐给弘昼。弘昼好谈丧礼，说："人无百年不死者，奚讳为？"（人没有百年不死的，有什么可忌讳呢！）弘昼亲自制定自己死后的治丧礼仪，坐在王府大厅，让家里人祭奠哀泣，他却边吃边喝，边玩边乐。又做陪葬的明器——鼎彝盘盂等，放置在几案和床榻旁边。乾隆三十五年（1770年），薨，年六十。（《清史稿·诸王传》卷二百二十）他长书法，也绘画，有《稽古斋集》和书法存世。雍正帝第九世孙、和亲王弘昼第八世孙爱新觉罗·启骧先生是当代著名书法家。他收藏弘昼的书法作品，并为《大故宫》题写片名与书名。

阅古楼下，东为漪澜堂，现在是京城仿膳第一家。西为道宁斋——连接六十间延楼，依山阴作半圆形，延楼回廊外绕长达300米的汉白玉石护栏，尽头处各有古堡式小楼一座，东极倚晴楼，西终分凉阁。

北海北岸，由东往西有镜清斋（静心斋）、天王殿、九龙壁、铁影壁、五龙亭、小西天等景观。镜清斋建筑精美，曾是乾隆帝和皇子们的书斋，也是慈禧太后避暑之地，后溥仪在这里写了《我的前半生》。

万佛楼，乾隆帝为其母八十大寿而建造，是一座三层高的大殿堂，有金佛：底层4956尊，中层3048尊，上层2095尊，共有10 099尊。故名"万佛楼"，寓意太后万寿，皇帝"九五之尊"。乾隆帝曾下令文武大臣和封疆大吏各捐造金佛一尊，大金佛188两8钱，小金佛58两，也都含"八"字。这些金佛均被八国联军中的日本军队抢夺得一干二净。万佛楼"鸟来鸟去山色里，人歌人哭水声中"，阅尽人世沧桑。

白塔以东，有座半圆形的砖城，城上建殿堂，城东建牌坊，结构精巧，颇具特色。清乾隆帝书"琼岛春阴"碑立在绿荫深处。

琼华岛东北、太液池东岸，明代建有船坞两座，一藏龙舟，一藏凤舸。龙舟长33.89米，宽9.17米，上建楼台，结五彩，饰以金。船坞东侧有濠濮间和画舫斋。濠濮间中心为水榭，三面临水，四周环山。水池上有雕栏九曲石桥，设计极为精巧，富于诗情画意，是北海园艺中的佳景。濠濮间北面有画舫斋，建在水上，美丽如画，似船浮水，真是："布席只疑天上坐，凭栏何异镜中游。"所以称作画舫斋。

整个西苑，如诗如画，佳胜万千，皇城园林，以此为冠。

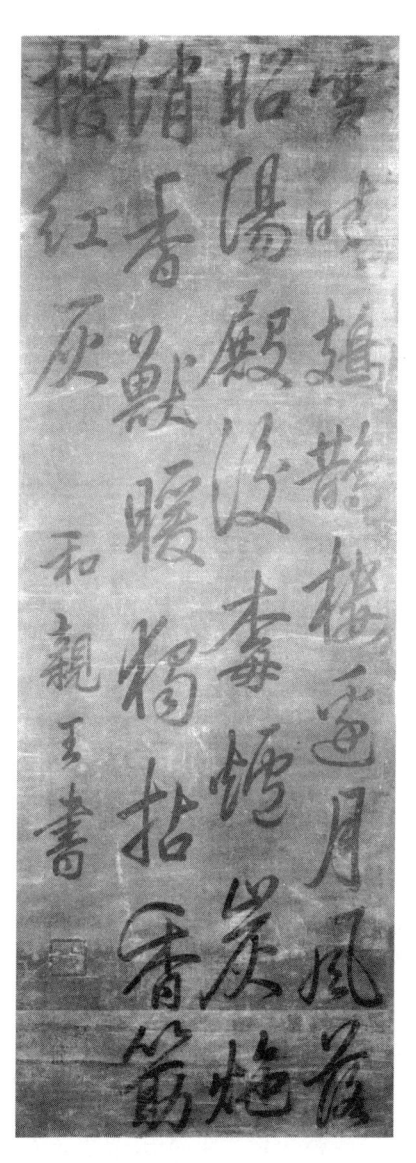

雍正帝第五子和恭亲王弘昼书法

乾隆帝手书的北海"琼岛春阴"碑

　　元大都宫城与苑囿的布局是："太液为主，宫殿为客。"明则相反："宫殿为主，太液为客。"究其根因，在于文化：蒙古草原文化，牛羊为衣食之源，牛羊赖草，草则靠水，水是草原生命之源。明永乐帝生长在农耕文化的江南水国泽乡，安全为重，水则次之。草原文化与农耕文化的不同，导致元明宫城与苑囿布局的主客关系不同。

第六十一讲 宫外三堂

事物有阴，必定有阳。西方耶稣会士来华，意在传布天主教义，既带来西方的科技文化，也向西方传播中华文明，从而在东西之间架起了一座文化交流的桥梁。建于明清北京内城和皇城的四座天主教堂成为历史的见证。

第六十一讲　宫外三堂

北京皇宫外面，有四座西方耶稣会士的天主教堂——南堂、北堂、东堂和西堂等。① 这四座天主教堂，都为皇帝敕建，都同宫廷关系密切，也都为中西文化交流的桥梁。皇宫外的四座天主教堂，历史悠久，至今犹在，生动故事，重点讲三——南堂、北堂和东堂。

一 万历南堂

南堂是北京最早建立的天主教堂，坐落在北京西城区宣武门里，即今前门西大街 141 号。南堂在历史上有三个人——利玛窦、汤若望和南怀仁最为著名，也影响最大。

利玛窦（Matteo Ricci，1552—1610 年），意大利人，耶稣会士，明万历二十九年（1601 年）到北京，向万历帝进献自鸣钟、《坤舆万国全图》等，与士大夫交往。他研读"四书"，同徐光启著译《几何原本》。万历三十三年（1605 年），建南堂。堂院内除神父住房外，有天文台、藏书楼、仪器室等。南堂后遭地震、火灾，几毁几建。利玛窦死后，御赐墓地，在今北京阜外车公庄大街 6 号院内。

汤若望（Johann Adam Schall von Bell，1591—1666 年），德意志人，耶稣会士，青年时在罗马攻读神学、数学和天文学。东来后，到澳门，学汉语。明天启三年（1623 年）到北京，住南堂。与徐光启等共同编修《崇祯历书》。他为朝廷制作的天球仪、日晷等，有学者认为现藏于雍和宫。清军入京后，因多尔衮的一份满文布告，使南堂得以保存。故事是这样的：

清摄政睿亲王多尔衮下令，内城居民，限期之内，全迁外城，包括

---

① 北京天主教西堂，坐落在今北京西城区西直门内大街 130 号，是天主教北京教区四大教堂中建成最晚的一座教堂。意大利人德理格神父于康熙五十年（1711 年）到达北京，雍正元年（1723 年）主持修建西堂，留在宫廷教授皇子西学。西堂几毁几建，现存为 1923 年重建。

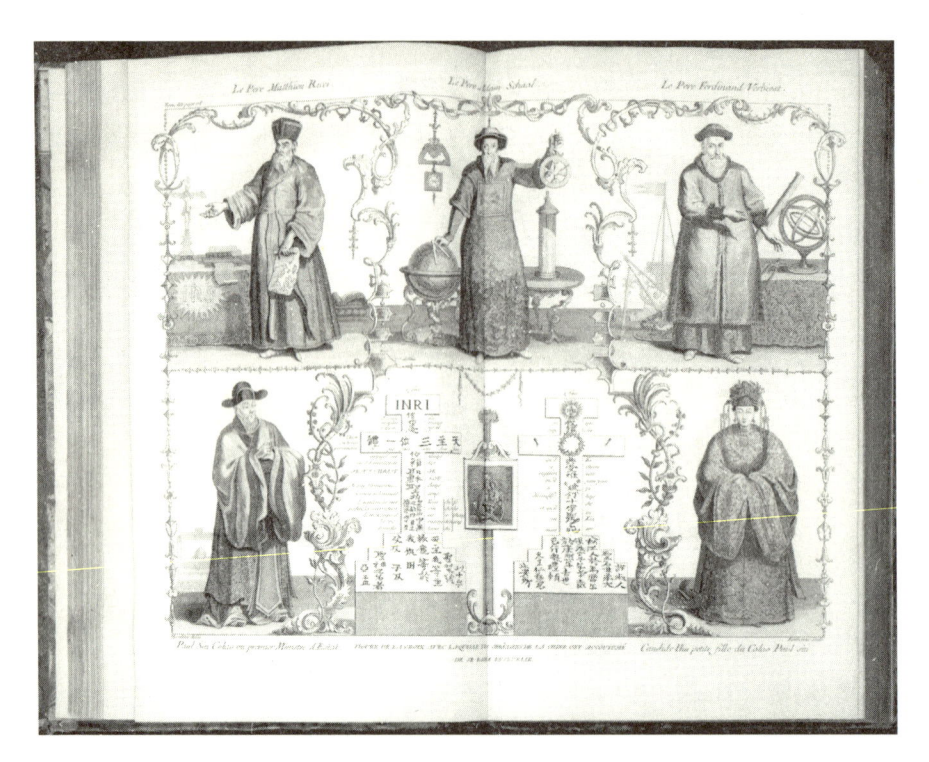

上为天主教南堂最著名的耶稣会士利玛窦、汤若望、南怀仁像，下为明末科学家徐光启及其孙女像

南堂和汤若望。汤若望书写一份奏疏，略谓：臣自大西洋，航海八万里，东来事主，不婚不官，若急迁移，仪器损坏，修整非易。他申请：仍居原寓，照旧虔修。汤若望随请愿人群，到宫门外，跪呈奏书。许多请愿者，被官兵用皮鞭赶走，汤若望却被一位高官接见。这位高官就是大学士范文程。奏疏经范文程呈递摄政睿亲王多尔衮后，被谕准在南堂门外，张贴满文布告，无须搬迁，保护南堂。南堂就在内城被保护了下来。

汤若望参与纂修历法。顺治七年（1650年）扩建南堂。汤若望任钦天监监正。汤若望治愈顺治帝未婚皇后的病，受到孝庄太后褒奖。顺治帝曾24次到南堂与汤若望神父交谈。顺治帝19岁生日就是在南堂汤若望家过的。康熙三年（1664年），汤若望为杨光先所诬陷，被捕下狱。后鳌拜等拟判汤若望凌迟处死。遇北京地震，被释放羁押。经孝庄太皇太后干预，后来获释。康熙五年（1666年）病死北京，葬车公庄墓地。

南怀仁（Ferdinand Verbiest, 1623—1688年），比利时人，耶稣会

顺治帝曾24次到天主教南堂与汤若望交谈，连19岁生日都是在此度过的，图为南堂旧影（1873年）

士，顺治十七年（1660年）到北京，做汤若望的副手，后汤若望遭冤狱，南怀仁受牵连。这时汤若望年迈多病，受审时南怀仁陪他出庭，代为申辩。南怀仁在狱中对汤若望关怀备至，后为他办理丧事。王公大臣为南怀仁的精神所感动，说："汤玛法已拟死罪，他人将趋避之不暇，而怀仁仗义为之辩护，诚忠友也。"（《在华耶稣会士列传及书目》）汤若望得到平反，南怀仁任钦天监监副。南怀仁的主要贡献是：

其一，测天象。南怀仁与杨光先、吴明烜（xuān）在午门前，并在今建国门外观象台争辩，康亲王杰书、大学士图海和李霨等二十余位高官集体观测，讨论历法问题。测验项目包括立春、雨水、太阴、火星、木星天文历法等问题。观测结果是："南怀仁所言，逐款皆符；吴明烜所言，逐款皆错。"（《清圣祖实录》卷二十八）朝廷摒弃杨光先历法错误，采纳南怀仁正确意见。不久，南怀仁被任命为钦天监监副，从此钦天监"节气占候，悉从南怀仁说"。（《清史稿·南怀仁传》卷二百七十二）

其二，制仪器。南怀仁等先后制造了黄道经纬仪、赤道经纬仪、地平经仪、地平纬仪、纪限仪、天体仪，并绘图解说，成《灵台仪象志》，有精美附图117幅。后增制玑衡抚辰仪。中国天文学家利用这些仪器，进行了二百多年的观测工作，今仍屹立于北京建国门外古观象台，成为中西文化交流的历史见证。(席泽宗《南怀仁》)此外，书中介绍了如重心、比重、杠杆、滑轮、螺旋等简单机械，以及温度计、湿度计的原理等。清顺治帝孝陵大石碑，由房山运往东陵，怎样过卢沟桥呢？南怀仁建议用西法建滑车，拉大石碑过卢沟桥，解决了这个运输难题。后升南怀仁为钦天监监正。《清史稿·南怀仁传》说：自是钦天监用西洋人，累进为监正、监副，相继不绝。南怀仁发明制造了一辆汽车，二尺长，四个轮子，中部有火炉和铜制气锅。气锅顶部有一个喷气嘴。气锅里的水加热后，蒸汽从气嘴喷出，产生的能量，射在涡轮叶片上，推动汽车后轮，驱动汽车行进。这种动力冲动式蒸汽机，对后世产生了深远影响。南怀仁的相关手稿，在康熙二十六年（1687年）后，发表于德国出版的《欧洲天文学》杂志上，使这一科技成果留存下来。有人说"汽车发明在中国"。这话有一定道理，但遗憾的是没有形成生产力。

其三，造火炮。平定三藩之乱时，前方失效火炮运回，请求换发新炮。康熙帝命南怀仁负责检修。他发现多数大炮因锈蚀而不灵，经除锈后，150门大炮仍可使用。康熙帝又命南怀仁主持制造轻型炮，并亲临卢沟桥观察新炮试射，效果良好，康熙大喜。康熙帝又令再造连珠炮。新炮制成后试射，100发中96发，康熙帝把自己身上的貂皮大衣脱下来赏给南怀仁。经南怀仁研发的新型轻装火炮，近一千尊，送往前线。他撰写了关于火炮制造和使用的《神威图说》一书。为表彰其功绩，南怀仁被授予工部右侍郎衔。[①]（《清圣祖实录》卷一百二）

其四，做帝师。在一段时间里，南怀仁给康熙帝讲授几何学和天文学，还将《几何原本》译成满文。康熙帝"日召怀仁入内廷，如是凡五月。辄留之终日，使之讲授数学、天文"，有时还学习哲学及音乐，康熙帝也命人教授南怀仁满语、满文。他还陪伴康熙帝东巡，沿途观天测地。康熙二十一年（1682年），康熙帝东巡，带上南怀仁，命他测量盛京北

[①] 《清史稿·南怀仁传》："南怀仁官监正久，累加至工部侍郎。"查《清代职官年表》工部侍郎中没有南怀仁，当为工部侍郎衔。"实录"可以为证：加"南怀仁工部右侍郎衔"（《清圣祖实录》卷一百二）。

极高度，并表示赞赏。南怀仁说："皇帝对我表示异乎寻常的好感，确如他自己所说的那样，如同他信赖友人一般，盼我不离开他的身边。"在返回京师的途中，一天，康熙帝自然是先上了船，他让随行王公贵族暂且等候，而招呼南怀仁上船，与他一道渡河。

南怀仁居住的南堂，史书记载：京师天主堂，建于明万历间，本朝一再修之，御题额曰"通微佳境"。左右两砖楼，夹堂而立。左贮天琴，午时楼门自启，琴自作声，移时琴止，而门亦闭矣。别有沙漏、远镜、龙尾车之属，以资测验。（《清稗类钞·京师天主堂》页一九五七）康熙二十七年（1688年），南怀仁在北京病逝，年六十六，也葬于今阜外车公庄利玛窦、汤若望墓地。

南怀仁死后，天主教北堂与宫廷的关系，日益密切，日显重要。

二　康熙北堂

在皇宫西北的天主教堂，俗称"北堂"。北堂在今北京西城区西什库大街33号。既有南堂，为什么还要建北堂呢？这要从康熙大帝与路易十四及传教士之间的故事说起。康熙一朝来到中国的法国耶稣会士至少有五十位之多，其中以康熙年间来华的白晋、张诚、洪若翰、刘应、李明五人最为重要。这里我着重介绍其中的白晋和张诚。

白晋（Joachim Bouvet，1656—1730年），耶稣会士，法国人。法国国王路易十四，颁诏派遣白晋、张诚、洪若翰、刘应、李明等一行，以"国王数学家"名义，提供资费，乘船东渡，于康熙二十六年（1687年）到宁波，次年到北京。他们到京住南堂后，向康熙帝进献礼物，有三十余箱仪器，受到接见，并在乾清宫受到宴请。白晋与张诚学会满、汉语文后，与徐日升（葡萄牙人）等向康熙帝讲授数学，如几何与代数，每天进讲两三个小时，讲前要准备满文教案。白晋和张诚先后用满文编写了二十几种教科书，包括《几何原理》等。康熙帝就让他们在宫里进讲天文学、几何学以及仪器用法，徐日升编写汉语教材，进讲西方音乐理

图为康熙帝学习数学时使用的楠木炕桌，桌面嵌银，银板上刻有比例尺

论及乐器演奏。白晋还奉旨编纂人体解剖学，并翻译成满文。

白晋受康熙帝派遣，往欧洲觐见法王路易十四，带去四十九册精美线装图书，四年后到达法国，使"路易十四欢喜而又惊奇"。白晋进献用法文书写介绍康熙皇帝的报告，就是后来出版的《康熙帝传》，这是第一次向西方介绍中国康熙大帝。他还带去《满汉服装图册》，并制成铜版画四十六幅。白晋返京时，带来路易十四给康熙帝的书信。他带来的亚洲地图，在中俄尼布楚谈判中起了参考作用。白晋还选了五位具有科学背景的耶稣会士带到中国，后来他们在清宫造办处工作。他带回巴多明、雷孝思等，参与大地测绘，用时九年，后编绘成《皇舆全览图》。而李明的《中国近事报导》对欧人了解中国产生了深远的影响。

张诚（Jean Francois Gerbillon，1654—1707年），耶稣会士，法国人。康熙三十二年（1693年），康熙帝患疟疾，御医治不好，法国传教士白晋和张诚等献上西药"金鸡纳霜"（奎宁），治好了康熙帝的病。康熙帝为此赏给他们今中南海紫光阁西蚕池口地方（今文津街国家图书馆分馆斜对面）建造教堂。法国耶稣会士原住南堂，苦于没有自己的教堂。受赐新址后，张诚主持了北堂的建设。北堂动工四年后于康熙四十二年（1703年）建成，康熙帝御题"万有真原"横匾及长联，命名为救世堂，还建成天象台和图书馆，是为第一座北堂。道光七年（1827年），清廷没收北堂，将大堂拆除，土地变卖。咸丰十年（1860年）《北京条约》签订后，归还北堂并重新修建。同治四年（1865年），北堂重新建成，是为第二座北堂。北堂长50米，宽21.3米，钟楼高约25米，新堂比旧堂更高大。堂内创建了动植物博物馆（又称百鸟堂），陈列珍禽标本800余种，还有蝴蝶和动物标本。光绪十二年（1886年），开始整修西苑三海，以准备光绪帝亲政后供慈禧太后颐养之用。于是，将中海西北处的蚕池口天主教堂（北堂）迁到西安门内西什库重建。

光绪十三年（1887年），北堂在西什库新址建成，是为第三座北堂。北堂正中尖拱形大门上方，木匾书"敕建天主堂　光绪十三年"。新北堂及所属建筑面积很大，东到东夹道，西至西黄城根，南邻西安门大街，北到今北京医学院，包括修道院、图书馆、后花园、印刷厂、孤儿院、医院，以及神甫宿舍等。北堂的大堂建筑面积约2200平方米，高16.5米，钟楼塔尖高约31米。堂前有月台，围以汉白玉石栏杆。大堂正门两旁，有中国式建筑碑亭两座，亭内分别立光绪十四年（1888年）天主教堂迁建谕旨碑和满汉文天主堂碑。大堂正门内建有唱经楼，堂属哥特式（使用尖拱以使房屋直耸而上）建筑形式。

如果说南堂主要折射出西方文化透过耶稣会士对中国的影响，那么，北堂则更多地体现出中国传统文化传播到欧洲的巨大影响。如：

（1）路易十三在做王子的时候，就用来自中国的瓷碗喝汤。路易十三的首相黎世留枢机主教，曾在他的官邸展示自己收藏的中国漆屏风、漆床以及400多件中国瓷器。

（2）白晋于康熙三十二年（1693年）带着康熙帝为法王路易十四所

法国传教士治好了康熙帝的病，北堂因此建成，图为第三座北堂——西什库教堂

准备的礼物，如人参、丝绸、瓷器以及汉文和满文线装书籍等前往法国。白晋到达巴黎后，受到路易十四的召见。路易十四回赠康熙皇帝书信和礼物①。白晋后在巴黎出版了《康熙帝传》，书里附有他亲自为康熙帝绘制的画像，以呈送给法王路易十四。

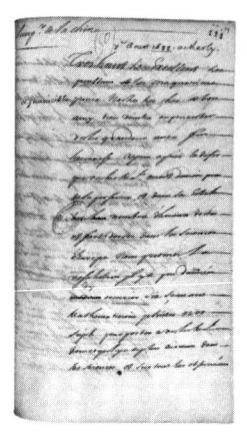

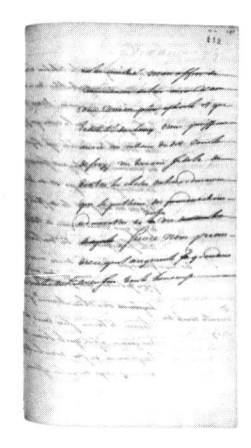

路易十四写给康熙帝的书信

（3）路易十四耗资千万改建凡尔赛宫，用当时来自中国的珍贵文物进行装饰。路易十四喜欢使用中国家具或是法国工匠仿制的中国式家具，中国青花瓷罐，以及仿中国图样的法国内维尔陶罐。玛莉皇后也有全套的中国家具。欧洲各国王公贵族也争相模仿，建造各式中国风格的亭台楼阁，引以为荣，蔚然成风。

---

① 路易十四写给康熙帝的书信
至高无上、伟大的王子，最亲爱的朋友，愿神以美好成果使您更显尊荣。获知在陛下身边与国度中有众多饱学之士倾力投入欧洲科学，我们在多年前决定派送我们的子民，六位数学家，以为陛下带来我们巴黎城内著名的皇家科学院中最新奇的科学和天文观察新知。但海路之遥不仅分隔您我两国，亦充满意外的危险，因此为了能满足陛下，我们计划派送同样是耶稣会士，即我们的数学家们，以及叙利伯爵，以最短与较不具危险的陆路途径以便能率先抵达您身边，作为我们崇敬与友谊之表征，且待最忠诚见证者叙利返回之际能发表您一生非凡的作为。为此，愿 神以美好的成果使您更显尊荣。
1688 年 8 月 7 日写于马利
您最亲爱之好友 路易

（4）路易十四在凡尔赛宫西边兴建一座小型城堡，城堡花园内仿中国南京瓷塔，建造了一座瓷屋。瓷屋装饰主要是青花瓷瓶、青花图案。房间与大厅都以中国风格装饰，使用的家具也都以中国式为主，尤其是瓷器布满整个黛安娜的房间。

（5）康熙三十九年（1700年）在法国巴黎马利宫举行名为"中国皇帝"的新年舞会，文献记载："这位中国皇帝乘着大轿，由三十多个人在前做前导，乐队奏着乐。"出席路易十四为他们举办的宫廷宴会，他们还示范了筷子的用法，后又展出了中国的丝绸和绘画。当时"中国风"风行整个法国社会，人们谈话题材多围绕着中国及中国人。中国式艺术风尚在欧洲普遍流行，影响了整个欧洲。

（6）回法耶稣会士向路易十四呈献了"四书"中的《论语》、《大学》、《中庸》，由汉文经满文翻译成拉丁文，后将"五经"也由汉文经满文翻译成拉丁文。被誉为当时世界上准确度最高的地图《皇舆全览图》，其参与测绘的耶稣会士十人中，七人为法国耶稣会士。他们将《皇舆全览图》带回欧洲，制成四十一幅铜版图，后又送回清廷。法国地理学家唐维尔据《皇舆全览图》制作法文版的中国地图，影响了整个欧洲。

三　乾隆东堂

位于皇宫东面的天主教堂，俗称"东堂"，坐落在今东城区王府井大街74号。清顺治十二年（1655年），皇家赐给耶稣会士利类思、安文思一所宅院和空地，修建教堂。后遭康熙地震、嘉庆火灾、庚子被焚等自然与社会的损毁。光绪三十年（1904年）再重建，即今天主教东堂。堂内曾有郎世宁所绘多幅圣像。

郎世宁（Joseph Castiglione，1688—1766年），意大利米兰人，康熙五十四年（1715年）到北京，在内务府造办处如意馆供奉绘画。后受雍正帝召，用西洋画法，绘《聚瑞图》等，注重写实，笔法细腻，受到称赞。乾隆帝时，除为皇帝画肖像外，还为清宫画了不少战图，也画花鸟、

郎世宁用西洋画法所绘的《聚瑞图》，受到雍正帝称赞

犬马，尤长画马。《百骏图》是郎世宁名作之一。郎世宁画肖像、宫女，笔法细腻，惟妙惟肖。相传有一天，乾隆帝与他的八位妃子在一起，命郎世宁将自己认为最美丽的一位画出来。郎世宁明白，不能这样做。第二天，乾隆帝问他选中哪位妃子，他回答道：我没有看她们一眼。乾隆帝问他在看什么。郎世宁说：我在数陛下殿顶上的瓦。乾隆帝说：那么，瓦有多少块？郎世宁回奏：三十块！乾隆帝命太监去数，果然是三十块。从此，乾隆帝不再出类似的难题。大历史事件，以绘画表现，是郎世宁等的一项贡献。如《乾隆平定准部回部战功图》16幅图，《紫光阁赐宴》一图，画中有

郎世宁等用画笔记录了清朝重大历史事件，此为《乾隆平定准部回部战功图》之"紫光阁赐宴"铜版画

50位功臣像。乾隆三十一年（1766年），乾隆帝命将画卷送到法国，镌刻铜版，印刷了100多套，其中大多运回中国，其余的在法国收藏并流传。郎世宁还参与圆明园"西洋楼"等建筑的设计和督造。在清宫的其他西洋画家如艾启蒙、王致诚等，都留下了作品。

中西绘画交流，尤其值得一提。西洋画在处理透视与光线明暗等方面，与中国传统画法不同。清宫廷画家邹一桂称："其画于阴阳远近，不差锱黍；所画人物屋树，皆有日影。其用颜色，与中华绝异。布影由阔而狭，以三角量之。画宫室于墙壁，令人几欲走进。"但郎世宁等在绘西洋画时，能吸取中国画法之长；宫廷画家焦秉贞、冷枚等在绘中国画时，也能兼取西洋画法之长，如画面焦点集中，画房屋有透视，画屋柱加光暗。自明末西洋画传入中国以后，中国画吸收了西洋画的营养，按照自己的传统向前发展。郎世宁兼收西洋画和中国画的不同风格，创立了他独特的"新体绘画"。有时他还与中国画家合作卷轴山水画——他画人物头脸，中国画家画山石花木，可谓中西合璧。雍正年间随郎世宁学画的中国弟子有13名，其中有年希尧。年希尧将绘画描在瓷器上，称为"年窑"，并出版研究透视画法的《视学》一书。他对传播西方绘画起到了很大作用。

郎世宁的助手王致诚（1702—1768年），法国人，来华后为宫廷画师，参与设计并建造圆明园喷泉（又称"水法"）。乾隆帝与众大臣观赏

郎世宁兼收西洋画和中国画风格，创立了"新体绘画"，此为设色《竹荫西狝图》

乾隆帝曾在东堂为郎世宁庆祝七十岁生日，此为光绪三十年（1904年）重建的东堂

后，大为称赞，即命郎世宁携蒋友仁在长春园东北部，按照西洋式样设计建造一组建筑。这就是后来的西洋楼。王致诚写信给西方，称圆明园是"人间天堂"、"万园之园"，后圆明园享誉欧洲。王致诚寄回法国40幅有关圆明园等皇家园林的图画，影响了英、法、德、意等国家的园林建设。王致诚在清宫服务30年，擅长画马，于乾隆三十三年（1768年）在北京病逝，享年67岁。故宫博物院藏有他的画作。

乾隆二十二年（1757年），郎世宁70岁生日时，皇帝为他举行祝寿仪式，贺寿队伍由24人组成的乐队做前导，赐品由8人捧着，一路上围观的百姓气氛热烈。他的住所——东堂，张灯结彩，群贤毕至，相互交谈，盛况空前。乾隆三十一年（1766年），郎世宁卒于北京，年七十九，加给侍郎衔，并赏银三百两，以示优恤。

事物有阴，必定有阳。西方耶稣会士来华，意在传布天主教义，既带来西方的科技文化，也向西方传播中华文明，从而在东西之间架起了一座文化交流的桥梁。建于明清北京内城和皇城的四座天主教堂成为历史的见证。

第六十三诵 京畿苑囿

清帝围猎为了骑射习武，八旗铁骑却被英舰重炮打败；疏浚昆明湖为了练水师，北洋水师却被日本海军击败。英、日都从海上打来，大清却忽视海洋发展。清帝耗费巨资兴建"三山五园"，却忽视强固国防——出现了一幕幕历史悲剧：人为刀俎，我为鱼肉。

第六十二讲　京畿苑囿

皇宫之外，京畿地区，苑囿很多，重点讲三：京南围猎、三山五园和清漪颐和。

一 京南围猎

在紫禁城南面，出永定门外10公里的南苑，又称"南海子"，元时称"下马飞放泊"，是北京最大的园林猎场。蒙古重游牧，尚骑射。忽必烈迁鼎大都后，将郊外大量民田变作牧场，后逐渐退牧还田。下马飞放泊仍被保留，忽必烈常到这里狩猎。明永乐帝将南海子拓建，周围60公里，其面积约相当于北京城面积的三倍。苑中花木竞胜，珍禽异兽繁衍，绕以墙垣，开有四门。后明帝多厚文薄武，沉湎酒色，南苑衰落。清朝满洲，弓马为本，行猎演武，拓展南苑，增为13座门。苑内有九十四泉，河溪川流，泉涌水清，林木茂密，芦荡辽阔，野草丛生，香獐麋鹿，飞禽走兔，不可胜计。每年春蒐冬狩，行围习武。行围时，海户驱兽，官兵驰射。虎为兽中之王，猎虎是狩猎者最大的乐趣，能考验一个人的勇敢与智慧、体能与技艺，所以清代有作为的皇帝多喜欢射猎老虎。康熙帝和乾隆帝就是佳例。清还设立六百人的虎枪营，在南苑春蒐时，随驾巡狩，猎杀猛虎。《彭公案》第二十八回《劫圣驾打虎成名》，说的是南苑养的老虎逃窜出来，威胁正骑马往南苑围猎的康熙帝，黄三太以飞镖打虎救驾，受赐黄马褂的故事。

苑中有晾鹰台（元称"虞仁院"，明称"按鹰台"），台临五海子，筑72桥济渡。晾鹰台高19.2米，直径38.4米。大阅隆重典礼，在晾鹰台举行。大阅时，皇帝御晾鹰台，八旗分列左右，八旗都统等各率旗属，画角先鸣，呐喊前进。阅操礼毕，皇帝回圆幄，释甲胄，颁赏，赐宴。每旗摆筵五十桌，凡二十四旗，列宴千席，规模壮观。康熙帝到南海子达五十五次之多。乾隆帝曾在此接见哈萨克、布鲁特、塔什罕等使臣，放烟火，举盛宴。清初定制，大阅三岁一举，在南苑晾鹰台。后来时不限三年，地也不尽在南苑。康熙中期后，辟建木兰围场和避暑山庄，临幸南苑渐少。但乾隆朝疏浚团河，建团河行宫，今尚存遗址。

帝王围猎，既有旱围，也有水围。春蒐水围，古已有之。后周太祖郭威于广顺三年（953年）正月，幸城南园，临近水亭，"见双凫（fú，野鸭）争藻，戏于池面，引弓射之，一发而叠贯"。（《册府元龟》卷四十四）随从官员，欢呼拜贺。辽南京（今北京），每年季春，辽主率群臣武士，

乾隆帝所建的团河行宫，是清帝前往南苑行猎的四所行宫之一，图为遗址

到京东南延芳淀打水围。淀方圆数百里，春天鹅鸳群聚。辽帝打水围时，卫士穿墨绿衣，各持连锤、鹰食、刺锥等，相距五七步，排列在水边。在上风头的人击鼓，鹅受惊后，稍离水面。辽帝亲放海东青，抓擒飞鹅。鹅坠落地，猎者冲上，以佩锥刺鹅，急取其脑，饲海东青，"得头鹅者，赏赐银绢"。（《辽史·地理志》卷四十）金帝也常"猎于南郊"。

清帝先世，擅长渔猎。康熙帝和乾隆帝，常到白洋淀（清称"白洋湖"），下马登舟，网鱼猎鸟。据《安新县志》记载：康熙帝到白洋淀46次，其中水围29次，或达30次之多（刘桂林《清代康熙乾隆的水围》）；乾隆帝也到白洋淀5次，其中水围4次。清帝乘水围之便，观察风土民情，亲历田野农家。康熙帝诗云："轻舟十里五里，垂柳千丝万丝。忽听农歌起处，满村红杏开时。"（玄烨《水淀杂诗》）

白洋淀水面，粼光飘渺，一望无际。康熙帝《白洋湖》描绘："遥看白洋水，帆开远树丛。流平波不动，翠色满湖中。"（玄烨《白洋湖》）白洋淀分东淀和西淀，可选作水围的有二十一处。康熙帝水围常在任丘北、

雄县西、安新南的赵北口，登舟水围，行宫驻跸。这里，"长堤虹亘，飞桥连属，为南北通途"。(乾隆《河间府志》卷三) 茫茫碧波上，朗朗天水间，猎船阵阵，旌旗飘飘。皇帝登上御舟，水围随即开始。围猎官兵，乘舟悄行，四面围合，万千水鸟，受到惊吓，飞翔云集，聚船上空。信号发出，万箭齐发，枪炮共鸣，鸟落水上。一次，乾隆帝亲持火枪发射，竟获水禽五十余只，又用箭射得二十余只(乾隆《任丘县志》卷首)。

京畿皇家苑囿，既有南郊的南苑海子，也有西郊的"三山五园"。

二 三山五园

北京景胜，美在西山。在清全盛时期，自海淀到香山，90多处皇家离宫、御苑与赐园，连绵分布，二十余里，团花簇锦，伟丽壮观。西山园林精粹，当属"三山五园"。"三山五园"，指的是香山和静宜园、玉泉山和静明园、万寿山和清漪园（颐和园），还有畅春园和圆明园。"三山五园"，其特点是：

第一，依山临水，历史久远。西山东麓，层峦叠嶂，树木葱郁，湖泊星布，泉水充沛，风光秀丽，是西山风景的自然优势。如香山静宜园。早在辽朝，西山建清水院，就是今大觉寺。金元以来，不断开发，营建行宫别苑，敕建寺宇道观，在西山地区逐渐建立多处离宫。清康熙帝在香山寺旁建行宫。乾隆帝兴工葺治，乾隆十一年（1746年）静宜园成，赐名二十八景并赋诗。[①] 如第一景为勤政殿。清在西苑、畅春园、圆明

[①] 香山静宜园二十八景是：（1）勤政殿，（2）丽瞩楼，（3）绿云舫，（4）虚朗斋，（5）璎珞岩，（6）翠微亭，（7）青未了，（8）驯鹿坡，（9）蟾蜍峰，（10）栖云楼，（11）知乐濠，（12）香山寺，（13）听法松，（14）来青轩，（15）唳霜皋，（16）香嵓室，（17）霞标磴，（18）玉孔泉，（19）绚秋林，（20）雨香馆，以上为内垣二十景；（21）晞阳阿，（22）芙蓉坪，（23）香雾窟，（24）栖月崖，（25）重翠崦，（26）玉华岫，（27）森玉笏，（28）隔云钟，以上为外垣八景。

静宜园所在的香山成为中国第五座世界名山，此为清董邦达绘《静宜园全图》

园、静宜园和避暑山庄等处都建有勤政殿。乾隆帝说："家法传勤政，孜孜敢暂忘！"理政闲暇游园，游园不忘理政。勤政殿在英法联军入侵时被焚，现正在复建。① 又如香山寺，占地约55 000平方米，形成"前街、中寺、后苑"的格局，也在复建。昭庙，为藏传佛教建筑。东有琉璃牌坊，华丽壮观；西有七层琉璃塔，秀丽雄峻。其他已毁景点，多在逐步复建。

---

① 《京华时报》2012年5月30日《北京·时事》版载，香山静宜园二十八景，已复建六处，正复建勤政殿一处，其余计划复建。

香山的"西山晴雪"为燕京八景之一。香山晚秋，层林尽染，红叶漫山，景色诱人！香山香炉峰（鬼见愁）海拔557米，但"山不在高"，因其历史内涵与秀丽景色，与泰山、黄山、庐山、峨眉山都入选为世界名山。[①]

第二，皇家园林，清幽景深。如玉泉山静明园，在玉泉山之阳，背山面泉。泉水趵突，晶莹如玉，故称玉泉，山也因泉得名。山麓辽建芙蓉殿（今已无存）。清康熙十九年（1680年），在玉泉山南麓建行宫，名为"澄心园"。乾隆十五年（1750年）扩建玉泉山静明园，并修建了静明园十六景，后增十六景，共三十二景。[②] 如有田园风光的溪田课耕、翠

乾隆帝修建了静明园十六景，后增为三十二景，"玉峰塔影"即为其一

[①] 2012年9月26日，世界名山协会接纳香山为世界名山，并颁发世界名山的称号和标牌。
[②] 玉泉山静明园十六景是：（1）廓然大公，（2）芙蓉晴照，（3）玉泉趵突，（4）竹罏山房，（5）圣因综绘，（6）绣壁诗态，（7）溪田课耕，（8）清凉禅窟，（9）采香云径，（10）峡雪琴音，（11）玉峰塔影，（12）风篁清听，（13）镜影涵虚，（14）裂帛湖光，（15）云外钟声，（16）翠云嘉荫。

云嘉荫，有山石洞窟的采香云径、清凉禅窟，有殿宇馆阁的廓然大公、竹罏山房，有清泉溪池的芙蓉清照、峡雪琴音，有山水美色的玉峰塔影、裂帛湖光。其中"玉泉趵突"为燕京八景之一。乾隆帝赞静明园的美景是"一时之会，前后迥异，一步之移，方向顿殊"，名胜景观至今仍引起人们极大的兴趣。

第三，多种功能，融为一体。如畅春园。康熙二十三年（1684年），以明万历帝外祖父李伟的清华园（不是清华大学的清华园）废址，康熙帝建成畅春园，成为他在北京西郊第一处常年居住的离宫。畅春园分为中、东、西三路，是康熙帝在西郊理政和居住的地方。其中的蒙养斋，被西方誉为中国皇家科学院。蒙养斋有教学、编书和研究三种功能。于教学，选八旗子弟和有特长者，包括大学者何国宗、梅毂成、明安图等，研习传统历算，学习西方科学，包括几何、对数、三角函数、天文等，由耶稣会士讲课；于编书，主要编纂三部书，就是《历象考成》、《数理精蕴》和《律吕正义》，合为《律历渊源》，共一百卷；于研究，将数

畅春园是康熙帝在北京西郊第一处常年居住的离宫，此为康熙《万寿盛典初集》之"畅春园"图

学、天文、历法中西结合，推进到帝制时代的最高峰。

第四，南秀北雄，汇贯中西。如圆明园。

圆明园，初为雍亲王赐园。雍正帝继位后，对圆明园进行全面修建，增添了许多建筑，将其面积由 300 亩扩大到约 3000 亩。乾隆帝六下江南，命模仿江南名园胜景，大规模营建，东面增修了长春园，又修成绮春园（万春园），形成著名的圆明三园，但统称为圆明园。全园建筑面积与紫禁城全部建筑面积相当，水面面积约等于昆明湖。既有北国雄奇，又具南国隽美。清晖阁内壁上挂着圆明园全景画图。圆明园"四十景"

万方安和殿位于湖中台上，呈卍字形，造型美观，此为《圆明园四十景图》之"万方安和"

中的万方安和殿,坐落在湖中台上,四面临水,呈卍字形,设计精巧,造型美观。① 山高水长殿分上下两层,后拥连岗,前环小溪,溪前有宽阔场地。乾隆帝每逢元宵佳节,常率后妃在楼上观灯。殿前排列五千人舞灯,亭榭楼阁,灯光闪耀,舞灯起伏,如梦如幻,形成一个灯火辉煌的世界。而后施放焰火,烟火腾空,歌舞伴和,五彩缤纷,奇葩万朵。圆明园有一巨大湖泊,叫福海,四周有十岛环抱,中为蓬莱、瀛洲、方丈三岛。

长春园,因乾隆帝即位前被赐居园中长春仙馆,即位后便以"长春"命此园名。园中淳化轩,因乾隆帝重刻宋名帖《淳化阁帖》而命其名。园东北隅的狮子林,仿苏州狮子林而建。园北部有"西洋楼"和喷泉等西式园林建筑。它包括谐奇趣、养雀笼、方外观、海晏堂、蓄水楼、万花阵等。这些建筑主要由耶稣会士郎士宁、蒋友仁等设计,中国工匠建造。其中的观水法(喷泉),池旁建一座蓄水楼,喷池中铜铸十二生肖,即鼠、牛、虎、兔、龙、蛇、马、羊、猴、鸡、狗、猪,每隔二小时,有一属相动物从口中涌射喷泉,一昼夜轮一周。另如万花阵,模仿当时流行于欧洲的园林迷宫。清帝曾命太监们在里面捉迷藏,自己观赏取乐。又建方河,河畔筑"线法山",河中放置威尼斯模型。清帝坐在"线法山"上,览赏河中"威尼斯的旖丽风光"。

绮春园,即万春园,建成于乾隆中期,是由几座小园林合并而成。绮春园被毁后,同治年间加以重修,改名为万春园。

圆明三园周围 10 公里,圆明园有 40 景,后增 8 八景,长春园有 30 景,万春园也有 30 景,三园共有 108 处景区。全园除绮丽风光和壮丽建

---

① 圆明园四十景是:(1)正大光明,(2)勤政亲贤,(3)九州清晏,(4)镂月开云,(5)天然图画,(6)碧桐书院,(7)慈云普护,(8)上下天光,(9)杏花春馆,(10)坦坦荡荡,(11)茹古涵今,(12)长春仙馆,(13)万方安和,(14)武陵春色,(15)山高水长,(16)月地云居,(17)鸿慈永祜,(18)汇芳书院,(19)日天琳宇,(20)澹泊宁静,(21)映水兰香,(22)水木明瑟,(23)濂溪乐处,(24)多稼如云,(25)鱼跃鸢飞,(26)北远山村,(27)西峰秀色,(28)四宜书屋,(29)方壶胜境,(30)澡身浴德,(31)平湖秋月,(32)蓬岛瑶屿,(33)接秀山房,(34)别有洞天,(35)夹镜鸣琴,(36)涵虚朗鉴,(37)廓然大公,(38)坐石临流,(39)麯院风荷,(40)洞天深处。

乾隆帝曾居长春仙馆，即位后便以"长春"为园名，此为长春园海晏堂铜版画

筑外，还有历代珍藏的名人字画、秘府典籍、钟鼎宝器、陶瓷古物、珠宝金银、名木家具等，集中了中国古代文化的精华。圆明园继承中国两千多年的优秀造园传统，借鉴江南风景与园林精华，并吸取西方古典造园艺术手法，建成清代最宏伟、最优美的皇家园林。圆明园被世界誉为"万园之园"。清廷依恃国家统一，政局稳定，财力富厚，物资充裕，役使全国能工巧匠，前后经过康、雍、乾150余年的精心营建，使圆明园成为中国园林史上最辉煌的杰作。但是，圆明园于咸丰十年（1860年），文物被劫掠，建筑遭焚毁。

著名三山五园，经过历史洗礼，三山犹在，五园残存。我重点介绍清漪园（颐和园）。

三　清漪颐和

"三山五园"的清漪园即颐和园，二百多年，历经风雨。为什么要修这个园子呢？乾隆帝的《万寿山昆明湖记》说目的有三：一是整修水利，二是操练水师，三是为庆太后六十大寿。乾隆十四年（1749年），乾隆帝兴建清漪园，改瓮山为万寿山，改西湖为昆明湖。又拓展湖面，使原在东堤上的龙王庙，坐落在南湖岛上。在今佛香阁的位置上建有九层宝塔，后湖沿岸一带建有仿照江南苏州水乡的街市房屋，后山兴建喇嘛庙和藏式碉楼。又全面地整理西北郊的水道，引湖水出闸，沿长河入城。清帝可以乘辇出宫，到西直门外高梁桥附近的倚虹堂，弃辇登舟，溯长河至清漪园游幸。疏浚整理长河水道，是清代北京除治理永定河之外的一大成绩。经过乾隆时期的修整，清漪园的景色更为秀丽："何处燕山最畅情，无双风月属昆明。"

但是，英法联军入侵，清漪园遭焚掠，出现一幕悲剧：

玉泉悲咽昆明塞，唯有铜犀守荆棘。

青芝岫里狐夜啼，绣绮桥下鱼空泣。

后到光绪年间，慈禧为庆贺自己生日，重新修园，有各式建筑3000余间，改名颐和园。慈禧修颐和园花了多少白银呢？有人说3000万两，也有人说8000万两。无论哪个数字准确，耗费都是极惊人的。

我们展开颐和园地图，全园可分为五部分：

第一是宫殿区。以东宫门为正门，仁寿殿为正殿。殿为灰瓦卷棚顶，没用黄色琉璃瓦。庭院中点缀松石，构筑花台，使它和园林风格协调。仁寿殿正中设宝座，慈禧太后开始听政时坐在宝座后面，后坐在宝座正中，光绪帝坐在宝座右边。慈禧太后，独御宝座，君临天下。

第二是内廷区，由乐寿堂、玉澜堂等院落组成，用五六十间游廊加以连通。乐寿堂南临昆明湖，北倚万寿山，东有德和园戏楼，西为长廊与前山景区相连接。慈禧太后每年农历四月初到十月初住在这里。堂内东暖阁是慈禧用膳和休息的地方，西暖阁是慈禧的卧室，凤床、帐幔、黄枕、被褥，至今仍保持当年的样子。室内悬挂着五彩玻璃吊灯，光绪二十九年（1903年）换成电灯。

第三是前山区。北依万寿山，南临昆明湖，临湖长廊273间，长728米，每个开间，都绘有彩画，共14 000余幅，步移景异，绚丽多彩，是中国园林建筑中最长的画廊。经排云门、排云殿，通往佛香阁，直到山顶的众香界、智慧海，从下到上，金碧辉煌，组成了一幅壮观的画景。

牌楼前面的码头，是端阳、中秋等节日湖上筵宴上下龙船的码头。慈禧太后曾在排云殿内接受百官朝贺。慈禧太后享尽人间的威权风光，却没有尽到历史责任。殿上佛香阁八面三层四重檐，高40米，是园内最高大的建筑物。阁内用八根铁梨木做擎天柱，结构复杂，巍然耸立。阁西山坡上的宝云阁，又称"铜亭"，重檐屋顶，上有宝刹。铜亭高7.55米，重207 000公斤，与武当山金殿都是世界文化珍品。万寿山上的众香界，正中建琉璃阁，名为"智慧海"，没有梁枋，壁嵌佛像，雄踞全园最高处。据统计，园内共有佛像15 120尊。两侧山坡上有听鹂馆等20余处亭台楼阁。听鹂馆原是戏园，为什么戏台坐南面北呢？传说是乾隆帝自编自演昆曲给太后看，皇帝必须面南，所以戏台成这个样子。这里后为慈禧看戏之处。今听鹂馆变成仿宫廷菜肴的著名餐馆。

说到佛香阁，有一个故事。原佛香阁供奉着一尊千手观音铜佛，英法联军侵入后失踪。慈禧重修时，尊造泥塑佛像。年久已毁。1989年大修佛香阁时，得知北京西城一所寺庙夹壁墙里，发现一尊巨大佛像，与记载中的佛香阁观音像相似。几经周折，这尊高五米，有十二面二十四臂，重达万斤的铜塑大佛，终于安放于佛香阁。大佛高阁，珠联璧合。但观音佛像顶部还应该有一尊小佛，叫作化佛，其时已失，只剩底座。这时有人想起在颐和园库房里还保存着一尊小铜佛，那是在昆明湖底清淤时发现的。工作人员

佛香阁"万斤铜佛"及其顶部的化佛失而复得，成为颐和园文物佳话

将这尊小佛像安放在大佛头顶的底座上，完全吻合，天衣无缝。这段双佛百年奇缘，成为颐和园的文物佳话。

第四是南湖区。从空中俯瞰，昆明湖像一个寿桃。传说乾隆帝以湖为蟠桃，为母亲祝寿。湖中南湖岛上有龙王庙。南湖岛和东堤之间，有仿卢沟桥的石桥，桥长150米，宽8米，十七个券洞，俗称"十七孔桥"，桥上石狮544只（比卢沟桥石狮多59只）。桥东有一铜牛，工艺精美，生动逼真。湖西的西堤和六桥，是仿杭州西湖苏堤及六桥而修造的。园内的谐趣园，是仿无锡寄畅园而建造的。谐趣园以池为中心，环池"一堂一轩一楼一斋一亭一桥一径一洞"的"八一景观"，也都是借鉴的江南园林景致。

颐和园十七孔桥仿卢沟桥建造，桥上石狮544只，比卢沟桥多59只

第五是后山区。沿山北麓，种植花木，点缀山石，使后山后湖一带景色幽丽宁静。开辟一条苏州河（后湖），沿河一条买卖街，设立各种店铺，每当帝后游幸时，由太监们装扮成商人和顾客，侃价买卖，异常喧闹，以博得帝后的欢心。

颐和园依山临水，园外借景，自然与建筑、宫殿与园林，巧妙结合，妙趣天成。园中殿堂楼阁，厅馆轩榭，亭台廊坊，桥塔寺庙，名花异木，奇峰怪石——这座京城仅存的最大的皇家宫殿园林，集中了中国古代建筑艺术之精华，也成为世界园林艺术之杰作，被列为"世界文化遗产"。

关于清漪园和颐和园，我讲三个故事。

第一个故事。乾隆帝不在清漪园过夜。据记载，他到园共132次。但是，乾隆帝一夜也没有在园里住过。为什么呢？乾隆帝曾说过修园劳民伤财，他却修了清漪园。为此，他自责："园虽成，过辰而往，逮午而返，未尝度宵，犹初志也，或亦有以谅予矣。"就是说，每次早上去，过午返，不曾在园里过夜，以此自律和反思，或可得到天下对自己的谅解。

第二个故事。乐寿堂东侧的玉澜堂，原是光绪帝的寝宫。但"戊戌政变"后，慈禧太后住颐和园时，将光绪帝囚禁在玉澜堂。为防光绪帝逃逸，命在堂外，构筑高墙，严加防守；堂内砌墙，隔断窗户；皇后住后院，不能来往；玉澜堂成为一座顶级的囚笼。这只是慈禧的"颐"，而不是母子的"和"。所以我说是"颐和不和"。

第三个故事。慈禧太后是个戏迷。清廷专门设立皇家戏班——昇平

慈禧太后在颐和园建德和园戏楼过戏瘾时，清朝正处于风雨飘摇中

署，先是演昆曲，后来演京戏。在乾隆五十五年（1790年），外地戏班进京献艺，后吸取其他戏剧之长，形成唱念做打并重的新剧种——京戏。在紫禁城建畅音阁戏楼，在圆明园建同乐园戏楼，在避暑山庄建清音阁戏楼，又在颐和园建德和园戏楼。[①] 德和园戏楼同畅音阁戏楼一样，都是三层，设有天井地井，演鬼神戏时，鬼魅从地下钻出，神仙由天上而降，慈禧太后就坐在戏楼对面的颐乐殿看戏。慈禧每到颐和园的第二天就开戏。她过生日时，要连演九天大戏。她50岁生日时，仅制备戏衣就耗银11万两。慈禧有穿戏装的照片，可见她爱戏确实是着了迷。她还讲穿，仅收藏在颐和园内她穿戴的珍宝服饰就有3000多箱。然而，慈禧太后动用军费，恣意挥霍，其结果呢？既加深了中华民族灾难，也加速了大清朝的灭亡。

清帝围猎为了骑射习武，八旗铁骑却被英舰重炮打败；疏浚昆明湖为了练水师，北洋水师却被日本海军击败。英、日都从海上打来，大清却忽视海洋发展。清帝耗费巨资兴建"三山五园"，却忽视强固国防——出现了一幕幕历史悲剧：人为刀俎，我为鱼肉。

[①] 据张田《老北京戏楼的前世今生》统计，清皇家宫苑的大戏楼有：紫禁城宁寿宫畅音阁大戏楼、颐和园德和园大戏楼、圆明园同乐园大戏楼（已无存）、避暑山庄清音阁大戏楼（已无存）和寿安宫大戏楼（已无存）。还有紫禁城重华宫漱芳斋的宫中最大单层戏台和后殿风雅存小戏台，长春宫戏台和怡情书史小戏台，储秀宫丽景轩小戏台，宁寿宫景祺阁室内小戏台，乾隆花园倦勤斋戏台、如亭小戏台，颐和园听鹂馆戏楼，西苑中南海内颐年殿戏台和纯一斋戏台（均修缮），北海晴栏花韵戏台（现为仿膳饭庄餐厅）。并有南府（昇平署）戏楼（在原北京六中和二十八中院内）等。故宫内的漱芳斋戏楼，从清嘉庆到宣统的百年间，演出过多出折子戏和宫廷连台本戏，宫外的民间艺人和民间戏班也多次进宫在此出演，直到溥仪大婚后梅兰芳还在这里演出过《游园惊梦》。

第六十三讲 避暑山庄

一座避暑山庄，一部清朝历史。木兰围场、避暑山庄暨外八庙，是清朝兴起骑射习武的记忆，也是清朝强盛民族融合的象征，还是清朝衰落贪逸覆亡的戒碑。

第六十三讲 避暑山庄

清朝在塞外的宫苑，有避暑山庄和木兰围场。拆开来，写三点：一是木兰围场，二是避暑山庄，三是庄外八庙。以营建时间为序，从木兰围场说起。

一　木兰围场

木兰围场[①]，位于今河北省东北部滦河上游地区，今承德市围场满族蒙古族自治县境内，与内蒙古草原接壤。早在辽代，这里是辽帝的狩猎之地。后清太祖创建八旗，是以围猎时的牛录为基础："满洲人出猎开围之际，各出箭一枝，十人中立一总领，属九人而行，各照方向不许错乱，此总领呼为牛录额真，于是以牛录额真为官名。"（《满洲实录》卷三）后来不断演变与完善，就成为八旗制度。

清康熙十六年（1677 年），康熙帝首次北巡塞外，看上了这块"万里山河通远徼，九边形胜抱神京"的地方。康熙二十年（1681 年）四月，康熙帝第二次来到这里，以"喀喇沁、敖汉、翁牛特诸旗敬献牧场"的名义，划定南北二百余里、东西三百余里、周围一千三百余里，面积 14000 多平方公里的围猎场。（《钦定热河志》卷四十五）这是世界上迄今为止规模最大的皇家猎苑。清中前期皇帝每年都要率王公大臣、八旗官兵到木兰围场习武射猎，称为"木兰秋狝"。

---

① 木兰围场今包括：森林、草原、湿地、泡子等。其中塞罕坝国家森林公园总面积 41 万亩，内森林景观 106 万亩，草原景观 20 万亩，有高等植物 81 科 312 属 659 种，有狍子等兽类 11 科 25 种，有鸟类 27 科 88 种。御道口景区，面积 1000 平方公里，海拔 1230 米至 1820 米，有原始草原 70 万亩，湿地 20 万亩，天然次生林 50 万亩，天然淡水湖 21 个，泉水 47 处，河流 13 条，有植物 50 科 659 种，野生动物 100 多种，山野珍品几十种。红松洼景区，面积 7300 公顷。该区最高气温一般不超过 25℃。红松洼面积 110 万亩，草原面积 20 万亩，河流湖泊，星罗棋布，森林草原，优美壮观。景区内有陆生野生动物 317 种，昆虫 970 种。其中国家Ⅰ级保护动物 5 种，分别是黑鹳、金雕、白头鹤、大鸨、金钱豹；国家Ⅱ级保护动物 40 种。

木兰围场是世界上迄今为止规模最大的皇家猎苑，图为清帝行宫遗址

为什么选在这里呢？因为：

其区位 木兰围场南近京师，北接蒙古，左连喀喇沁，右邻察哈尔，地处漠南蒙古诸部之中。在这里设置围场，皇帝可以就近接见、宴请、封爵、赏赉少数民族王公贵族，并编班行围。王公大臣也随驾赴围场处理政务，皇帝"驻营莅政，接见臣下，一如宫中"。

其地理 有高山、高原、丘陵、森林、草原、峡谷、河流、泡子，林木葱郁，水草丰沛，动物繁多，野鹿成群，其他野兽，不计其数。至今还有兽禽类 100 多种，包括黑琴鸡、天鹅等珍稀动物，被誉为"万灵萃集，高接上穹，群山分干，众壑朝宗"的灵囿胜地。

其文化 这里为八旗将士和皇子皇孙行围习武提供了合适的场所。当时行围打猎，对于八旗官兵来说，相当于现在的"野营拉练"。

其气候，比东北温暖，比京师凉爽，适宜避暑。

"木兰围场"是什么意思呢？"木兰"是满语 Muran 的音译，是"哨鹿"的意思；"哨鹿"是打猎时扮鹿人头顶鹿角，身披鹿皮，隐藏在树林里，扛着木制长哨，模仿公鹿鸣叫，引诱求偶母鹿出动，以便围猎；"秋狝"是在秋天进行围猎；"围场"就是合围打猎的场所。"围场"是哨鹿合围打猎的场所。所以，"木兰秋狝（xiǎn，猎）"，就是秋天到木兰围场哨鹿围猎。木兰围场共有 72 个围（猎区）。规定：每次秋狝只选十余围，围场轮番使用，以便动物生息；不过猎，不滥猎，"遇母鹿幼兽一律放生"，设围时留有缺口，方便年轻力壮之兽得以逃生。

围猎怎样进行？大致分为六步：

一是布围。黎明前，先以数百人，分猎围场山林，选定方圆数十里大圈，布下点。

二是撒围。用蒙古一千二百五十人为猎卒，由王公大臣统领，以黄纛（dào，大旗）为中军，分左右两翼，撒成对动物的包围圈。头戴鹿角面具的哨鹿手，隐藏在围内密林深处，吹响木制长哨，发出模仿雄鹿求偶的声音，雌鹿闻声寻偶而来，其他野兽则为食鹿而聚拢。

三是合围。围猎之人，渐促渐近，逐渐紧缩，群兽密集，适度范围，形成合围。

四是莅围。御幄为黄幔城，外加黄色网城，结黄绳，高六尺。皇帝入围，佩戴弓矢，策马齐驱，亲莅围所。

五是射猎。皇帝策骑首猎，皇子、皇孙随从，王公大臣、侍卫官兵等随驾；围圈缩到最小，皇帝首射，其他随射——皇子、皇孙随射，然后其他王公贵族骑射，最后是大规模的围射。如一次乾隆帝射虎，先鸣枪惊虎，诱虎出山洞，虎出之后，咆哮跳跃，瞄准射猎，虎中枪而死。

六是罢围，猎毕，收场，回营，欢宴。一天的行围，像一天的战斗。

晚间，点燃千百堆篝火，烧烤猎物，载歌载舞，饮酒欢歌。

《乾隆木兰秋狝图》描绘了清代围猎的壮观情景。

每次围猎，一般要进行二十几天。围猎结束以后，饮酒歌舞，摔跤比武，并宴请蒙古等王公，按军功大小，予以奖赏。显然，夏秋季，离开炎热的北京到凉爽的塞外坝上，避暑行围，空气清新，水草丰美，无暑清凉，云山胜地，鹿鸣鸟叫，多么惬意。这既是战斗，又是体育，还是娱乐，更是敦谊，融习武、体育、娱乐、联谊于一体。乐人奏乐唱歌，以伴酒食，并表演诈马（赛马）、什榜（奏乐）、相扑（摔跤）和教駣（táo，套马）等具有蒙古草原文化特色的体育娱乐活动。

从康熙二十年（1681年）到嘉庆二十五年（1820年）的140年间，康熙、乾隆、嘉庆三帝举行"木兰秋狝"共105次。雍正帝做皇子时去过木兰围场，在位13年间，没到过围场，但他在遗嘱里说："后世子孙，当遵皇考所行，习武木兰，毋忘家法。"木兰围场经始者康熙帝，除康熙二十一年（1682年）准备同俄国进行雅克萨自卫反击战，康熙三十五年（1696年）亲征噶尔丹在途之外，每年都去木兰围场，共48次，每次在避暑山庄约四个月。康熙帝晚年，曾对近臣说："朕自幼至今，凡用鸟枪、弓矢，获虎一百三十五、熊二十、豹二十五、猞猁狲十、麋鹿十四、狼九十六、野猪一百三十二，哨获之鹿凡数百，其余围场内，随便射获

木兰兴则清朝盛，木兰废则清朝衰，清人绘《木兰秋狝图》展现了当时的盛况

诸兽，不胜记矣。朕曾于一日内，射兔三百一十八。"（《清圣祖实录》卷二百八十五）以上数字，可以看出：康熙帝自幼至老，长于骑射，不断运动。当时没有保护野生动物观念，以多猎为荣。按今人观点，野生动物，应当保护。

现围场还保留着东庙宫、乾隆打虎洞和石刻等文物古迹。

木兰兴则清朝盛，木兰废则清朝衰。道光帝继位后，秋狝之制废止。三年后，木兰围场开围，允许百姓入围垦荒。到了晚清，宫廷下令，对木兰围场原始森林进行砍伐，原始森林被砍伐殆尽。

清帝到木兰围场围猎，要有个落脚点，这就是避暑山庄的由来。

二　避暑山庄

避暑山庄又称热河行宫，始建于康熙四十二年（1703年），竣工于乾隆五十七年（1792年），总面积约为564万平方米，是康熙、乾隆二帝苦心经营的皇家离宫别苑，也是我国现存最大的皇家宫殿园林。

避暑山庄在今河北省承德市。避暑山庄选在这里是因为：

一是地理形胜。左接辽沈，右连蒙古，南距京师，北到围场，远近适度，交通便捷；"群山迴合，清流萦绕，形势融结，蔚然深秀"。

二是气候适宜。满洲人进关后，不适应北京盛夏溽暑酷热的气候，要找一个避暑之地，这里水土、风物皆佳，风清气爽，水甘土肥，树草茂密，风景秀丽，适宜帝王养身颐神避喧理政。北国雄奇，江南清幽，南北美景，兼而有之。

三是民族之需。蒙古、维吾尔、藏族王公朝觐，未出痘的王公贵族，在避暑山庄更为合宜。

四是军政形势。康熙初年，北方相继出现察哈尔蒙古布尔尼叛乱和厄鲁特蒙古噶尔丹东犯，东进的沙俄也屡犯边境。为抵御侵略和推行"绥怀蒙古，以构筑塞上藩屏"的政策，急需于塞外接近蒙古的地方，营造一个清帝北巡视察基地，便于皇帝"理政视事"，利于边疆各民族

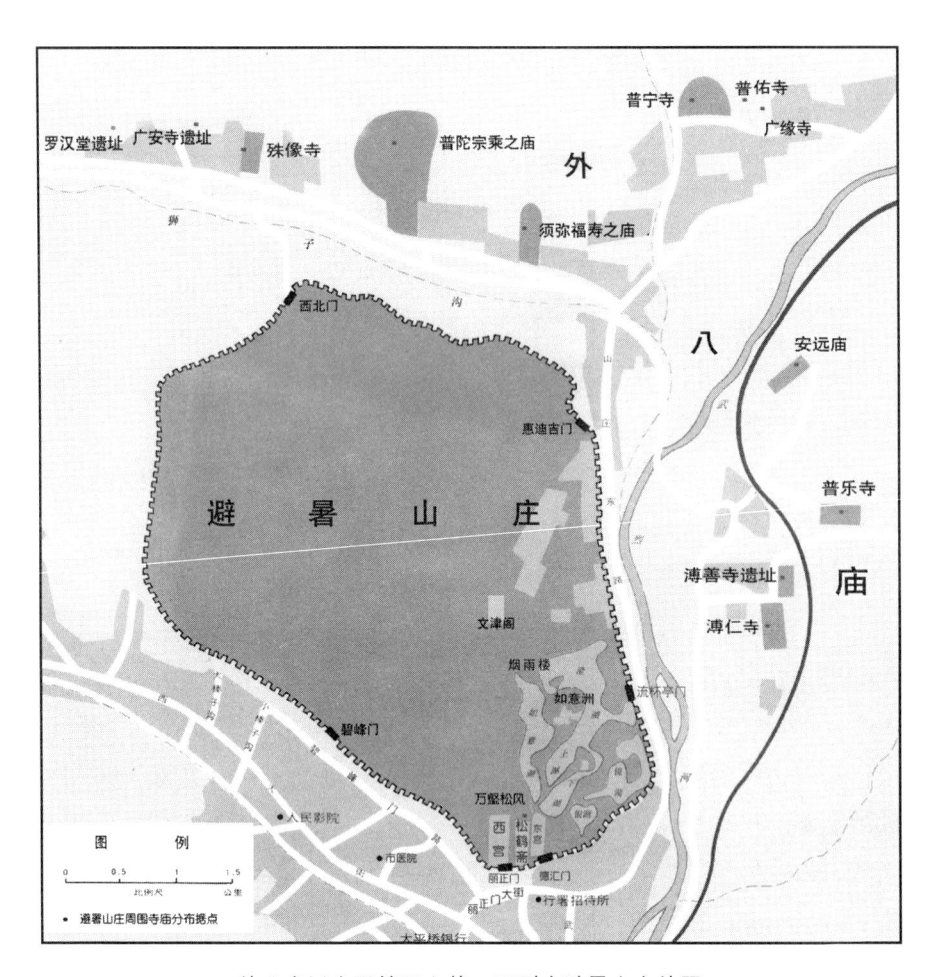

外八庙以众星捧月之势，环列在避暑山庄外围

上层人物朝见清帝，实现清帝"察民瘼，备边防，合内外之心，成巩固之业"的雄图大略。

五是骑射传统。避暑山庄南距京师六百里，北达木兰围场四百里，木兰秋狝，骑射习武，是为佳胜。

六是居民稀少。热河地区，人烟稀少，兴建行宫，省去搬迁，不致扰民。

避暑山庄的胜园美景，分为宫殿区、湖泊区、山峦区和平原区。

宫殿区 山庄南部，丽正门里，是清帝理政、寝居的宫殿所在。至今珍藏着两万余件皇帝的陈设品和生活用品。如澹泊敬诚殿，是清帝在避暑山庄期间亲理朝政、举行庆典、接见朝臣的重要殿堂。殿用楠木构建，俗称"楠木殿"，虽显朴拙，却极昂贵。宫殿区有座四知书屋，乾隆帝依古训"知微、知彰、知柔、知刚"，题写屋名。乾隆帝在这里接见过哲布尊丹巴呼图克图、章嘉呼图克图、六世班禅和土尔扈特部首领渥巴锡等重要民族领袖。还有烟波致爽殿，咸丰帝在英法联军侵入北京时，逃到这里避难，却死在这里。嘉庆帝也死在这里。慈禧、慈安和奕䜣著名的"辛酉政变"，就密谋在烟波致爽殿。殿里悬挂咸丰帝书写的"戒急用忍"匾，本来是康熙帝告诫皇四子胤禛的，却被咸丰帝用来面对英法侵略。

湖泊区 山庄东部，湖面洲岛罗列，亭台楼榭，风景秀美。康熙帝和乾隆帝都曾六下江南，将南方名园美景，择其优者，因地制宜，移到山庄。避暑山庄的湖区，就是依杭州苏堤、白堤的样式，将湖泊分割成大小八个湖面，如上湖、下湖、镜湖、银湖、半月湖等，湖面与洲屿之间，堤岸相通，虹桥横卧，湖岸曲折，洲岛错落，曲径通幽，意境如画。营造小景，布置亭台，展现"山重水复疑无路，柳暗花明又一村"的意境，呈现江南水乡的秀美景色。如烟雨楼仿嘉兴烟雨楼，金山借鉴镇江

避暑山庄的烟雨楼仿嘉兴烟雨楼而建，呈现出江南水乡的美景

金山寺，狮子林仿苏州狮子林而建。

平原区 在山庄北部，是一片片草地和树林，著名的万树园就在这里。万树园是皇帝举行赛马活动的场地，也是避暑山庄内重要的政治活动中心之一。这里设大蒙古包，乾隆帝在此接见六世班禅，赐宴、看戏，看马术、相扑等表演。乾隆帝本来打算在这里接见英王特使马戛尔尼，因为纠缠于接见礼仪——马戛尔尼是单腿跪，还是双腿跪，错过了一次清朝对外开放的机会。乾隆帝还在此接见少数民族的王公贵族。

山峦区 山庄西北部，占全园森林面积的五分之四。从西北部高峰到东南部湖沼，群峰环绕，沟壑纵横，清泉涌流，密林幽深，沿着地势，建了多处著名寺庙。

康熙时有避暑山庄三十六景，乾隆时又有三十六景，共七十二景。沈瑜的《避暑山庄三十六景图》，郎世宁等的《万树园观马术图》（又称《万树园赐宴图》），形象生动，历史实录。

避暑山庄既以自然之美与人为之美相融合，又将各地风景名胜融于一园，达到"南秀北雄"的胜境，是中国古典园林艺术的辉煌杰作。1994年避暑山庄被列入世界文化遗产名录。2010年以来，国家投入六亿元人民币，避暑山庄及外八庙保护工程全面展开，为中国古代造园与建筑艺术之杰作益增光彩。

三 庄外八庙

清朝在避暑山庄外，从康熙五十二年（1713年）到乾隆四十五年（1780年）近六十年间，先后兴建了十二座庙宇，其中最著名的有八座，这就是避暑山庄外八庙——溥仁寺、溥善寺、普宁寺、安远庙、普乐寺、普陀宗乘之庙、殊像寺和须弥福寿之庙。① 这些寺庙以众星捧月之势，环列在避暑山庄的外围，总占地面积约47万平方米，成为举世闻名的庄外

---

① 另四座庙宇为普佑寺、罗汉堂、广安寺和广缘寺。

八庙。其金碧辉煌的建筑，气势宏伟的组群，融汇了汉、满、蒙、藏等多民族的建筑特色，堪称中国古代建筑的杰作，也体现清廷"合内外之心，成巩固之业"的治国理念。

每一座寺庙，都有一串故事，都像一部壮丽的史诗。如：

溥仁寺、溥善寺——为康熙六十寿辰，蒙古各部献银20万两修建；

普宁寺——乾隆二十年（1755年），为纪念平定蒙古准噶尔部达瓦齐叛乱，解决明初四百年来的边患，仿西藏桑耶寺而建，其大乘之阁内大佛像，经近年科学实测：须弥座高1.22米，佛像高22.29米，共高23.51米，相当于八层楼高，被誉为是世界现存最大金漆木雕佛像，俗称大佛寺。寺名"普宁"，寓意"普天之下，永远安宁"；

普乐寺——乾隆三十一年（1766年），为纪念新疆南北两路的杜尔伯特等归顺而建，突出圆亭式建筑，俗称圆亭子。寺名寓意为"普天之下，安乐太平"；

殊像寺——乾隆三十九年（1774年）建，寺的殿堂楼阁，仿照五台

普宁寺千手千眼观音像，通高22.29米，重约110吨，用榆、松、桧、柏、杉五种木材拼雕而成，为世界木雕佛像之最

外八庙中的须弥福寿之庙，曾是当年六世班禅的讲经之所

山的殊像寺。宝相阁内供奉的文殊菩萨像，相传是按照乾隆帝的形象塑造的，他驻跸山庄时，常到此庙拈香，被称作"乾隆皇帝家庙"；

安远庙——乾隆二十九年（1764年）为纪念蒙古准噶尔部达什达瓦率领全部，不招自来，迁居热河，仿其故乡伊犁河畔的固尔扎庙而建。庙重檐歇山顶，三层黑色琉璃瓦，背群山，顶蓝天，安定远方诸部；

须弥福寿之庙——为六世班禅前来热河朝见乾隆皇帝、讲经、居住而修；

普陀宗乘之庙——乾隆三十二年（1767年）始建，乾隆三十六年（1771年）竣工，为乾隆帝六十大寿及其母八十五大寿而建。寺名"普陀宗乘"为藏语"布达拉"的汉译，因仿西藏布达拉宫而建，又称"小布达拉宫"。建前乾隆帝派官员和画师、测绘师到拉萨临摹、绘图。普陀宗乘之庙是外八庙中规模最大的一座寺庙，占地22万平方米。寺建成适逢蒙古土尔扈特部万里回归祖国，在这里有个渥巴锡的故事。

避暑山庄和普陀宗乘之庙，记述着土尔扈特部渥巴锡的英雄故事。早在明末，天山以北塔尔巴哈台（今新疆塔城）地带，厄鲁特蒙古的土尔扈特部，因受准噶尔部欺凌，于崇祯初，向西迁徙，到额济勒河（今伏尔加河）下游、里海之滨一带，开拓家园，劳动生息。沙俄诱迫他们脱离中国、归顺俄国，但他们没有屈从。俄国便缩减其游牧地，强制其改信东正教，逼迫其青壮年同土耳其作战——既借他们扩张领土，又借刀残杀他们。战争21年，牺牲太大。清朝建立后，土尔扈特部多次纳贡，向康熙帝表达对祖国的向往，康熙帝也派官员前往抚慰。因难以忍受沙俄的奴役，土尔扈特部首领渥巴锡，举行绝密会议，决定东归故土，庄严宣誓：返回祖国去！乾隆三十五年（1770年）初，消息走露，凌晨集合，寒风凛冽，紧急启行。渥巴锡破釜沉舟，点燃木制宫殿，各地也燃起熊熊烈火。伏尔加河右岸33000多户土尔扈特人出发——到太阳升

普陀宗乘之庙记述着土尔扈特部渥巴锡的英雄故事

起的地方去！渥巴锡率领一万名战士断后，急速穿过伏尔加河和乌拉尔河之间的草原。俄国女皇叶卡捷琳娜二世得知消息后，立派哥萨克骑兵追赶。由于土尔扈特携带家眷、赶着牲畜，行进缓慢，被哥萨克骑兵追上，九千名土尔扈特人牺牲。行到奥琴峡谷山口时，隘口被哥萨克骑兵抢先占据。渥巴锡指挥骆驼兵从正面发起进攻，派枪队从后面加以包抄，将哥萨克骑兵几乎全歼，为九千牺牲同胞报了仇。土尔扈特人面对伤亡、疾病、饥饿、寒冷，人口大减，艰难前进。在最困难的时刻，渥巴锡召开会议，鼓舞士气——"我们宁死也不能回头！"土尔扈特人，历经8个月，行程万里，既战胜俄军围追堵截，又克服严寒、瘟疫和饥饿的困扰，浴血奋战，义无反顾，付出巨大牺牲，实现东归壮举，终于回到伊犁河畔，与清朝派来迎接的军队相会。据清宫档案《满文录副奏折》记载，离开伏尔加草原的十七万土尔扈特人，"其至伊犁者，仅以半计"，出发时17万人仅剩下7万人。乾隆三十六年（1771年）三月，乾隆帝谕旨：迎接土尔扈特部回归。在金秋时节，土尔扈特部首领渥巴锡等十三人及其随从四十四人，到避暑山庄觐见乾隆帝。其时恰逢普陀宗乘之庙落成，举行盛大法会。乾隆帝在避暑山庄接见渥巴锡等，下令在普陀宗乘之庙竖起两块巨大的石碑，用满、汉、蒙、藏四种文字铭刻御撰《土尔扈特全部归顺记》和《优恤土尔扈特部众记》。清政府拨专款采办牲畜、皮衣、茶叶、粮米，接济土尔扈特人，帮助他们渡过难关，并勘查水草丰美之地，将巴音布鲁克、乌苏、科布多等地划给土尔扈特人做牧场，让他们能够安居乐业。避暑山庄、普陀宗乘之庙及其两通石碑，成为这一英雄史诗的见证。

避暑山庄外八庙的兴建，运用我国佛教建筑中的汉式、藏式和汉藏结合的艺术手法，见证了我国多民族统一国家最后形成的过程，是一座民族团结的历史丰碑。

一座避暑山庄，一部清朝历史。木兰围场、避暑山庄暨外八庙，是清朝兴起骑射习武的记忆，也是清朝强盛民族融合的象征，还是清朝衰落贪逸覆亡的戒碑。

第六十四讲 瀋陽故宮

　　乾隆帝在《盛京赋》里说："以父母之心为心者，天下无不友之兄弟；以祖宗之心为心者，天下无不睦之族人；以天地之心为心者，天下无不爱之民物。"这就要"思开创之维艰，知守成之不易，兢兢业业，畏天爱人。"清朝是这样，历朝也是这样。敬祖爱民，国运维新。

第六十四讲　沈阳故宫

沈阳是清朝留都（陪都），沈阳故宫是"大故宫"姻系中最北边的一座皇家宫殿。沈阳故宫在民国初年，一度为故宫博物院沈阳分院，后又改为沈阳故宫博物院。讲盛京沈阳故宫，从清初三宫说起。

一　清初三宫

清初在山海关外，有三组宫殿，就是兴京汗王宫殿、东京后金宫殿和盛京清初宫殿，依次展现清初历史演进中的三个时代坐标。

第一，兴京汗王宫殿。明万历十一年（1583年），努尔哈赤以"十三副遗甲"起兵后，经过二十多年的征战和兼并，女真各部基本统一。明万历四十四年即后金天命元年（1616年），努尔哈赤黄衣称朕，建元立国，史称后金，年号天命。清太祖努尔哈赤的第一座宫殿在赫图阿拉，就是今辽宁省抚顺市新宾满族自治县永陵镇赫图阿拉村。赫图阿拉城山环水绕，建在略呈椭圆形的横岗上，岗为平顶，高十余米，有内外两重城垣。城内有汗王殿、衙门、佛寺、玉皇庙等。时属草昧，宫殿初具。殿顶没有琉璃瓦，城墙也没有城砖包砌，而是用石、土、木混合构筑，因陋就简，坚固实用。贝勒宴会，没有椅子，席地而坐，喝酒吃肉。

第二，东京后金宫殿。明天启元年即后金天命六年（1621年）三月，努尔哈赤势力扩大，军力日强，率军连续攻占明朝辽东重镇沈阳和辽东首府辽阳。第二年三月，努尔哈赤决定迁都辽阳。他命在辽阳城东五里太子河边，动员军民，大兴土木，另建新城、新宫。史载："创建宫室，迁居之，名曰东京。"（《清太祖实录》卷八）于是，努尔哈赤建成后金第一座位于平原、形状方正、砖砌城墙、宫殿兼备的宫城。从此，辽阳成为后金的第二个都城。"女真多山城"，辽阳东京新城是满洲第一座在平原上建立的都城和宫殿。宫殿已经开始用海城烧制的琉璃瓦。辽阳老城汉人居住，辽阳新城满人居住，从此开启清朝满汉分城居住的先例。

第三，盛京清初宫殿。明天启五年即后金天命十年（1625年），辽

沈阳故宫平面示意图

阳新城新宫建后不久，努尔哈赤又要迁都沈阳。贝勒大臣都不同意。努尔哈赤耐心地讲了长篇道理，贝勒大臣没被说服。努尔哈赤生气了，带着侍卫，乘月夜行，驻虎皮驿，翌日兼程，来到沈阳。诸贝勒一看大汗走了，没有办法，也跟着到沈阳，于是迁都沈阳。努尔哈赤到沈阳后，住在叫"汗王宫"的四合院里。他开始兴建沈阳宫殿，后经多年经营，形成今见规模。皇太极于崇德元年（1636年），改年号为崇德，改国号为大清，并改沈阳为"盛京"，辽阳为"东京"，发祥地为"兴京"，这就是清初关外的三京。盛京宫殿大体分为东、中、西三路：

东路，乾隆帝《盛京赋》说："大政当阳，十亭雁行。"（《清高宗实录》卷二百二）以大政殿为主，十王亭为辅，一首两翼，八字展开。大政殿建于后金天命十年（1625年），是清太祖努尔哈赤迁都沈阳后的议政大殿，俗称八角殿、大衙门。皇太极称帝确定宫殿名称时，命名为"笃恭殿"，

大政殿是清太祖努尔哈赤迁都沈阳后的议政大殿，图为大政殿与十王亭

后改称大政殿。宫中的大典和筵宴，多在大政殿（笃恭殿）举行。清朝入关后，清帝东巡时也在这里举行庆典和赐宴等活动。

大政殿（笃恭殿）的建筑和布局，满洲特色，非常显著：其一，大政殿为八角重檐攒尖顶式建筑，为中国历朝宫中正殿所仅见。其平面呈正八角形，坐落在1.5米高的须弥座台基上。其二，殿顶采用黄琉璃瓦镶绿色剪边，正面廊柱盘踞两条金龙。这种风格融合满、汉、蒙、藏文化及建筑技法，成为沈阳故宫东路建筑之魂，也是沈阳宫殿中最具民族特色的一座建筑。其三，殿前十王亭，左右各五，东西对称，是八旗旗主贝勒和左、右翼王处理政事、办理旗务的亭式殿。说到这里，有人问道：为什么大政殿的殿顶不是全黄色，而是黄琉璃瓦绿剪边呢？当时文字没有记载，众多学者各作解释。我认为：大政殿顶黄瓦绿剪边是中原农耕文化（黄土）和东北森林文化（绿树），两种文化在宫殿建筑色彩上相结合的产物。东路建筑主要是努尔哈赤时奠定的基础。

中路，大清门内，主要有崇政殿（理政殿堂）、凤凰楼、清宁宫（帝后寝宫）。皇太极有"一后四妃"——皇后住清宁宫，四妃分别住东配宫的关雎宫（宸妃海兰珠，庄妃姐姐）和衍庆宫（淑妃，林丹汗遗孀），西配宫的麟趾宫（大贵妃，林丹汗遗孀，博穆博果尔生母）和永福宫（庄妃布木布泰，顺治帝生母），她们都姓博尔济吉特氏。著名的庄妃就住在永福宫，并在这里生育了皇九子福临（顺治帝）。其西院有崇谟阁，著名文献《满文老档》、《玉牒》、《圣训》等储藏在阁内。中路建筑主要是皇太极时奠定的基础。

位于盛京宫殿中路的凤凰楼，此处有乾隆帝御书"紫气东来"匾

清朝四帝先后十次东巡祭祖[1]，其中康熙帝三次、乾隆帝四次、嘉庆帝两次、道光帝一次。他们从北京出发，过山海关，经沈阳，到兴京（今辽宁抚顺新宾满族自治县），往返路程四千里。康熙帝第二次东巡，远到吉林乌拉（今吉林省吉林市），骑马远行，长途跋涉，活动筋骨，有益健康。康熙帝这次东巡，在关外67天，射虎39只，最多一天射虎5只。（《清圣祖实录》卷一〇〇）乾隆帝东巡，兴建西路，作为行宫。

西路，为乾隆帝东巡时所增建，有戏台、嘉荫堂、文溯阁等，其中

---

[1] 清朝四帝十次东巡分别是：康熙帝于康熙十年（1671年）、二十一年（1682年）、三十七年（1698年），乾隆帝于乾隆八年（1743年）、十九年（1754年）、四十三年（1778年）、四十八年（1783年），嘉庆帝于嘉庆十年（1805年）、二十三年（1818年），道光帝于道光九年（1829年）。

文溯阁是专为储藏《四库全书》而建的，同文渊阁、文津阁所存《四库全书》是现存三部完整的《四库全书》。文溯阁本《四库全书》现存甘肃省图书馆新馆（兰州）。

在盛京皇宫里，发生过著名的"三案"。

二　清宫三案

沈阳故宫的人物、故事和事件，数以百计，生动有趣。选择三个，略加介绍。

其一，太宗死因疑案。野史说清太宗皇太极夜里睡觉时被暗杀。暗杀皇太极的人，被演绎成多种版本。这种说法，没有史据。清末民初，一些文人出于反满的文化需要，编撰一些荒诞的故事。皇太极为什么会突然死亡呢？皇太极身体肥胖，常吃肥肉，用今人的话说，就是"三高"——高血压、高血脂、高血糖。举出一个证据。皇太极于崇德八年（1643年）八月初九日病故："是夜，亥刻，上无疾，端坐而崩。"年五十有二。(《清太宗实录》卷六十五）用现代医学术语说，就是死于脑卒中或心梗。此前一日，皇太极以皇五女下嫁，在崇政殿接受满蒙王公大臣朝贺，并出席大礼仪和大宴会。当天，皇太极偕后妃等召固伦公主暨额驸亲眷等在崇政殿颁赏。(《清太宗实录》卷六十五）皇太极过度兴奋和劳累，猝然病故，留下遗位争夺的历史悬案。

其二，顺治继位疑案。皇太极突然病故，由谁接班，未做交代。时亲王、郡王有七人：礼亲王代善、郑亲王济尔哈朗、睿亲王多尔衮、肃亲王豪格、英郡王阿济格、豫郡王多铎和颖郡王阿达礼，在崇政殿举行秘密会议，商讨皇位继承大政。当时最有希望的是两个人：皇太极的长子豪格与皇太极的弟弟多尔衮。皇太极的长兄代善提出：豪格是"帝之长子，当承大统"。以代善的地位和两红旗的支持，豪格以为大局已定，说："福少德薄，非所堪当！"谦恭辞让，等待劝进。多铎又提出立自己，多尔衮说还有大哥（代善）呢！多铎又说："不立我，当立礼亲王。"礼亲王代善说自己年老。而郑亲王济尔哈朗则属于旁支。多铎马上提出多尔衮，豪格退出会场。会议陷入僵局。经会下磋商后复会。济尔哈朗提出由六岁的皇子福临继位，又由叔王摄政。聪睿的多尔衮提出肃王既然退让，"无继统之意"，那就立先帝之子福临，不过他年龄还小，我和济尔哈朗左右辅政，待幼君年长之后，当即归政。(《沈馆录》卷六) 最后达成共识：由六岁的皇子福临继位，由济尔哈朗和多尔衮辅政。这样，两黄、两红、两蓝与两白达成一致意见。八旗初期，类似股份制，共八个股，也就是共八票。每票后面都是一股巨大的军事与政治的集团利益所在。当时皇后还在，另三位妃子也在，怎么会由一个女人（庄妃）左右政局呢！

其三，**庄妃下嫁疑案**。故宫中路的永福宫，流传庄妃下嫁多尔衮的故事。尽管电视剧、电影、小说演绎得生动有趣，但至今没有一条经过考证、可信的史料，证明"太后下嫁"。我在《正说清朝十二帝》和《大故宫·清宫太后》里，详细做了分析和阐述，这里不再多说。

三　清宫三宝

沈阳故宫珍藏大量文物，重要文物有两万多件，内有十件文物被誉为"镇馆之宝"①。这十件国宝是：后金天命云版、皇太极腰刀、金代交龙钮大钟、清郎世宁设色《竹荫西狓图轴》、清王翚（huī）等设色《康熙南巡图卷》、清雍正款青花红龙大盘、清乾隆款嵌珐琅缠枝花卉钵，还有下面要介绍的三件国宝。

第一件，努尔哈赤宝剑。清太祖御用宝剑，是极珍贵的努尔哈赤传世实物，举世无双，弥足珍贵。这件宝剑的剑刃为钢制，全长80.5厘

---

① 沈阳故宫"十大镇馆之宝"，资料来源于沈阳故宫博物院，由杨小东副院长提供，谨此敬谢。

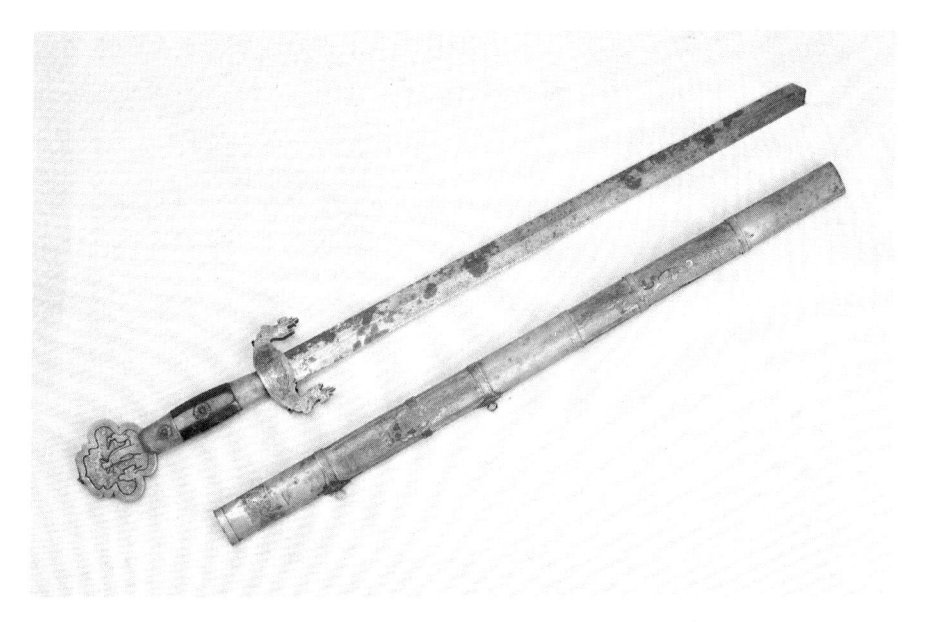

清太祖努尔哈赤御用宝剑，是极珍贵的努尔哈赤传世实物

米，刃长 58.3 厘米、刃宽 3.1 厘米，柄长 19 厘米、柄首宽 8.3 厘米，镡①长 3.2 厘米、格宽 9.9 厘米。剑身钢制，双刃。剑柄为铜制，柄首为铜质呈海棠形，开光内錾刻天官、鹿、鹤图案，柄身包以黑牛角；剑镡为铜制，中间开光内錾有玉兔、祥云图案，镡两端龙首、鱼身纹饰。剑鞘外包铜皮和鲨鱼皮面，有 7 道铜箍，中间两侧另包以鲨鱼皮，并镶嵌螭虎、花卉纹鎏金铜片。从剑柄、剑镡纹饰图案看，有"加官进禄"、"玉兔呈祥"等寓意。鞘表面另镶有铜质镀金螭虎纹和菱形花卉纹饰。清乾隆年间曾为此剑佩以皮条，上面用汉、满文书写"太祖高皇帝御用剑一把，原在盛京尊藏"等字样。该剑做工精良、纹饰丰彩，具有极浓的汉族文化气息。这把宝剑的来源，同龙虎将军有关。

"龙虎将军"有个故事。努尔哈赤自六世祖猛哥帖木儿，世代任明朝边官，为大明守边。当时女真诸部首领，对明廷态度不一：有的制造事端，有的左右逢源，有的效忠明朝。努尔哈赤祖、父、己三代，一向忠于明朝。女真有个小部首领叫克五十，屡次骚扰，杀人抢掠，努尔哈

---

① 镡（xín），剑柄末端与剑身连接处两旁突出部分，又称剑鼻、剑珥。

赤率兵"斩木札河部头人克五十以献"。(茅瑞征《东夷考略》) 努尔哈赤"忠顺学好，看边效力"，明万历二十三年（1595年），努尔哈赤到北京朝贡，万历帝加升他为龙虎将军。(《明神宗实录》内阁文库本，第三六卷) 明朝官制，武职兵部尚书为正二品，侍郎为正三品。这龙虎将军可是散阶正二品，(《明史·职官志一》卷七十二) 整个明朝只有女真哈达部首领王台和建州部首领努尔哈赤两人获此殊荣。这把宝剑，女真、后金是制造不出来的。所以，根据明万历二十三年（1595年）明廷敕封努尔哈赤为龙虎将军一事，有关专家学者推断该剑即为明朝敕封努尔哈赤的"龙虎将军剑"，或是努尔哈赤到京向万历帝进贡时被赐授的。这是民族文化交流的一段佳话。

第二件，皇太极御用鹿角椅。清太宗皇太极御用鹿角椅，是清初极少数传世文物之一。清入关后，各代皇帝多按此椅制作本朝鹿角椅，以示遵祖崇武之制。这把鹿角椅为鹿角、木结构。椅上部以鹿角制成靠背形状，鹿角共12支叉，4叉作为与椅交合的支柱，8叉以靠背为中心向外分开，左右各4叉，八叉鹿角匀称地向四下张开；椅下部为木制，椅面呈长方形，椅心以棕绳编织；椅下四腿外加罩护板并浮雕花卉图案，涂以金红色漆面，椅腿下部为四足托泥式；椅前下部有木制脚踏。全椅通高119.2厘米，靠背长63.2厘米，鹿角围长184.5厘米，左角长93.5厘米，右角长91厘米，椅座高57厘米，椅面长82.8厘米、宽52.7厘米。椅背正中刻有乾隆十九年（1754年）

清太宗皇太极御用鹿角椅，体现了清朝遵祖崇武之制

乾隆帝御制诗："弯弓曾逐鹿，制器拟乘龙。七宝何须羡，八叉良足供。库藏常古质，山养胜新茸。那敢端然坐，千秋示俭恭。"后题"敬咏太宗文皇帝所制鹿角椅一律，乾隆甲戌秋九月御笔"，款下方刻有"乾"、"隆"圆、方连珠印。该椅为清太宗皇太极御制，后又为清高宗乾隆帝修饰并雕以御制诗文，更增添了此椅的历史信息和帝王气象。

皇太极打猎有故事。满洲是重狩猎的民族，将狩猎视为国魂。一次，有一大鹿自东来，奔入御营，捕获之。(《清太宗实录》卷九)又一次，皇太极行猎，适有二黄羊并行，皇太极一矢贯之。(《清太宗实录》卷十一)另一次，皇太极出猎二十余天，射殪（yì，死或仆）虎四，鹿、野豕共一百二十有八。(《清太宗实录》卷二十六)再一次，皇太极行猎凡二十三日，殪虎四，射野猪、鹿、狍、黄羊一百五十有九。(《清太宗实录》卷三九)皇太极把自己或王公所射大鹿的鹿角，用来做鹿角椅，以显示皇威。

第三件，乾隆帝御笔"紫气东来"匾。这是一方木雕、铜字宫殿陈设式挂匾，由清乾隆帝御笔题写。匾为木制长方形，四周为宽边浮雕金漆云龙纹饰，共有九条雕龙——上沿正中为一条正龙，两侧各有一条行龙，下沿中间为二龙戏珠纹，两侧各有一条行龙，左、右边框各有一条升龙，龙首均为圆雕制成，并安有金属丝龙须。匾内沿为深红色，匾心为洋蓝色平面，中间镶有铜制乾隆帝御笔行书"紫气东来"四字，题字

乾隆帝御书"紫气东来"匾

上部中央有阳文篆书"乾隆御笔之宝"玺印。匾长217厘米，高87厘米，厚16厘米，现悬挂于沈阳故宫凤凰楼下大门上方。

"紫气东来"也有故事。《史记·老子韩非列传》"索隐"引《列仙传》说："老子西游，关令尹喜望见其有紫气浮关，而老子果乘青牛而过也。"这里只说"紫气"，没说"东来"。上文的"关"，有说指散关，有说指函谷关。宋璟《迎驾诗》："雒上黄云送，关中紫气迎。"洛阳在函谷关东面，暗含紫气从东面来，但没有点明。杜甫《秋兴诗》说"西望瑶池降王母，东来紫气满函关"，则点明老子出关，紫气东来。紫气，是祥瑞之气，是福禄之气，是康宁之气，也是太平之气。乾隆帝"紫气东来"用典，更蕴含政治元素。满洲兴起东方，西进京师，底定中原，一统华夏，所以紫气是东方来的。今人扬其政治外壳，取其文化内核，企盼祥瑞、福禄、康宁、太平！

此处又让人想起乾隆帝的《盛京赋》，洋洋四千言，文采四溢，内容博大。凡四蹄双羽之族，长林丰草之众，海产百鱼之属，山珍参菇之类，莫不述及，鲜有遗漏，是一部沈阳地区动植物的百科全书。乾隆帝的赋，意在敬祖，也在思新："维新皇运，膺灵佑之。"他只提出，而未践行。

跟盛京宫殿有关的"关外三陵"，就是努尔哈赤在沈阳的福陵（俗称东陵）、皇太极在沈阳的昭陵（俗称北陵）和其先祖在新宾的永陵（今新宾永陵镇）。

乾隆帝在《盛京赋》里说："以父母之心为心者，天下无不友之兄弟；以祖宗之心为心者，天下无不睦之族人；以天地之心为心者，天下无不爱之民物。"这就要"思开创之维艰，知守成之不易，兢兢业业，畏天爱人。"清朝是这样，历朝也是这样。敬祖爱民，国运维新。

第六十五讲　国宝南迁

故宫文物，原合为一。沧海变迁，时局动荡，现分藏于两岸。《三国演义》开篇曰："天下大势，分久必合。"分开来说，都是大故宫的一部分；合起来说，全都是大故宫的文物——总之，共同典守中华五千年的文明之宝。

第六十五讲　国宝南迁

中华国宝，文明精粹，沧桑巨变，历经磨难。有人问：北京故宫博物院的国宝，为什么会到台北故宫博物院了呢？这要从国宝南迁说起，分作三题——从宫到院，从北到南，从分到合。

一　从宫到院

中华国宝，荟萃皇宫；文物精品，天府永藏。[①] 但是，辛亥鼎革，清朝灭亡；民国建立，历经艰难。从清朝皇宫演变为故宫博物院，紫禁城所收藏的宝物，成为博物院的藏品，从而成为真正属于人民的国宝。从"宫"到"院"，这条道路，走了百年。

中国故宫文物，有着历史传承。元大都宫殿，承袭金中都和南宋临安宫殿的文物。元亡明兴，明亡清兴，宫廷文物，前后连续。民国以后，清宫文物，遭受三次大的浩劫。[②]

国宝流失。清逊帝溥仪在内廷13年中，文物损失严重。辛亥革命后，根据《关于大清皇帝辞位之后优待条件》，逊帝溥仪仍"暂居宫禁"，就是外朝归民国政府，内廷暂归逊帝溥仪。宫里文物珍宝，仍由皇室占有。因此，"这些财宝每一分钟都在被赠送、出售或典押，甚至被偷窃"（庄士敦《紫禁城的黄昏》）。从1922年（"宣统"十四年）7月13日，到12月12日，仅五个月时间，就运出宫外大量名贵字画、古董，其中有

[①] 本讲参考郑欣淼先生《天府永藏》、欧阳道达先生《故宫文物避寇记》、那志良先生《典守故宫国宝七十年》等著作。

[②] 清朝三次重大文物损失：第一次是清咸丰十年（1860年），英法联军对圆明园等的劫掠和焚毁。仅伦敦大英博物馆就收藏有3万多件中国文物，其中直接从圆明园掠夺的文物达2万多件，如唐人所摹晋代著名画家顾恺之的《女史箴图》；法国枫丹白露宫中国馆，收藏圆明园文物达3万多件。第二次是清光绪二十六年（1900年），八国联军对皇室财宝的抢劫与破坏。经过这两场浩劫，"中国自元明以来之积蓄，上自典章文物，下至国家奇珍，扫地遂尽"（柴萼《庚辛纪事》）。第三次则是逊帝溥仪出宫之前。

王羲之、王献之父子的《曹娥碑》等，有钟繇、怀素、欧阳询、宋高宗赵构、米芾、赵孟頫、董其昌等人的真迹，有司马光《资治通鉴》原稿，有唐王维的人物画、宋张择端的《清明上河图》等，字画总数约有1000多件。又将乾清宫昭仁殿的全部宋版、明版书运走，约有200余种。在地安门大街两侧，太监和内务府官员新开了一家又一家古玩店，卖内府古玩秘籍。幸亏，因逊帝溥仪出宫，事情发生了变化。

溥仪出宫后的养心殿卧室

溥仪出宫。1924年10月22日夜，冯玉祥倒戈，密回北京，发动"北京政变"。他们修正《清室优待条件》，决定"清室即日移出宫禁"，并由京畿警卫总司令鹿钟麟等负责执行。11月5日上午，鹿钟麟等到紫禁城隆宗门外，与内务府总管大臣绍英等交涉。当两位太妃闻知限她们3个小时内搬走时，又哭又闹，坚决不肯走。这时醇亲王载沣急忙进宫，与溥仪商量，经过权衡，做出决定，即刻出宫。交出了传国玺、宫殿，遣散部分太监、宫女。下午4时10分，溥仪及其妻妾、载沣等在前，绍英、太监、宫女等在后，由御花园走出，登上国民军开到顺贞门前的五辆汽车，驶出神武门，到了后海北岸的醇亲王府（今宋庆龄故居）。

11月7日，临时执政府发布命令：清理原宫内公产私产，昭示大众。善后委员会由政府和清室双方人士组成。点查清宫物品,以宫殿为单位,逐件编号,依序登录。将各宫殿按"千字文"编号,如乾清宫为"天"、坤宁宫为"地"、南书房为"元"、上书房为"黄"等。经过五年多时间,清宫物品清点结束,随后出版《清宫物品点查报告》,共6编28册,载录每一文物的编号、品名、件数,以及参点人员、监视人员的姓名。清宫遗留物品,有117万件之多,留下完整记录。这些文物就成为1925年成立故宫博物院的藏品。(郑欣淼《天府永藏》)

故宫博物院成立。1925年10月10日,故宫博物院成立,在乾清宫前举行隆重典礼。这一天,神武门上镶嵌李煜瀛手书颜体大字"故宫博物院"青石匾额。当天正式开放。自永乐建宫五百多年来,人们第一次可以游览故宫中路三大殿和后三宫,以及西六宫、养心殿、寿安宫、文渊阁、乐寿堂等处。两天内前来参观的多达5万人。同时,筹建故宫博物院两馆一处——古物馆、图书馆和文献处。

当然,故宫博物院的成立,不是一步到位,而是经过由"宫"向"院"转化的三个阶段:

一是宫所并存。辛亥革命以后,原故宫一分为二,就是后宫仍为皇家禁地,前廷于1914年2月4日,成立国家古物陈列所,主要收存沈阳

故宫博物院的成立,经过了由"宫"向"院"转化的三个阶段

故宫和避暑山庄等处文物，并利用武英殿西配殿开放。从1913年11月到1914年10月，避暑山庄等文物由滦河水路运到滦州，再转火车运载到北京，前后运送7次，共计1949箱，文物117700余件。1914年1月开始，起运沈阳故宫文物，到3月24日结束，前后运送6次，计1201箱，文物约共114600余件。以上文物均暂存于武英殿等处。

二是院所馆并存。故宫博物院成立后，原故宫一分为三，就是后宫部分为故宫博物院，前朝部分为古物陈列所，午门外两庑及端门为国立历史博物馆。避暑山庄文物交故宫博物院，沈阳故宫文物仍移交故宫博物院沈阳分院（现为沈阳故宫博物院）。

三是院馆并存。故宫合而为一，就是古物陈列所并入故宫博物院，午门外两庑及端门建筑也交故宫博物院。这样，端门内及紫禁城都统一归故宫博物院。故宫博物院与历史博物馆并存。这项分割与合并，直到2008年才算结束。

二　从北到南

1931年"九一八"事变，日寇侵略，占我东北，平津危急。为了守护国宝，决定将文物南迁。国宝南迁避寇，历时十五年（1933—1947年），分为南迁、西迁与东归三个阶段。

南迁。日寇猖狂，北平告急。文物选迁筹措，已经大致就绪，南迁上海，租库储藏。规定期限，分为五批，通过铁路——平汉、陇海、津浦、京沪等路，迁往上海，达18970箱。

1933年2月5日夜，故宫博物院在市政当局协助下，连夜将第一批南运古物2118箱装上板车，集中到太和门前。天黑以后，运出午门，到前门火车站西站，路经之处，一律戒严。6日晨，这批古物共装18节车皮运出北平。启行前，行政院密令沿途军警派员保护，交通部令沿线各铁路局为故宫古物专列让路。

不久，上海危急，这批文物又转运南京，藏于朝天宫等处库房，并

1933年，第一批古物开始装箱准备南迁

改为故宫博物院南京分院。

西迁。日寇南侵，沪宁震撼，南京分院库存文物，有遭日寇焚掠之虞。经过研究，决定西迁。首批西迁文物，于1937年8月14日，就是在"淞沪抗战"① 开始的第二天，离开南京运往湖南长沙，旋由长沙转贵州贵阳、安顺，四川巴县。第二、三两批，溯江先运至湖北汉口，寻转湖北宜昌，四川重庆、宜宾，而终迁于四川乐山安谷乡。第四批渡江陆运，经津浦，在徐州转陇海路，经郑州、西安，直达宝鸡；继迁南郑、成都，而终迁于四川峨眉。以箱件与麻包并计，西迁文物，四批综合数为16697箱；以时计之，迁湘者最早，但到1944年12月18日，始迁到四川巴县，比乐山、峨眉为最后。全部文物西迁，由启运而底定，实际为七年零四个月。西迁国宝，过程漫长，事迹纷繁，历时十年，地袤万

---

① 淞沪抗战，又称"八一三事变"。1937年7月7日"卢沟桥事变"后，日军侵占平津。于8月13日大举进攻上海。中国第九集团军在张治中率领下奋起抵抗。中国方面陆续调集6个集团军70余万人参加会战，日军也逐次增加到总兵力9个师团22万余人。11月5日，日军从杭州湾登陆，迂回守军侧后，合围上海。守军被迫撤退。12日，淞沪陷落。（参见《辞海》"淞沪抗战"条）

里，分为三路——南路、中路、北路。

先说南路 始于迁湘，中经贵州贵阳、安顺，终于四川巴县。1937年8月14日，装船离开南京；溯江而上，16日抵汉口。先拟水运，因时局紧张，轮运迟缓，或有不虞，改为陆运。18日装车，由武昌开；19日，到长沙；21日，运入湖南大学图书馆。是为南路的一迁。

存湘期间，虑及空袭，曾依岳麓山势设计掘凿石窟，开辟石室，务求万全，且防潮湿。石室工事，如期完成。将要入窟储藏，因日寇侵逼，威胁两湖，又定转迁贵州。是时，湘境交通工具，已经征发一空。经月余时间，奔走呼吁，始获成议：分批分段转运——每批分两段配车：长沙到桂林段，由湖南公路局拨长途客车三辆，湖南邮政拨载重卡车一辆；桂林到贵阳段，由广西公路局拨车或租车五辆。首批装文物36箱，于1938年1月12日离湘，15日抵桂林，27日易车前行，31日达贵阳；次批装文物44箱，于1月24日离湘，29日抵桂林，2月5日易车前行，10日达贵阳。文物全部运达，暂存于城北官邸。之前，贵州省府曾指定城外仙人洞、观音洞两处。经履勘发现观音洞隘小，箱不能入，终年滴水，异常潮湿；仙人洞位于山巅，登山路险，移运艰难，不够容纳：储藏文物，均不适用。最后，找到民房十余间，暂且租用。遂于4月2日将文物迁入储藏。是为南路的二迁。

迁黔未久，密议再迁。时敌机肆虐，又议迁云南。迁滇之议，因故作罢。再议迁到安顺县。几经履勘，以安顺县境南门外华严洞尤为安全。洞距县城1公里许，距省城95公里。洞既选定，即于洞内搭盖板房，以瓦顶泻滴水，以板地隔潮蒸，而期典守周密。工竣，迁储。自1939年1月18日到23日而完成。是为南路的三迁。

1944年秋，日寇猖獗，占领桂林，贵阳吃紧。12月15日，将安顺的80箱文物，于18日启程，再转迁到距重庆约50公里的四川巴县南乡，时距抗战胜利仅八个月。是为南路的四迁。

次说中路 1937年11月初，淞沪前线，突然失利。故宫博物院南京分院备迁文物，分路运离南京。中路水运两批：首批，于11月19日从招商局江安轮辟出一部分舱位装运4081箱，22日抵汉口；第二批，由英

故宫文物迁徙途中，用竹排载运卡车渡河

商黄浦轮续装运 5250 箱，于 12 月 3 日解缆上驶，五日抵汉口；两批迁汉文物共 9331 箱。此外，尚有其他 47 箱等。存英商平和央行仓库。西迁的文物，存汉口未久，先后承运宜昌。自 12 月 24 日到 1938 年 1 月 6 日，陆续运清，综计 9386 箱。是为一迁宜昌。

文物由汉迁渝，宜昌为转运站。但宜昌以西，长江上游，水浅船小，迁运不易。首批于 1938 年 1 月 9 日启运，然经十九批，历时 4 个月，到 5 月 22 日，末批文物始运到重庆。迁渝文物，分存七库：一、二库，为法商吉利洋行堆栈；三、四、五、六库，为瑞典商安达生洋行堆栈；七库，为川康平民银行仓库。是为二迁重庆。

迁存重庆文物，再迁乐山安谷乡。重庆到乐山，水路 576 公里。安谷乡在县城西南，距城约 10 公里。一再勘查，择定一寺、六祠为迁储仓库。这批文物，又转宜宾，溯江而西，迁到乐山。为避敌机轰炸，时间格外紧迫。雇用轮船装运，兼雇民用木船，星夜装船，陆续西迁。

于安谷，气候潮湿，鼠蚁啮蚀。选在祠堂离地高、不畏潮的戏台、后台、两厢，储存书画、古籍、档案。为防潮、防蛀、防火，安设格窗，以利通风；如为泥地，铺设木炭、石灰，以减潮、杀虫；各库消防，安设灭火机，并备有射水器、蓄水缸，以及拉钩、警锣、沙篓，一一齐备。

守护人员，日夜守护，检潮晒晾，晴朗之日，未尝间断。西迁文物未受潮损，一因箱内樟脑丸存置充足，牛皮纸衬垫覆盖周密；一因勤查勤晒，不使书画、古籍有积潮气蒸的机会。是为三迁安谷。

再说北路 1937年11月，由南京始沿津浦路北行到徐州，转陇海路西迁，经河南郑州，到陕西宝鸡，再南行转徙，存于成都，终定峨眉。在宝鸡车站，穿过路轨，两车相撞，致车中公字第653号（宁1060号）黄瓷大碗一箱与第2540号（和135号）钟表、玻璃罩一箱，因震破碎。这是文物避寇期间不幸遭遇之一。还有眉山大火。1943年，县城一家鸦片烟馆，不小心起火。火势蔓延，一个小庙道士被烧死，危及库房。经拆掉临近房子隔火，文物库房，幸获保全。

国宝南迁，除经常守护、核查、晾晒、防火外，其间，在宁、沪、渝、蓉、英、苏等举办展览。在乐山，地方文士苦于缺少书籍，派人抄录善本书，如集部《眉庵集》、《颐山诗话》、《荆川集》、《李文公集》等。又抄录文渊阁本《四库全书》（部分）。

国宝南迁，爱国精神，可歌可泣，令人感动。选其三，做介绍。

朱学侃（1907—1939年），安徽泾县人，故宫文献馆工作人员。

1939年四川峨眉存放文物的仓库

1937年11月随中路文物西迁，辗转到重庆。1939年春，奉令护送文物向乐山转移，在玄坛庙装运文物时，视察舱位，布置搬运，时天已晚，船舱昏暗，心切布置，失足踏虚，身坠舱底，重伤脑部，急送医院，不及营救，气绝而殉，是为护送国宝献身的第一人，年仅32岁。葬于江南岸狮子山，为立碑，做纪念。

欧阳道达（1893—1976年），安徽黟（yī）县渔亭镇人，1919年北京大学哲学系毕业，留校任教。后参与点查故宫文物并在故宫工作，前后四十六年。参与故宫文物南迁的全过程。他在战乱与动荡中，无法照顾妻子。妻子回安徽乡里时，在破庙里生下儿子。后随南迁文物辗转到四川乐山安谷，长住八年，才接来妻子团聚。妻子生育时没有医生，他在家里用剪子消毒后剪下新生儿脐带接生。他有十个子女，生活艰辛，孤守文物，久客思乡，日机轰炸，动荡不安。一次日机轰炸时他正在路上，炸弹在其附近爆炸。还有一次，所在楼房被炸，他躲在屋内桌子下面。先生侥幸躲过人生两劫。道达先生体现出故宫人的精神："国宝到哪里，故宫人到哪里，故宫人的家就到哪里。"直到抗战胜利，全家随西迁文物同返南京。他获得国民政府颁发的"抗战胜利勋章"，但从未向家人道及。先后任故宫博物院南京分院办事处主任、故宫博物院档案馆主任。1950年撰写《故宫文物避寇记》，小楷毛笔字，书写工整，叙述清晰，八万余字，体现出"视文物国宝为生命"的故宫人情怀。先生文稿尘封近60年，郑欣淼院长在2009年见到这卷档案后，"既惊又喜"，当即决定出版，并写序言赞称：欧阳道达先生的著作可填补国宝迁徙史之空白，是一部最好的文物南迁史料性作品。

那志良（1908—1998年），满族，北京人，1925年进故宫工作，1933年押运国宝南迁，后随文物迁台并在台湾定居，勤奋研究，著作等身。于古器物（23本）暨玉器（14本）的研究和鉴赏，是国内外公认的权威，家里却没有任何文物藏品。著有《典守故宫国宝七十年》。2005年，子女将其生前保存的有关故宫文物南迁的文书、印章、照片等150多件珍贵史料，捐赠给北京故宫博物院，弥补了故宫院史有关文物南迁的资料空白。先生曾以元人曹伯启《南乡子》词自慰：

蜀道古来难，数日驱驰兴已阑，石栈天梯三百尺，危栏。应被旁人画里看。

两握不曾干，俯瞰飞流过石滩，到晚才知身是我，平安。孤馆清灯夜更寒。

这是国宝南迁的文物专家和工作人员，艰辛经历与精诚品格的形象诗喻和真实写照。当地乡民，也为国宝的转运、保护做出可贵的贡献。然而，故宫的国宝，合而有分，分而必合。

三　从分到合

抗战胜利，国宝东归。文物避寇，三路西迁，几经转徙，幸免劫燹，最后分别迁定于四川的巴县、乐山、峨眉。文物回归，三处集中，会于重庆，历时一年。于1947年5月始，首批文物，从重庆启运东归，水陆兼行，合计10批；12月8日，末批南迁国宝，运抵南京入库。

三地合一。巴县、乐山、峨眉三处文物东归，不求迅急，只计安全，首先汇集重庆。集中的次序，首巴县，次峨眉，次乐山。集中仓库的分配，在重庆向家坡，房屋依山势建筑，按上、中、下三层，分成甲、乙、丙三组。甲组仓库，由前巴县办事处保管；乙组仓库，由前乐山办事处保管；丙组仓库，由前峨眉办事处保管。仓库修缮告竣，集中工作，立即开始。遇到的困难是如何汇集——水路运输，洪水期，时间短，轮船小，容量低，按五个月期限难以做到；常水期，仅通木船，危险性大。铁路运输，来回转拨，费时费力，容易破损。汽车运输，较为方便。于是决定，先将巴县、乐山、峨眉三处文物用汽车运集于重庆，然后以登陆艇载运，随大江顺流东归南京。

巴县文物，1947年1月21日启运，共80箱，行20公里，经时八天，运到重庆。三个月后，峨眉文物，于5月15日，先以一辆轻车编特号前发，沿途实地履勘；履勘所得，且经一月商讨，始定车运全程为由峨眉，循乐西（西昌）公路，径达乐山，转由乐内（内江）、成（成都）渝（重庆）两公路而直抵重庆。雇用商车，又加公车，分 21 批，9447 箱，运达重庆。又后，乐山文物则在峨眉文物集中结束之日启运，而乐山、安谷间，犹须赖水运。故运输全程，因客观条件所限，自成为两阶段：安谷—乐山之间，水程转驳；乐山—重庆之间，陆程车运。乐山库存文物移运程序，先许祠，次土主祠，终以武庙。许祠与土主祠，距乐西公路一华里许，田埂狭隘，难以通车，遂于公路旁设临时站，以备装载。装成之车，次第集于新南门外县立图书馆门前广场，结队待发。文物转驳，分两期进行。初期自 1946 年 9 月 10 日到 30 日，中间因下雨停工五日，计转驳 16 天。当时以陆程车辆稀少，转运不及衔接，致临时转运站仓库存箱塞满，而暂停水程转驳。次期，自同年 11 月 22 日到 29 日，中间因雨停工三日，计转驳五日。所有迁储安谷乡六库文物，分 33 批，7286 箱，最后运达重庆。①巴县、乐山、峨眉三地文物，都已集中重庆，再向南京集结。

集结南京。巴县、乐山、峨眉三地避寇国宝，共 16815 箱，东归南京。国宝避寇，万里辗转，几度惊险，安然回归，来去离合，恰为 10 年。在文物集结的过程中，**路经风雨，有惊无恙**。如首次转驳的文物，恰逢中秋佳节，明月东升，天气清爽。各筏均经覆盖竹簟（diàn，席）、油布。时过午夜，天气骤变，狂风暴雨，天亮方停。所有员工，初闻风雨，互相唤起，率同筏工，冒雨在各筏加盖油布。天明复查，有的受湿。当即卸运入库，开箱逐一检视。经查内有一二箱文物部分受湿，立即晒晾，待干重装。但是，拆箱一看，文物无恙，仅衬草、棉花、纸张受潮，随时更换重装。经查凡是未渗湿的箱件，都因箱内衬垫蒙盖的牛皮纸阻水。实不幸中的大幸。

故宫博物院南京分院的文物库，敌伪时期被充作武器库和伤兵医院。原库内文物 2954 箱，分存于北极阁等四处。1945 年抗战胜利，迅速办理收复文物保存库及散存文物。于 1946 年 1 月 21 日后，进行文物清点接

---

① 巴县、乐山、峨眉三处所藏文物统计，据欧阳达道《故宫文物避寇记》，因其间略有变化，故数字少有差异，只供参考。

国宝南迁途中出现了许多可歌可泣的人与事，图为故宫博物院同仁在重庆合影

收工作。全体人员，分成七组，遂于1月25日清点接收封存北极阁文物。其余三处，相继点收，至5月10日而完成。四川由巴县、乐山、峨眉三处集中到重庆的国宝，也安全完好地集结到南京收藏。①

文物再分。国宝西迁，屡经险厄：如翻车，如雨淋，如触礁，如炸弹，千辛万苦，备尝艰危，终于东归，由十年分散，而一朝合聚。但是，文物迁回南京后，国内战事，日趋紧张，有关决定，国宝迁台。迁台国宝，分为三批：第一批320箱，第二批1680箱，第三批972箱，共2972箱。（那志良《典守故宫国宝七十年》）这约占南迁文物总数18970箱的15.6%，当然，其中大多是精品。

迁台过程，也有故事。第一批文物，用海军军舰运送，海军人员家属，闻讯赶来，拖儿带女，携带行李，挤满了船。怎么劝说，也不下船。请来桂永清司令，百般劝慰，许愿另派船，才都下了船。第二批是商船，

---

① 在第二次世界大战中，英国博物馆在1939年9月3日正式宣战前，多数藏品就抵达指定隐匿地点；9月5日，所有重要物品都撤离疏散。美国在日本偷袭珍珠港后，最有价值的收藏品，大都会博物馆等馆藏艺术品被转移隐蔽。

还算简单。第三批又是军舰,船一开到,海军官兵眷属,就挤满了舱位。箱件运上了船,物人混在一起。押运人又请来桂司令。他向大家开导,希望诸位下船。官兵眷属哀求说:希望老长官,帮他们的忙——男女老幼,哭成一片。那种凄惨的场面,桂司令也落了泪,只有准许他们随船。据当事人回忆,海浪拍船,狗在狂吠,风声涛声,孩子哭声,似末日来临。(那志良《典守故宫国宝七十年》)这船不是专运文物的,沿途港口,都要停靠,1949年1月29日开出,2月22日才到基隆。不久文物转到台中,先暂借存于糖厂仓库,后转到台中雾峰北沟库房和地库。我曾在1997年有幸参观了这座简陋并已废弃的地库。

　　1965年11月,台北故宫博物院新馆落成,位于台北市士林外双溪。迁台国宝,经过点查,保管良好,概无损失,这是因为"保管人员能以古物为生命之一部分"。后凿山洞,修建地库。1992年我有幸应邀参观了台北故宫博物院文物库,特别是山洞里的国宝地库。库藏文物,如珍藏的瓷器,裹以丝绸,塞以棉花,放在铁皮木箱里,用丝绵或棉纸等物,

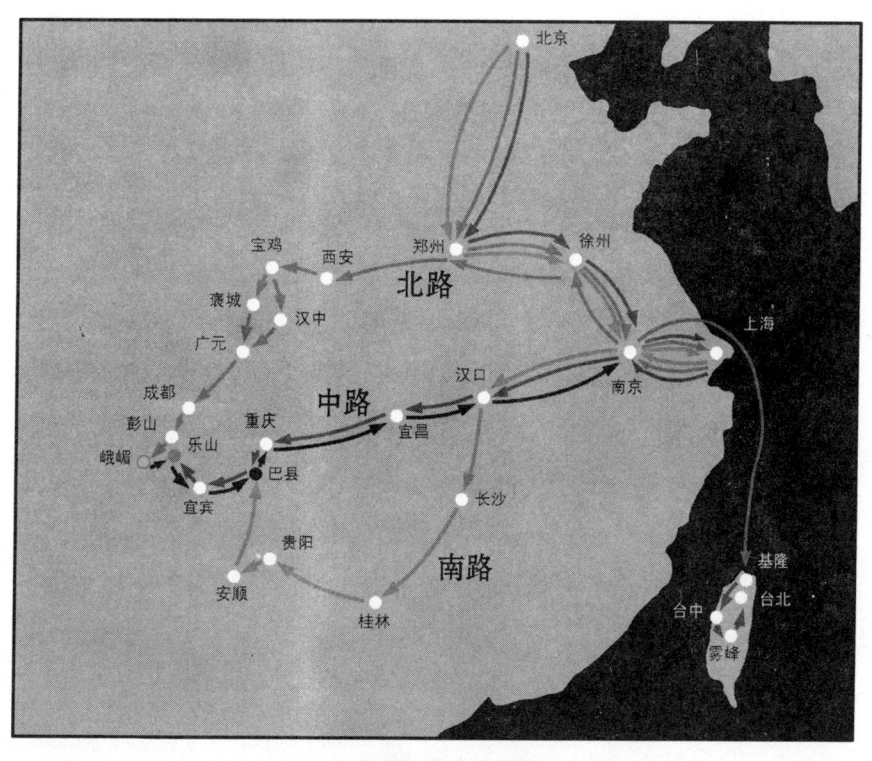

故宫文物迁徙线路图

层层包裹，密密充塞，防火防盗，恒温恒湿，保存完好，令人赞叹。现台北故宫博物院藏文物约 65 万件，分为器物、书画、文献与档案三大类（包括后来征集的文物藏品）。

　　国宝避寇南迁、西迁，抗战胜利，文物回归。后主要分藏状况是：其一，运迁并现存台北故宫博物院 2972 箱 60 余万件。其二，存南京博物院南迁文物 2176 箱 104735 件。其三，故宫博物院南京分院所存 11178 箱，绝大部分于 1950 年、1953 年、1958 年三次返回北京故宫博物院收藏。这三处是南迁文物回归后分藏的概况。

　　故宫文物，原合为一。沧海变迁，时局动荡，现分藏于两岸。《三国演义》开篇曰："天下大势，分久必合。"分开来说，都是大故宫的一部分；合起来说，全都是大故宫的文物：总之，共同典守中华五千年的文明之宝。

第十六讲 大故宫

公众创造了大故宫,大故宫为公众共享。于创造,大故宫是中华五千年各族文化的集萃,薪火相传,永世不熄;于共享,让海内外公众尽情观赏大故宫的华美,享受艺术,热爱中华。

第六十六讲　大哉故宫

《大故宫》的电视播出和图书出版，从启动到现在，已经整整两年。《新京报》在《大故宫》开播和出版之后，发表长文，标题是"大哉故宫"。此处借用这个标题，既作为本讲的题目，也作为本书的结尾。

　　"大故宫"的"大"是如何大？其外在时间与空间格局之博大，我在《大故宫》开篇做了交代。"大故宫"的"大"是为何大？我在《大故宫》结尾试做回答——"大故宫"就纵向来说，是展现中华五千年文明的一脉相承；就横向来说，是百川归海，就是五种文化溶合、盛清一千三百万平方公里土地、当今五十六个民族近十四亿人口；就总合来说，"大故宫"是珍藏与展示中华传统文化的筋骨、血肉、灵魂和生命的圣殿。

一　一脉相承

　　中华文化，一脉相承。在元明清盛时的中华大地上，主要有五大文化板块：中原农耕文化、西北草原文化、东北森林文化、西南高原文化和沿海及岛屿海洋文化。其中，高原文化和海洋文化，虽特别重要，但在历史上没有成为主导或主体文化。中国自甲骨文以来三千多年有文字记载的历史，只有农耕、草原、森林三种文化，或长或短地成为中华文化的主体或主导文化。而农耕、草原、森林三大文化的冲突与融合的特点是：三个千年，三大变局，文化姻系，一脉相承。

　　第一个千年，主要是商周时期，地域集中在黄河中下游和渭河中下游流域。西周东迁，裂变为春秋和战国。北方的齐鲁、燕赵、秦晋、河洛等，南方的吴越、湘楚、巴蜀、两粤等，各个地域，各个集团，争战、厮杀、兴替、分合，为此而付出惨烈的代价。仅秦将白起，先后斩杀八十九万余人，其中秦赵长平之战，坑杀四十五万人！白起引剑自刎前叹道："长平之战，赵卒降者数十万人，我诈而尽坑之，是足以死。"（《史记·白起列传》卷七十三）白起也以自杀为时代付出了生命的代价。春秋五霸，战国七雄，国都纷呈，多个中心。历史的结局是，秦始皇统一六国，出现"车同轨，书同文"的局面，中原地域实现中华文化的第一次大融合。但是，秦祚短暂，刘汉取代嬴秦。人们把这个融合后的中原民族，称为汉族。

在这个千年里，殷商甲骨文，周朝钟鼎文，商周青铜器，西周石鼓文等，都是这个时期的文物珍宝。孔子的《论语》，老子的《道德经》，《诗经》的情志，《周易》的智慧，《孙子兵法》，屈原《离骚》，诸子百家，竞相争鸣，思想精华，令人惊叹！这不仅在中国，而且在世界，都放射出文明的灿烂光辉。这个千年留下珍

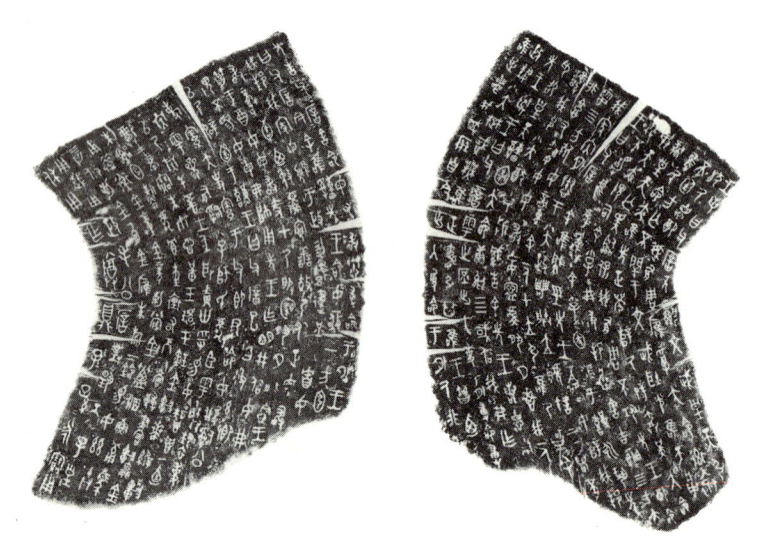

西周晚期青铜器毛公鼎（现藏台北故宫博物院）

毛公鼎铭文完整精妙，古奥艰深，为西周散文代表作

贵的文物典籍，世代相传，至今还有许多通过明清皇宫，珍藏在故宫博物院和其他博物馆里。

第二个千年，从秦初到唐末，大数算也是千年。这个时期，除中原地区农耕文化内部继续融合外，又注入新的文化元素，就是西北草原文化。汉高祖平城被围，卫青、霍去病等西征匈奴，唐太宗大战突厥，原六国长城连接成万里长城等，都是这场文化冲突与融合的表象。汉、唐两大帝国出现在世界东方，是中原农耕文化与西北草原文化融合的结果。这个时期，政治中心，东西摆动，但以西安为重心。当然，也为此付出惨重代价。苏武牧羊，昭君出塞，蔡文姬《胡笳十八拍》，花木兰代父去从军，欢歌而又哀泣，凄美而又悲凉！

这个千年，文化繁荣，气势博大，世人震撼。秦陵兵马俑，汉墓马王堆，司马迁的《史记》，司马相如的汉赋，王羲之的书法，阎立本的绘画，李杜的诗篇，大唐的宫殿，等等，都向世界展示：中华文化，盛大光明。这个千年留下珍贵的文物典籍，也是世代相传，至今还有许多通过明清皇宫，珍藏在故宫博物院和其他博物馆等处。

唐阎立本《步辇图》

第三个千年，从两宋到明清。北宋、辽、南宋、金、西夏、元、明、清，历经八代九十帝。中原农耕文化、西北草原文化继续融合，东北森林文化登上中原历史舞台。先是森林文化的契丹、女真，占有半壁山河，而后蒙古入主中原，铁骑劲旅，驰骋欧亚。满洲定鼎燕京，则是这次文化大碰撞的集中展现。这个时期，政治中心，南北摆动，但以北京为重心。大碰撞，大融合，大代价，大发展，为此付出了沉重的代价。文天祥之丹心，朱元璋之义旗，袁崇焕之磔死，史可法之壮烈，顾炎武之气节，张煌言之英魂，以及"扬州十日"、"嘉定三屠"之悲剧，还有《桃花扇》之血泪，都是这段悲壮历史的血泪实录。当今海峡两岸故宫博物院的藏品，多为此期文物的精粹。元青花瓷，明宣德炉，清珐琅彩瓶等等，《册府元龟》、《永乐大典》、《古今图书集成》、《四库全书》，争奇斗艳，竞放异彩。

中国到康雍乾时代，出现农耕文化、草原文化、森林文化、高原文化和海洋文化的中华文化空前大融合。在明清盛时，中原农耕文化核心地区面积约三百多万平方公里，而草原文化、森林文化、高原文化其面积也各约三百万平方公里。再加上沿海地区及岛屿，还有其他地区，展现了总面积达一千三百多万平方公里的大中华版图。中华文化以强大的包容性，融汇了上述五种文化形态，"你中有我，我中有你"，既保证了中华文化绵延五千年而未中断，也为与世界其他文化交流储存了足够的正能量。自强不息，厚德载物——中华文化将多种文化的江河，汇聚成为中华文化的海洋。"大故宫"所讲述、诠释、展示、播散的，主要是这种大中华文化的奇葩和精粹。中华文化五千年精粹最集中的珍存和展现，就是大哉故宫！

二　百川归海

《大故宫》最直观的物质载体，是紫禁宫殿。紫禁城宫殿既依靠中华文化养育，又成为中华文化宝库。

中华文化的一个特点是"容"，包容的"容"。《说文解字》说："容，盛也。从宀（mián，房屋）、谷。"房屋和山谷都为虚空，是能容纳的。具体说，包括溶化、溶合——溶化，如糖溶化在水里，糖还存在，变成糖水；溶合，则是糖和水溶合为一体。这种溶合，一方面，紫禁城作为皇家宫苑,传承了中华文化的精华;另一方面,紫禁城打上辽金元明清时期(即第三个千年)多元文化的烙印。中华文化,百川归海,文物精粹,汇聚故宫。民居为室,帝居为宫。这种汇聚与溶合,从宋宫到元宫、元宫到明宫、明宫到清宫,分开剖面,来做分析。

从宋宫到元宫。中国历朝帝王都重视文物的搜集和珍藏。殷商文物多集中于宫廷和宗庙。周朝文物珍品收藏于"天府"、"玉府"。秦朝阿房宫汇聚战国七雄的珍宝。汉朝"天禄"、"石渠",则是汉宫贮藏珍贵文物及图书之所。到宋徽宗时,收藏尤为丰富。北京故宫的直接收藏,可以上溯到北宋汴梁,曲折历程,已有千年。宋代宫廷收藏丰富,靖康之乱,典籍宝器,悉归于金;宋高宗迁都临安,又广泛收藏。蒙元兴起,先灭金朝,再灭南宋。南宋灭亡,宫廷收藏,转入元上都(今内蒙正蓝旗),元鼎迁到大都(今北京),这批文物也运到大都。

从元宫到明宫。忽必烈迁鼎大都后,兴建大都宫殿。明永乐帝在大都宫殿基础上,规划营建紫禁城宫殿。例如:

其一,大都宫城与苑囿的格局,体现草原文化以水为重的理念:太液为主,宫殿为客。明朝以农耕文化为重的理念,与其相反:宫殿为主,太液为客。两种文化,相互溶合。

其二,宫殿布局,兼取其长。大都大内(皇宫),延续元上都围帐式建筑,就是大汗的御帐居中,其他王公贵胄帷帐分列左右。明皇宫前三殿与后三宫的东西两侧,不是用围墙区隔,而是用以廊庑殿阁来围合。这是吸取蒙古围帐形制在宫殿布局上的运用。

其三,宫殿内装饰"四壁冒以素绢",显然墙壁像蒙古包;殿阁的丹陛,"丹陛皆植青松",殿外就像是绿色树林或草原。(萧洵《故宫遗录》)明宫殿则引入地毯。

其四,元大都的隆福宫和兴圣宫,明朝则变成西苑,正德帝的豹房,嘉靖帝的西宫,就是将宫殿与苑囿结合在一起。

其五,明兴元亡,明大将徐达将元朝内府所藏,运到南京;永乐帝迁都北京,这些宝物又由南京运到北京。

从明宫到清宫。清迁鼎北京后,对故明宫殿"因胜国之旧而斟酌损益之"（《日下旧闻考》卷九）。就是清朝对原明朝宫殿，既沿袭其原状，又做增减改建。例如：

其一，坤宁宫既如明朝作为皇后正宫，又改作萨满祭祀的殿堂。萨满文化古代普遍流行于森林与草原两大文化的广泛地域，西起天山南北，南界大体以长城为限，北达贝加尔湖，东到库页岛（今萨哈林岛）。紫禁城子午线即中轴线上的祭祀只有两处：一是永乐建的敬奉道教的钦安殿，另一是清敬奉萨满的坤宁宫。这是典型的农耕、草原、森林三种文化在紫禁城的碰撞与溶合。

其二，藏传佛教进入宫廷，雨花阁、佛日楼、梵华楼、雍和宫等，将藏传佛教引入宫廷，则是藏、蒙、满一次大的文化融合。

其三，"三山五园"、避暑山庄、外八庙、木兰围场等，都是清朝满、汉、藏、蒙、维、回等民族，农耕、草原、森林、高原等文化，彼此溶合的典型苑景。

其四，满、汉、蒙三种文体的《大清历朝皇帝实录》，清宫修刻的《满文大藏经》、《藏文龙藏经》等，满、汉、蒙、藏四体文字的石碑，以及满、汉、蒙、藏、维五种文字汇编的《五体清文鉴》等，都是农耕、森林、草原、高原文化相融合的产物。

其五，明亡清兴，明朝宫廷藏品，又为清廷所有。所以，清宫承接的文物，是中国历代宫廷收藏的总汇。

从文物层面说，这些文化的物质与非物质的表现，是中国独特的文化符号，如：语言，文字，书法，绘画，瓷器，珐琅，音乐，戏剧，京戏，舞蹈，典籍，档案，建筑，园林，文玩，家具，服饰，烹饪，丝绸，刺绣，茶道，工艺等等，这些传统物质与非物质的文化遗产，其精华在紫禁宫殿都有集中的展现。在故宫博物院文物中，论时代，上自新石器时代，下至宋元明清；论地域，囊括了古代中国各个地域的文明精华；论人文，包容了汉族和古代许多少数民族的艺术精粹；论类别，包含了中国古代艺术品的几乎所有门类。如书法，故宫藏品从甲骨文、钟鼎文，直至晋朝开始形成的书画艺术。此后，历朝名家名作，几乎一应俱全。如陶瓷，从新石器时代的黑陶、彩陶，经两宋五大名窑，元青花瓷，明白瓷、釉里红等，到清粉彩和珐琅彩等，无不收藏。中华民族绵延不断的历史文化，在故宫各类文物藏品中——现在故宫博物院分为二十六类，都得到了充分映现。清代帝王特别是乾隆皇帝，更使宫廷收藏达到了帝制时代的顶峰。

从精神层面说，这些文化的精神表现，忽必烈建大都城的恢宏胸怀，永乐帝治理帝国的雄才大略，康熙帝"皇舆全览"的博大气魄，农耕、草原、森林文化溶合，才有了北京城，有了紫禁宫殿。

元代没有中断中国传统文化，汉族语言、文字都保留下来。清朝也没有在汉人中强力推行满语、满文，使汉族语言、文字保留下来。所以，在世界四大文明古国中，一种语言、一种文字，延续五千年，连绵不断，起伏演进，只有中华民族，也只有中华文明。

因此，明清皇宫及其文物，是中华多民族、多元文化融合的集中体现。一脉相承，百川归海，是"大故宫"最突出的文化特色，也是大故宫之所以"大"的内在原因。

在古代中国，"溥天之下，莫非王土；率土之滨，莫非王臣"，掌握着至高权力的帝王，必然是全社会中最高端、最精美、最稀缺、最珍贵物品的拥有者、收藏者、享用者。经过历代传承和融汇，这些国宝最终为国家所有、民众共享。

三　兆民共享

宫廷文物，历尽沧桑，几散几聚，留传至今。故宫博物院的成立，象征着宫廷文物**从君有到民有、从君爱到民爱、从君享到民享**的划时代的转变。

从君有到民有。原为宫廷秘宝，变为民众国宝。"大故宫"文物知多少？百年以来，各地分藏，不断核查，也在变化，大致统计如下：

（1）北京故宫博物院现藏品1807758件（套），其中包括宫中旧藏、后来政府拨交、社会收购和私人捐赠的文物；

（2）台北故宫博物院藏品有器物、书画、典籍和档案等约65万件（套）；

（3）原故宫博物院、现归中国第一历史档案馆藏的明清历史档案1000余万件，满文档案200余万件；

（4）南京博物院存南迁文物藏品2176箱104735件（套）；

（5）沈阳故宫博物院藏品2万余件（套）；

（6）其他如国家博物馆、国家图书馆、史语所图书馆等单位也收藏部分故宫的珍宝、档案和典籍；

（7）天坛、颐和园、避暑山庄、雍和宫、先农坛（北京古代建筑博物馆）等约近20家单位的明清文物藏品；

（8）其他单位的收藏等。

以上诸项，大体上反映出明清大故宫文物的概貌。

大故宫集历史、建筑、人物、文物、事件而为一，古建筑与博物院等现代管理模式结合，就是"宫"与"院"一体，不能分离，服务社会，服务公众。2002年10月17日，开始故宫百年来最大规模的修缮，这将使故宫重现盛世时期庄严肃穆、博大辉煌的原貌。

从君爱到民爱。百年以来，几代中国人，对故宫古建和文物的守护、利用与研究，都做出了各自的重大贡献。

院藏文物清理中的新发现。故宫博物院仅1949年以来，就先后进行过四次文物清理①，有许多重大发现。一如宋徽宗赵佶的《听琴图》，商代三羊尊，过去认为是伪品，经过鉴定，实为真迹。二如瓷器，在弘德殿物品中，发现账上没号的瓷器不少是宋哥窑、官窑、龙泉窑的珍品，如哥窑葵瓣洗、龙泉窑青釉弦纹炉等。三如金银器，保和殿东庑存有一批印匣，发现其中有10个金印匣，重的8斤多，轻的4斤多，共重73斤。

---

① 1949年以来，故宫文物藏品的清理，重要的有四次：第一次，1954—1965年，主要是清理、核查、分级和排架。第二次，1978—1980年代末，主要是进一步清理核查。第三次，1991—2001年，主要是文物大部由地上搬移到地库，同时进行复查和调整。第四次，2004—2010年，主要是彻查弄清藏品"家底"，包括点核、整理、鉴定、评级等工作，完成90余万件文物的账、卡、物"三核对"，把馆藏善本列为文物等，文物总数达到180万件之多。（郑欣淼《天府永藏》）

（郑欣淼《天府永藏》页七四）

这些有的是溥仪出宫前，被清室人员藏在天棚、屋角、椅垫或枕头里，伺机盗出而未能得手的。这些新发现，体现了故宫人对文物的爱，无疑带给人们莫大的惊喜和感叹。

散失文物收集的新收获。以溥仪出宫文物的回收为例。清逊帝溥仪退位后留居紫禁城十三年，通过赏赐、偷盗、携带等手段，使故宫文物大量流出宫外，这些文物有的抵押给银行。抗战胜利后，中国海关便将德国德孚洋行、德华银行非法所集的中国文物31箱计1136件予以扣留，又将原美国华语学校非法所集的文物19箱计21749件予以没收，两项共计50箱、22885件。这些文物后拨交故宫博物院。

1945年8月，溥仪等携带大量珠宝书画出逃，后被收缴。这批文物，有100余卷法书名画，包括晋、唐、五代、

宋徽宗赵佶的《听琴图》

宋时的名家名作，大多数是《石渠宝笈》所著录的乾隆帝鉴赏的名品，其余珠宝玉翠之类，也都是宫中的上乘珍宝，如晋王献之《中秋帖》、唐阎立本《步辇图》、唐欧阳询《行书千字文》、宋张择端《清明上河图》等。还有乾隆帝御用三联黄玛瑙闲章，链为玛瑙，章为田黄——两枚正方，一枚椭圆，构思巧妙，雕工精美，世间唯一，至珍至贵。乾隆帝的这组闲章，先被人从宫中盗出，溥仪在伪满过生日时，有人赠送给他。乾隆帝的金首饰表盒，原是外国人赠送给乾隆帝的礼物，后归慈禧太后，又传隆裕太后，再归荣惠太妃，溥仪出宫时带出。这些珍贵文物全都交给国家，后来不少都回到了故宫博物院，有的被其他博物馆收藏。

散落民间文物的新回归。不少社会贤达，以爱文物、爱国家之心，从文物市场以重金购买文物，捐献给国家。

张伯驹（1898—1982年），曾以重金购藏被溥仪携带出宫的西晋陆机《平复帖》、隋展子虔《游春图》、赵孟𫖯草书《千字文卷》收藏。《平复帖》是我国传世最早的一件名人墨迹，他爱同身家性命，抗日战争中曾把此帖缝在随身穿的棉袄里避难。隋展子虔《游春图》是我国现存卷轴山水画中最古老的一幅，张伯驹变卖房产并搭上夫人的首饰才将其保留下来。后张先生将《平复帖》、《游春图》和《千字文卷》等书画巨品，无偿地捐献给国家，成为故宫博物院藏品。

马衡（1881—1955年），曾任故宫博物院院长达19年，先后捐赠故宫博物院唐代石造像一尊，四川出土瓷器13件，以及珍藏的宋拓唐刻颜真卿《麻姑仙坛记》卷和甲骨、碑帖等400多件。他去世后，子女遵其遗愿，又把14000余件（册）文物捐给故宫博物院，有印章、甲骨、碑帖、书籍以及书画、陶瓷等，种类众多，数量惊人。

此外，**陈叔通**（1876—1966年），于1953年捐献《百家画梅》，凡102家、109幅，有唐寅及扬州八怪等明清诸家的杰作。**孙瀛洲**（1893—1966年），将家藏3000多件各类文物捐赠给故宫博物院，其中25件被定为国家一级文物。**韩槐准**（1892—1970年），侨居新加坡，将所藏瓷器276件，包括明嘉靖、万历及清康熙、雍正时期的青花、五彩及粉彩瓷器，捐献给故宫博物院。**叶义**（1921—1984年），是香港著名医生、

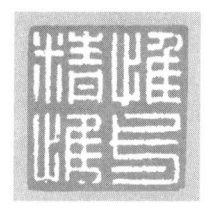

曾被盗出宫的乾隆帝御用三联黄玛瑙闲章

收藏家、鉴赏家，将他毕生收藏的 81 件犀角雕刻捐给了故宫博物院。清宫旧藏犀角雕刻品不过百余件。到 2007 年底，故宫博物院接受捐赠文物、典籍等约 33900 件（套），捐赠者达 728 人次。故宫博物院在景仁宫特设景仁榜，将捐献者姓名镌刻于墙上，并出版《捐献铭记》，以做永久纪念。

从君享到民享。昔日民众不能涉足的皇家紫禁城，已成为今天民众可以畅游的故宫博物院，故宫和故宫博物院受到国人和世人的空前关注和热爱。参观故宫，共享故宫，这个现象，日趋鲜明。

以 2011 年巴黎卢浮宫和北京故宫博物院为例，卢浮宫全年接待游客总数为 860 万人次，故宫博物院全年参观人数为 14112384 人，约近卢浮宫参观人数的两倍。2012 年 10 月 2 日，故宫博物院游客达到 182123 人，创下故宫游客单日历史最高数。据估计，2012 年全年故宫游客将超过 1500 万人。这个单日和全年的客流统计数字表明，北京故宫博物院是北京，是中国，是亚洲，也是世界博物馆参观人数最多的。《京华时报》评论说："故宫成为迄今世界上参观人数最多的博物院。"

故宫博物院于 1987 年被列入世界文化遗产。世界遗产组织评价故宫的历史与文化价值是："紫禁城是中国五个多世纪以来的最高权力中心，它以园林景观和容纳了家具及工艺品的 9000 个房间的庞大建筑群，成为明清时代中国文明无价的历史见证。"大故宫，不仅是明清时代中华文明无价的历史见证，而且是绵延五千年、融合多民族多种文化形态的中华文明无价的历史见证。

公众创造了大故宫，大故宫为公众共享。于创造，大故宫是中华五千年各族文化的集萃，薪火相传，永世不熄；于共享，让海内外公众尽情观赏大故宫的华美，享受艺术，热爱中华。

《大故宫》第三册（完）

参考书目

(1)《明实录》，台北中研院历史语言研究所校勘本，1962 年。

(2)《清实录》，中华书局影印本，1986 年。

(3)《李朝实录》，日本学习院东洋文化研究所，1959 年。

(4)《明史》，中华书局校点本，1974 年，北京。

(5)《大明会典》（万历朝重修本），中华书局本，1989 年。

(6)《故宫遗录》（萧洵著），北京古籍出版社，1980 年。

(7)《酌中志》（刘若愚著），北京古籍出版社，1994 年。

(8)《明会要》（龙文彬编），中华书局，1956 年。

(9)《明史纪事本末》（谷应泰编），中华书局，1977 年。

(10)《春明梦余录》（孙承泽著），江苏广陵古籍刊印社，1990 年。

(11)《清史列传》，中华书局标点本，1987 年。

(12)《清史稿》，中华书局标点本，1977 年。

(13)《国朝宫史》，北京古籍出版社，1987 年。

(14)《钦定宫中现行则例》，清光绪五年（1879 年）刊本。

(15)《清国史》，中华书局影印嘉业堂钞本，1993 年。

(16)《清史稿校註》，台湾商务印书馆，1999 年。

(17)《日下旧闻考》，北京古籍出版社，1981 年。

(18)《钦定大清会典事例》，石印本，光绪二十五年（1899 年）。

(19)《清宫述闻》（初续编合编本），紫禁城出版社，2009 年。

(20)《钦定八旗通志初集》，东北师范大学出版社，1985 年。

（21）《钦定八旗通志》，吉林文史出版社，2002 年。

（22）《康熙朝满文朱批奏折全译》（中国第一历史档案馆编），中国社会科学出版社，1996 年。

（23）《雍正朝满文朱批奏折全译》（中国第一历史档案馆编），黄山书社，1998 年。

（24）《清代起居注册·康熙朝》，中华书局、联经出版公司，2009 年。

（25）《国朝耆献类征》，光绪十六年（1890 年）刻本。

（26）《明清史论著集刊》（孟森著），中华书局，1959 年。

（27）《明代帝王系列传记》（11 册），辽宁教育出版社，1993 年。

（28）《清帝列传》（14 册），吉林文史出版社，1993 年。

（29）《故宫词典》（万依主编），文汇出版社，1996 年。

（30）《清朝通史》（14 册）（朱诚如主编），紫禁城出版社，2003 年。

（31）《典守故宫国宝七十年》（那志良著），紫禁城出版社，2004 年。

（32）《故宫沧桑》，刘北汜著，紫禁城出版社，2004 年。

（33）《故宫志》（万依主编），北京出版社，2005 年。

（34）《清史事典》（12 册），（陈捷先著/主编）远流出版公司，2005—2008 年。

（35）《天府永藏》（郑欣淼著），紫禁城出版社，2008 年。

（36）《从"文物保护"走向"文化遗产保护"》（单霁翔著），天津大学出版社，2008 年。

（37）《中国古都北京》（阎崇年著），中国民主法制出版社，2008 年。

（38）《单士元集·史论丛编》（单士元著），紫禁城出版社，2009 年。

（39）《故宫与故宫学》（郑欣淼著），紫禁城出版社，2009 年。

（40）《故宫文物避寇记》（欧阳道达著），紫禁城出版社，2010 年。

（41）《清宫档案丛谈》（冯明珠著），台北故宫博物院出版，2011 年。

（42）《精彩一百 国宝总动员》（周功鑫 发行人），台北故宫博物院出版，2011 年。

（43）《紫禁城》（1—215期），紫禁城出版社、故宫出版社，1980—2012年。

（44）《故宫博物院院刊》（1—164期），紫禁城出版社、故宫出版社，1958—2012年。

（45）《历史档案》（1—128期），历史档案杂志社，1981—2012年。

（46）《故宫经典》（多卷本），紫禁城出版社、故宫出版社，2007—2012年。

（47）《明代宫廷建筑大事史料长编·洪武建文朝卷》（晋宏逵主编），中国紫禁城学会编纂，故宫出版社，2012年。

（48）《十三经注疏》，中华书局影印本，1980年。

图书在版编目（CIP）数据

大故宫 3 / 阎崇年著.

武汉：长江文艺出版社，2013.1

ISBN 978 – 7 – 5354 – 6236 – 7

Ⅰ.①大…
Ⅱ.①阎…
Ⅲ.①文化遗产 – 介绍 – 中国　②故宫 – 介绍
Ⅳ.①K203　②K928.74

中国版本图书馆 CIP 数据核字（2012）第 272866 号

选题策划：	金丽红　黎　波　安波舜
项目策划：	郎世溟
责任编辑：	郎世溟　陈　亮
封面题字：	爱新觉罗·启骧
辑封题字：	阎崇年
装帧设计：	尚书堂
封面摄影：	王小宁
内文排版：	姜　华
手绘地图：	睿达点石插图
媒体运营：	张　坚
责任印制：	张志杰

出　　版：	长江文艺出版社	电话：027 – 87679310
		传真：027 – 87679300
地　　址：	湖北省武汉市雄楚大街 268 号湖北出版文化城 B 座 9 – 11 楼
邮　　编：	430070
发　　行：	北京长江新世纪文化传媒有限公司
电　　话：	010 – 58678881	传真：010 – 58677346
地　　址：	北京市朝阳区曙光西里甲 6 号时间国际大厦 A 座 1905 室
邮　　编：	100028
印　　刷：	三河市鑫利来印装有限公司

开本：700 毫米 × 1000 毫米	1/16　印张：21
版次：2013 年 1 月第 1 版	印次：2013 年 1 月第 1 次印刷
字数：300 千字	印数：1—90000 册

定价：36.80 元

版权所有，盗版必究（举报电话：010 – 58678881）
（图书如出现印装质量问题，请与本社北京图书中心联系调换）

　　我们承诺保护环境和负责任地使用自然资源。我们将协同我们的纸张供应商，逐步停止使用来自原始森林的纸张印刷书籍。这本书是朝这个目标前进迈进的重要一步。这是一本环境友好型纸张印刷的图书。我们希望广大读者都参与到环境保护的行列中来，认购环境友好型纸张印刷的图书。